La sonrisa disidente

Itinerario de una conversión

COLECCIÓN FÉLIX VARELA ❺

Ediciones Universal y La Torre de Papel, Miami, Florida, 1998

DORA AMADOR

La sonrisa disidente

Itinerario de una conversión

La Torre de Papel

Copyright © 1998 by *El Nuevo Herald* / Dora Amador

Primera edición, 1998

Coedición de

La Torre de Papel, Inc.
29 Santillane Avenue, Suite 1
Coral Gables, Florida, 33134

y

EDICIONES UNIVERSAL
P.O. Box 450353 (Shenandoah Station)
Miami, FL 33245-0353. USA
Tel: (305) 642-3234   Fax: (305) 642-7978
e-mail: ediciones@kampung.net

Library of Congress Catalog Card No.: 98-85304
I.S.B.N.: 0-89729-871-3

En la portada: "Gitana tropical» de Víctor Manuel García, 1929

Todos los derechos
son reservados. Ninguna parte de
este libro puede ser reproducida o transmitida
en ninguna forma o por ningún medio electrónico o mecánico,
incluyendo fotocopiadoras, grabadoras o sistemas computarizados,
sin el permiso por escrito del autor, excepto en el caso de
breves citas incorporadas en artículos críticos o en
revistas. Para obtener información diríjase a
Ediciones Universal.

LOS DE AQUI Y LOS DE ALLA

No hay, en la historia del siglo veinte, un exilio como el cubano. Aunque muchos otros exilios han sido hijos del comunismo, ninguno fue tan solitario, incomprendido, apestado, ni pudo trasplantarse masivamente a un rincón del mundo fértil en oportunidades y en cuyo haz quedara congelado el lugar que quedó atrás. El exilio español en París o México no fue eso. Tampoco el ruso o checo en la vieja Europa. Los afganos en Peshawar nunca dejaron de ser un campamento de refugiados. El palestino no fue un exilio sedentario sino errante y tampoco solitario, pues la gran familia árabe, sin ser nunca lo unida que proclamaba su lenguaje oficial, le sirvió de sustento. El exilio cubano es un caso distinto, y los historiadores del porvenir harían mal en no detenerse sobre él.

Si fuera historiador cubano, me preguntaría por ejemplo, qué hace que una niña de trece años que debió abandonar sola su país un buen día para instalarse en los Estados Unidos, maquinaria trituradora del pasado en la que se fabrican ciudadanos obsedidos por el futuro, siga contando las horas, treinta y cinco años después, para volver a Cuba. Me preguntaría por qué los locos de la calle Alameda que asedian su memoria no le permitieron diluirse en el "melting pot". Por qué el sacrificado itinerario vital de Boston, Puerto Rico o Miami en busca de afincar una existencia expulsada de su placenta, en el país más apabullante del mundo, gravita sobre la pluma de la autora de estas páginas infinitamente menos que las desdichas de aquella isla que la vio partir cuando el trazo de su personalidad era aún indefinido. Y por qué todos los dardos que disparan sus escritos, aunque vayan dirigidos a un radio amplio que incluye Miami muchas veces y otras Nueva York o Washington, terminan incrustándose, deliberada o naturalmente en La Habana.

Sorprende en estos textos la crítica a Miami, su mundo. Esa distancia es sólo engañosa. Cada crítica es en verdad una prueba de amor a la ciudad, al exilio, a Cuba. ¿Cómo podría acusarse de jugar para el enemigo a alguien que dice, por ejemplo, que "el mayor logro de la revolución cubana es el exilio" y para quien ese exilio es uno de los principales llamados a construir una ética en Cuba, cuando ocurra el tránsito hacia la libertad? Ni la más urgente causa política debe privar a sus defensores del ejercicio de la crítica de lo propio, sobre todo cuando esa causa que se defiende lleva adherida la etiqueta de la libertad. La crítica, que es pluralidad porque lleva implícita la existencia de más verdades que una sola, es también libertad. Un exilio cubano que no contara con sus críticos sería infinitamente más pobre y menos apto para contribuir a la reconstrucción de su país.

Precisamente por ejercer esa crítica, Dora Amador merece la gratitud de sus compatriotas. Crítica contra la intolerancia cuando la haya; contra la incoherencia entre discurso y acción cuando ella exista; contra la práctica de aquello que se anatemiza en el enemigo; contra las rivalidades inevitables surgidas en el exilio entre generaciones, entre los distintos calendarios del infortunio o, simplemente, entre los de aquí y los de allá. Función necesaria y difícil, impopular y solitaria.

En estas páginas, a través de las cuales se percibe el sesgo mucho de la historia de este exilio, alienta un espíritu crítico pero también tolerante y honesto. Por ejemplo, cuando defiende el derecho de partidarios de la revolución a ejercer sus actividades artísticas en Miami. O cuando la emprende contra los que intentan descalificar moralmente a quienes, como Oswaldo Payá o Elizardo Sánchez, han intentado, dentro de los asfixiantes límites del sistema, pero haciendo gala de un raro arrojo, ser disidentes antes que marcharse al exilio. Al mismo tiempo, aprecia en quienes han sido objeto de sus críticas lo que ella define como cambios, como cuando saluda gestos políticos de Mas Canosa o celebra, tras algunos años de hostilidad, "que en Miami se percibe un debate más amplio". Nada más alejado de la autora que el espíritu de campanario: su visión es abierta y tolerante, capaz de fogosos debates con sectores determinados del exilio sin perder de vista que la más dura censura debe ir contra el régimen que forzó este exilio y recordando permanentemente afinidades esenciales y comunidad de objetivos con sus compatriotas del desarraigo. Ese mismo espíritu es el que permite leer, sin ninguna sorpresa, matizaciones de posición expuestas sin complejos. Ella explora, en ese terreno resbaladizo que es el de los métodos de enfrentar a una dictadura que lleva más de tres décadas y media derrotando adversarios, las distintas maneras de conseguir una meta tenazmente escurridiza. En esa búsqueda no es sorprendente que el tiempo traiga nuevas intuiciones.

La honestidad intelectual es una de las virtudes más raras. Aquí ella está presente. Por ejemplo, en las frases de dura censura a las torpes declaraciones de Prats poco después de haber defendido la autora en voz alta a este disidente; en las palabras lúcidas sobre la timidez de la Iglesia Católica en Cuba en el pasado, a pesar -o a lo mejor gracias a- una sensibilidad religiosa y una admiración por numerosos miembros de la familia católica que también asoma en estos textos; o en las implacables reprimendas contra quienes, como Alice Walker, y los intelectuales de *Black Scholar*, en los que ella aprecia otras virtudes, se han prestado, ingenua o no tan ingenuamente, a actos cuyo beneficiario real resulta ser el régimen de Cuba.

Porque la crítica al régimen cubano es constante, implacable, indesmayable, a prueba de todo desánimo y del paso de los años. Su aliento a la disidencia interna no es, como podría inferir alguien con mala fe, una forma indirecta de desautorizar a los críticos de esa disidencia, sino de socavar al régimen de Castro. A ese fin dedica lo mejor de su aprendizaje intelectual. Alguna lección para la libertad de Cuba ve en asuntos tan disímiles como el movimiento de derechos civiles de los años sesenta en los Estados Unidos, la obra de Jung o la desobediencia civil de Thoreau.

Aunque como todo primer libro éste debería ser de algún modo un bautizo literario, la experiencia acumulada en sus páginas y el itinerario intelectual y político que en ella está trazado hablan de un talento maduro y un aporte fundamental a la causa de la cultura cubana contemporánea, aquí o allá.

Alvaro Vargas Llosa
Miami, diciembre de 1994

PROLOGO

"Dos discípulos se dirigían a un pueblo llamado Emaús, a unos once kilómetros de Jerusalén. Iban hablando de todo lo que había pasado. Mientras conversaban y discutían, Jesús en persona los alcanzó y se puso a caminar con ellos. Pero ellos tenían los ojos incapacitados para reconocerlo. El les pregunto:
"¿De qué van hablando por el camino?"
Se detuvieron con semblante afligido, y uno de ellos, llamado Cleofás, contestó:
"¿Eres tú el único forastero en Jerusalén que desconoces lo que ha sucedido allí en estos días?
El les preguntó:
"¿Qué ha pasado?"
Le contestaron: "Lo de Jesús Nazareno, que era un profeta poderoso en obras y palabras ante Dios y ante todo el pueblo. Los sumos sacerdotes y nuestros jefes lo entregaron para que lo condenaran a muerte y lo crucificaron. ¡Y nosotros que esperábamos que iba a ser él el liberador de Israel! Encima de todo eso, hoy es el tercer día desde que sucedió. Aunque algunas de las mujeres de nuestro grupo nos han asustado, pues fueron de madrugada al sepulcro y como no encontraron el cadáver, volvieron diciendo que habían tenido una visión de ángeles que les dijeron que él está vivo. También algunos de los nuestros fueron después al sepulcro y lo encontraron como lo habían contado las mujeres, pero a él no lo vieron".
Jesús les dijo:
"¡Qué necios y torpes para creer cuanto dijeron los profetas! ¿Acaso no tenía que padecer eso para entrar en su gloria?"
Y comenzando por Moisés y siguiendo por todos los profetas, les explicó lo que en toda la Escritura se refería a él.
Se acercaban a la aldea adonde se dirigían, y Jesús fingió seguir adelante. Pero ellos le insistían:
"Quédate con nosotros, que se hace tarde. Se está haciendo de noche".

Entró para quedarse con ellos, y mientras estaba con ellos a la mesa, tomó el pan, lo bendijo, lo partió y se lo dio. En ese momento se les abrieron los ojos y lo reconocieron. Pero él desapareció de su vista. Y se dijeron el uno al otro:

"¿No es verdad que el corazón nos ardía en el pecho cuando nos venía hablando por el camino y nos explicaba las Escrituras?"

Sin esperar más, se pusieron en camino y volvieron a Jerusalén".

Elijo este precioso pasaje de Lucas como prólogo, porque me comparo a esos discípulos que caminaban perdidos hasta que de pronto se les abrieron los ojos y reconocieron a Jesús a su lado. "¿No es verdad que el corazón nos ardía en el pecho cuando nos venía hablando por el camino?" ¿Cómo no reconocí a Jesús en mi búsqueda de la verdad, en mi sed de amor, en mi denuncia de la injusticia, en la fuerza para soportar?

Ser columnista de *El Nuevo Herald* por casi 10 años ha sido un privilegio, también una dura prueba. Fui fiel a mi conciencia, y con regocijo hoy digo que enfrenté el cerco de resistencia y rechazo sin ceder a la desesperanza ni el odio. Tampoco a la intimidación, disfrazada de mil formas.

Ha sido providencial el retraso de este libro; si se hubiese publicado en 1995, como fue originalmente planeado, no habría mostrado mi conversión, que ha marcado profundamente mi vida.

Nací en el seno de una familia cubana católica por tradición, pero no "practicante", como la inmensa mayoría de los cubanos lo era en la década de los 50 y lo sigue siendo hoy. Había, sí, un Sagrado Corazón de Jesús en la sala, fui bautizada e hice, como casi todos los niños cubanos antes de la Revolución, la Primera Comunión. No estudié en escuelas católicas, excepto por un breve período durante mi adolescencia, ya itinerante de exiliada, en Puerto Rico. Es, de toda mi vida de estudiante preuniversitaria, el recuerdo más entrañable. Por corto tiempo, siendo alumna allí, consideré entrar a la vida religiosa. Pero las circunstancias nos llevó de nuevo a Nueva York. Era el año 1964, la diáspora cubana andaba buscando dónde afincarse, sin un punto de referencia ni un centavo, era el epicentro del desarraigo.Y mi vida tomó otro rumbo, más bohemio, más neoyorquino, más literario. Yo, generación de la posguerra, *babyboomer* norteameriana, fui también una hija de Manhattan, recordando a Whitman, pero también de Ponce y San Juan, de Palés y de Julia de Burgos.

Después de un rechazo visceral, hoy me he reconciliado con Miami, casi la amo. Ser periodista independiente, disidente aquí, no es fácil, parafraseando solidaria a los cubanos que se quedaron en la isla, y que en décadas posteriores fueron llegando, o nunca dejaron la patria. ¿Me duele haber dejado la patria? Sí y no. Después de 36 años de exilio sigo buscando el regreso definitivo. Aunque ahora sé que mi Patria real no está en Cuba, sino en el Reino. Y que la verdad y el amor verdaderos sólo se hallan en Cristo.

Miami, Cuaresma, 1998

A mi madre, Zoraida Morales Ramos
A mi madrina y tía abuela, Estela Ramos Miranda
A mi abuela, Evangelina Ramos Miranda

CARTA A UNA ESTUDIANTE DE PEKÍN

Ya conoces, Chai Ling, la desolación del exilio. Sé lo que has de sentir. ¿Cuánto tiempo hace que llegaste a París? ¿Un mes? ¿Dos? No sé si soy más o menos afortunada que tú. A pesar del tiempo que llevo fuera de mi país, de la democracia en que vivo, siento que el exilio es, como dijo un poeta ruso, estar fuera de contexto. Dejar la patria es como morir un poco, como si tu espíritu quedara mutilado en el momento mismo de la partida.

Hace días, hablándole a la audiencia norteamericana desde París, dijiste: "Cuando estábamos en Tiananmen, aunque tuvimos pocos días de libertad, sentimos que pudimos luchar libremente por nuestros derechos y expresar nuestras ideas. Durante mi exilio he tenido la sensación de lo que es perder la libertad". Quizás tengas razón, y la verdadera libertad se experimente cuando uno lucha por ella, y no en el exilio.

Sé que tu más alto sueño es ver a tu tierra libre y regresar.

Nos une la experiencia común de pertenecer a dos países donde imperan el terror y el miedo. China y Cuba, muy lejanas y distintas, se parecen en este momento de profundos cambios en el mundo. Los gobernantes de tu país y el mío Chai Ling, son los mismos: déspotas y asesinos de su pueblo; probablemente lo sean aún más ahora, que se saben aferrados a una ideología muerta.

Estamos en primavera de nuevo. Hace exactamente un año brotaban las flores de la esperanza en tu país, cada joven era una flor, una fuerza de vida que de pronto retaba a la muerte, exigiendo libertad y utilizando como arma sólo la resistencia pasiva.

Como perros hambrientos te persiguieron cuando vieron que no caíste en la masacre. Por diez meses viviste escondida, acechada por los lobos del partido, que te catalogaron como "criminal"; la mujer más buscada de China y uno de los 21 fugitivos más perseguidos del país. Escapaste a la jauría. Parece milagroso.

De villa en villa, de provincia en provincia te fueron escondiendo. No me sorprendió que dijeras que aunque no revelarías sus nombres, incluso miembros del Partido Comunista chino te dieron refugio para que no te pasara nada y pudieras salir con vida. Todo esto desmiente a algunos medios de prensa occidentales que insisten en decir que allá la rebelión está aplastada, que todo ha vuelto a la normalidad. Algo verdaderamente "anormal" puede estallar en China y Cuba en cualquier momento. Es cuestión de tiempo.

Tú, Chai Ling, hija de la Revolución Cultural, estudiante de 23 años de la Universidad de Pekín, elegida por miles de jóvenes chinos como líder —comandante en jefa te nombraron asombrados ante tu valor— del movimiento estudiantil que quebró para siempre los cimientos de China Comunista; propulsora de la admirable huelga de hambre a la que se unieron cientos de miles de estudiantes, campesinos, obreros, luchaste por la vida en contra de las fuerzas de la muerte. Pero la plaza se llenó de sangre.

"Estas pueden ser las últimas palabras que se me escuchen", le dijiste al mundo por medio de una cámara de vídeo que un estudiante norteamericano logró introducir a escondidas en un hotel para entrevistarte hace un año. Afuera, comenzaban a llegar los tanques y las tropas. "Me siento muy triste. Los estudiantes nos preguntan que cuál es el próximo paso... El próximo paso es el baño de sangre, pero ¿cómo les puedo decir eso a mis compañeros estudiantes? Sólo cuando la plaza esté lavada con sangre despertará el pueblo. Los estudiantes harán eso si se les pide. Pero son niños. Yo, personalmente, quiero persistir hasta el final. Estamos esperando que el gobierno inicie su baño de sangre". Dichas estas palabras, regresaste a la Plaza de Tiananmen para unirte a miles de tus compañeros. Y armada sólo con tu extraordinaria fuerza espiritual, retaste, como aquel joven que se paró frente al tanque para detenerlo, los fusiles del oprobio. El resto es historia.

Que una joven estudiante de tu edad esté dispuesta a morir por la libertad de su pueblo y que en el momento más peligroso de la contienda, cuando intuye que la muerte se acerca, escriba las que cree que son sus últimas palabras: "Mi patria, te amo", es algo, Chai Ling, que estremece. Le devuelve a uno una fe grande en el ser humano.

11 de mayo de 1990

LOS OJOS DE HAYDÉE

En estos días trágicos que vive Cuba, en que la chusma escupe, arrastra y golpea a una poeta, María Elena Cruz Varela, y a opositores al régimen que defienden los derechos humanos, recuerdo a Haydée Santamaría.

Para no ver el horror, Haydée se quitó la vida con un disparo de su pistola. Fue el 26 de julio de 1980; la estampida del Mariel había comenzado, también los actos de repudio contra los que querían abandonar el país.

Hacía tiempo ya que Haydée tenía conciencia de que la revolución era un fracaso, que todo el sacrificio y toda la sangre había sido en vano; y lo que es peor, que ella era parte responsable de toda la desgracia. Haydée, la fiel revolucionaria, en el poder transformada, habitando mansiones, viajando a Francia a comprarse ropa fina, perfumes, licores y comidas *gourmet* de lo más exquisitos para las cenas de Fidel. Como una grieta, 1980 fue el año del desgarramiento de su conciencia.

Carlos Franqui, que la conoció mucho, explica que a finales de la década del 60 conversó con ella en Barcelona, cuando ésta iba de regreso a Cuba de un viaje que había realizado a China. Haydée, dice Franqui, se había quedado muy impresionada con los actos de repudio de la Revolución Cultural China que pudo presenciar.

Ver que en Cuba habían surgido las turbas promovidas por el gobierno para arremeter contra ciudadanos, que tanto la habían aterrorizado en China, fue probablemente –y hay testimonios que así lo confirman– uno de los elementos que la impulsaron a suicidarse.

Algunos pensarán que fue un acto cobarde, que una mujer valiente como ella, que arriesgó tantas veces la vida combatiendo la dictadura de Batista, pudo haber optado, como Gustavo Arcos y Mario Chanes de Armas –que participaron junto a ella en el asalto al Cuartel Moncada– por incorporarse a la oposición, y combatir a Castro.

Yo no la juzgo, eran los despojos de una mujer que había sido alguna vez soñadora, idealista. Murió devastada.

Pero hubo algo más. Fidel Castro le había dicho que la celebración del 26 de julio de ese año, 1980, sería en honor a Abel Santamaría, su hermano.

Varias veces me he preguntado qué sentiría, que pensaría esta mujer en el instante terrible en que decide quitarse la vida. Creo que no fue un acto inconsciente, impulsivo. Escogió la fecha premeditadamente.

Estoy segura que ese día, Haydée oyó de nuevo los gritos de su hermano Abel y de su novio, Boris Santa Coloma, cuando eran torturados por los guardias.

Estoy segura que recordó la ilusión, el ideal que los condujo a todos al intento loco de tomar por asalto el Cuartel Moncada, aquel legendario 26 de julio de 1953.

Así relató Haydée una vez el momento en que los guardias del Moncada le anuncian la muerte de Boris y Abel: "Estos son los hechos que están fijos en mi memoria. No recuerdo ninguna otra cosa con exactitud, pero desde aquel momento yo no pensé en nadie más, entonces pensaba en Fidel, que no podía morir. En Fidel, que tenía que estar vivo para hacer la Revolución. En la vida de Fidel, que era la vida de todos nosotros. Si Fidel estaba vivo, Abel y Boris y Renato y los demás no habían muerto, estarían vivos en Fidel que iba a hacer la Revolución Cubana y que iba a devolverle al pueblo de Cuba su destino".

El 26 de julio de 1980, Haydée creyó que la única forma de honrar la memoria de su hermano era pegándose un tiro.

Hace 11 años que los ojos de Haydée se cerraron. Pero algo me dice que no hay infamia que quede impune, que a la larga, todo se paga. Y que en algún lugar hay otros ojos que miran, miran implacables.

28 de noviembre de 1991

ACUDE, WOJTYLA

Han pasado dos años desde que vi a los jóvenes alemanes descorchando botellas de champán encima del Muro de Berlín, desde que los vi abrazarse, besarse, llorar y reír borrachos de patria, desatando mi ilusión.

Desde entonces, cada nuevo evento, cada nueva medida represiva en Cuba la veo como una señal del inminente fin del gobierno. Pero fue descubrir el fervor religioso que ha brotado entre la juventud y que resurge en la población quizá la señal más hermosa, más diáfana. No es que no maraville la multiplicación –¿hora de panes y peces?– de grupos contestatarios y de hombres y mujeres que aislados, toman la antorcha del que es encarcelado. Es que la revelación de una Cuba oculta donde vive y palpita la fe en Dios a pesar de 30 años de ateísmo feroz y de la negación del espíritu fue prodigioso.

En Cuba, las iglesias se llenan, los bautizos se multiplican, multitudes acuden en peregrinación, a pesar de las dificultades enormes del transporte, al Santuario de la Caridad del Cobre o al Rincón de San Lázaro, a la Capilla de Santa Bárbara, donde precisamente ayer se congregaron miles de fieles que asistieron para celebrar el día de la santa.

El gobierno cubano sabe el poder que tiene el fervor religioso, la valentía que infunde, lo que puede unir. Por eso, en una de sus cada vez más frecuentes y desesperadas contradicciones, en el IV Congreso del Partido Comunista, en octubre, se estableció que los religiosos podrían ingresar al Partido Comunista cubano. Los gobernantes e ideólogos están demasiado preocupados con el desastre que los circunda para resolver la antinomia teórica que significó reafirmar allí su fidelidad al marxismo leninismo y, a su vez, renunciar a uno de sus postulados claves: el ateísmo. Predomina el miedo disimulado y la urgencia de salvar la vida, por eso hubo un intento de ganarse a los religiosos. Demasiado tarde, el fuego ya arde.

Cuando en el verano de 1989 todo estaba preparado para la esperada visita del Papa –el Vaticano había dado ya la respuesta afirmativa a la invitación de los obispos cubanos–, la Arquidiócesis de La Habana comenzó un período de preparación espiritual del pueblo –como suele hacerse antes de su llegada a un país– llevando a cabo un recorrido de la imagen de la Virgen de la Caridad del Cobre, patrona de Cuba, por las parroquias de La Habana. Miles de personas salieron en procesión, siguiendo a la Virgen con antorchas y velas encendidas, ondeando banderas y palomas blancas de papel. Cantaban el Himno Nacional, pedían a gritos libertad para Cuba y que el Papa fuera a la isla. Hubo momentos en que, según testigos, la policía tuvo que retroceder ante la multitud. Las procesiones religiosas se convirtieron en muy poco tiempo en manifestaciones políticas multitudinarias. Sumamente asustado, el gobierno decidió de inmediato prohibir las procesiones y crear obstáculos para que esa visita de Juan Pablo II no se realizara jamás. Hasta ahora lo ha logrado.

Esta semana ha sucedido algo importante. Los obispos cubanos, en un acto sin precedentes, se han declarado en contra de los actos de repudio y han salido a la defensa de María Elena Cruz Varela, Jorge Pomar y otros opositores al régimen que han sido encarcelados. Religiosos y religiosas están distribuyendo en las parroquias del país un informe donde se condena a las Brigadas de Acción Rápida organizadas por el gobierno para controlar las crecientes protestas del pueblo.

Pero además de esto, la Iglesia cubana dio a conocer otro comunicado elaborado durante la 78a. Asamblea Plenaria de la Conferencia Episcopal reunida en La Habana entre el 18 y el 21 de noviembre –pero publicado el martes– donde declara que es "imposible" el ingreso de religiosos en el partido. "Por ser éste un partido único y selectivo, es contradictorio y también discriminatorio que un creyente pueda ser militante del Partido y que un militante del Partido puede ser un creyente", afirma el documento titulado *Circular de los obispos de Cuba sobre la posible admisión de los creyentes en el PCC*. El documento recuerda que los católicos "hasta ayer han sido discriminados o tratados como desafectos o ciudadanos de segundo orden" sólo por serlo.

La tímida Iglesia cubana al parecer ha perdido el miedo, quizá porque sabe la fuerza que ha cobrado, ha tomado una postura y le ha dicho no al intento de manipulación del gobierno. Enhorabuena. Pero falta algo: que los obispos cubanos de la isla y del exilio muevan montañas, cielo y tierra, y logren que el Papa Juan Pablo II vaya a la isla.

Que vaya, porque quizás ésa sea la chispa que falta. Quién sabe si como Polonia un día, Cuba ya sólo aguarda a Wojtyla.

5 de diciembre de 1991

ONDA CORTA

No son guerrilleros que atacan armados y corren a guarecerse en el monte o en la jungla urbana. Son quizá más valientes, porque no se esconden, están desarmados y dan sus nombres y apellidos cuando informan, convocan o denuncian desde Cuba, a solas frente a un teléfono. Ellos saben que en cuestión de horas –a veces en ese mismo instante, en vivo si se logra la conexión con el micrófono radial– sus voces serán escuchadas en todo el país a través de las estaciones de onda corta que trasmiten para la Isla.

Una sacudida fuerte por una estrategia de lucha muy efectiva, podría estarse engendrando en el país. El Comité Cubano Pro Derechos Humanos ha hecho un llamado a la resistencia cívica de la población; lo apoyan 11 grupos opositores. Un antecedente importante a este paso fue la convocatoria de Daniel y Tomás Azpillaga, de la Coalición Democrática Cubana, a la marcha pacífica realizada el 6 de septiembre frente a Villa Marista en La Habana. La semana pasada, el Movimiento Femenino Humanitario Cubano instó a los cubanos a concretizar en actos la resistencia cívica: no hacer guardia en los Comités de Defensa de la Revolución ni cooperar con el gobierno en nada: "Es el momento de decir No", termina diciendo la convocatoria. En Miami, el padre Francisco Santana –también a través de onda corta– está haciendo el llamado de "Rescatar la Navidad", que consiste en que los cubanos, en desobediencia civil, no acudan al trabajo el 25 de diciembre y permanezcan en sus casas celebrando la Navidad, prohibida en el país desde hace más de 20 años.

La Asociación de Madres Cubanas Pro Amnistía Leonor Pérez y la Asociación de Madres por la Dignidad (AMAD) han decidido reunirse todos los domingos en la Iglesia de La Merced en La Habana para orar por la unidad y la libertad de todos los cubanos. Uno de los objetivos de estas reuniones dominicales es demostrarle –¿quién no recuerda el poder que fueron cobrando las pacíficas manifestaciones de las Madres de Plaza de Mayo en Argentina?– al gobierno cubano que no tienen miedo y que no abandonarán su empeño.

Cuando los intentos de persuasión y de reclamos de derechos constitucionales de un pueblo desarmado no logran cambios en el gobierno, llega la hora de la resistencia cívica, que bien organizada, puede más que mil ejércitos.

¿No lo demostró Gandhi en la vasta India con sus llamados a la desobediencia civil masiva, que desempeñaron un papel vital en la derrota del poder colonial inglés? En Montgomery, Alabama, una mujer negra llamada Rosa Parks, un día –1ro. de diciembre de 1955– se negó a cederle el asiento a un hombre de la raza blanca cuando el conductor se lo exigió. Los negros de Estados Unidos estaban obligados a sentarse en la parte trasera de los autobuses y cederles su asiento a los blancos, si éste comenzaba a llenarse. Ese día, Rosa Parks no amenazó ni gritó. Sencillamente no se movió. Este acto simple de una mujer que dijo "No", provocó el boicot masivo de los negros encabezado por Martin Luther King, Jr. –hasta ese momento desconocido–, que a la larga, desencadenó el histórico Movimiento de Derechos Civiles de Estados Unidos.

Es la hora crítica de Cuba. Hombres y mujeres armados sólo con la fuerza de su alma y de su sentido de la verdad, a pecho abierto confrontan el régimen de terror. Su ansiedad, su esperanza y su determinación se puede apreciar en sus voces a través de Radio Camilo Cienfuegos de la Voz del Cid, de Radio Martí, de la Voz de la Fundación, de radio Conciencia.

Son Rodolfo González, Manolo Pozo, Yndamiro Restano, Gustavo Arcos, Elizardo Sánchez, Elena Montes de Oca y otros, leyéndole un comunicado, una denuncia, dando una noticia por teléfono a Teté Machado y Ariel Hidalgo, del Buró de Información del Movimiento Cubano de Derechos Humanos, y que ellos, de inmediato, retransmiten por el programa *Acontecer Noticioso Cubano*, de WRHC, Cadena Azul, conducido por Roberto Rodríguez Tejera e Hidalgo todas las mañanas –esta estación se oye en muchas partes de Cuba en onda larga–, y después, esa misma noche, por La Voz del Cid.

Son Héctor Castañeda, Juan José Acosta Ferrer, Margarita Terry, Guillermina de la Caridad Acuña, Yamilet Hernández y otros hablando por teléfono con Ninoska Pérez Castellón, informando, denunciando, convocando, y que Pérez Castellón retransmite enseguida por los noticieros y programas de La Voz de la Fundación.

Son todos ellos dirigiéndose a los cubanos a través de Radio Martí, que transmite 24 horas al día y cuenta también con valiosos programas de denuncia desde la Isla. La Voz del Cid transmite también 24 horas al día y cuenta, además, con los programas regulares *Voces de la Resistencia Interna* –producido por Angel de Fana–, *Franqueza*, presentado por Oscar Alvarez, y *Cuba en Vivo y en Directo*, con Teté Machado y Ariel Hidalgo.

Es incalculable el valor que ha tenido y tiene para la liberación de Cuba derribar la censura y ofrecer información verídica, intercambio de ideas, y debates por estas estaciones de onda corta. Es la única ventana que se abre en ese mundo de asfixia y desolación en que se encuentran los cubanos.

Y es ahora, a través de esas voces valientes que se alzan en la oposición en Cuba, y que cada vez son más, que conocemos que se está gestando la hora, quizá decisiva, de la resistencia cívica.

19 de diciembre de 1991

COMO LA UÑA DE LA CARNE

Cuando el viejo avión de Cubana de Aviación se elevó y vi desvanecerse a La Habana desde mi ventanilla de vuelo, me sentí como si estuviera montada en el carro de una estrella, de ésas que me fascinaban en los parques de diversiones. No hacía mucho había estado en una de ellas, y todavía tenía fresca la emoción del circular viaje a las alturas y al abismo, a las alturas y al abismo a los que nos veíamos lanzados en nuestra mecedora, aterrados y felices, mis primos y yo.

Pero en el vuelo de Cubana no se escuchaban la algarabía ni los gritos que acompañan siempre, con los empujones, los viajes de estrella. Aparte del monótono ruido de las hélices, en aquel avión atestado de gente, que yo recuerde, no se oía nada. Sí creo tener la vaga impresión de que en el viaje compartía con todos la incertidumbre y una cierta noción de que algo grande, irreversible, estaba sucediendo. Pero no, no tenía conciencia de que en aquella nave silenciosa y triste se estaba engendrando un pueblo desdichado y disperso. Yo no sospechaba que en aquel vuelo estaba siendo lanzada a un abismo mucho más temible y certero que el que creía ver desde mi ya irrecuperable mecedora de estrella. Y tardaría mucho en verlo, pues para una niña, el desarraigo no aparece en toda su magnitud sino al cabo de los años.

Dice el poeta ruso Joseph Brodsky que en el exilio se está fuera de contexto. Cierto. Es como una lejanía, como un no ser, siendo, es el afán perenne de pertenecer. El dolor atroz de la separación familiar lo describió quizá mejor que nadie otro poeta –anónimo– del siglo XII, autor del *Poema del Cid*. En el momento en que el héroe desterrado se despide de los suyos antes de partir: "No visteis llanto más amargo que aquél: así se separaban unos de otros, como la uña de la carne".

Cómo olvidar los rostros, los adioses, los besos lanzados desde lejos, el llanto de mi madre y de mis seres queridos, que miraban fijo desde el otro lado de los cristales. Como a miles de niños cubanos al principio de la revolución, a mi hermana y a mí nos enviaron solas a Estados Unidos. Más adelante saldrían los otros. En el salón conocido como "la pecera" –donde las autoridades encerraban por horas a los que se iban–, milicianos y milicianas armados se apresuraban a despojarnos de lo poco que llevábamos. Yo miraba hacia los cristales. Como la uña de la carne.

Mi afán es viejo ya. En 1992, dentro de muy poco, se cumplirán 30 años de aquel memorable día en que se inició mi exilio. Tenía 13 años. En el transcurso de este tiempo me he preguntado a veces si existe algo así como un exilio prematuro, cuando todavía no hay conceptos políticos, ni se tienen ideologías, ni intereses económicos ni pasado ni planes futuros, y la vida es juego y estudio, y das por sentadas la fijeza del hogar y de las cosas que te rodeaban, y tus palabras son claras, diáfanas, exactas para describirlo todo, porque es tu lengua, tu idioma insustituible con el que aprendiste a nombrar las cosas. Y de pronto todo te lo ves amenazado, lo que más quieres, lo que has sido y eres. Y te niegas sin saber que te niegas a que te quiten tu ser, tu identidad.

El exilio es el gran vacío, el primer gran sin sentido con el que se encuentra una niña a quien han enviado al extranjero sin pasaje de regreso.

La búsqueda de esa nación –dentro de mí, en los libros de historia, en la literatura, la música, el folclore– han sido mi eje, mi brújula. Ahora, cuando se acercan los 30 años de estar fuera de Cuba, aguardo el regreso, y como tantos de mi generación, me preparo ya para el reencuentro sin odios, para ofrecer mis fuerzas y emprender junto a todos la dura labor de la reconstrucción.

26 de diciembre de 1991

EL ULTIMO ACTO

Presentes estarán Alicia Alonso, directora del Ballet Nacional de Cuba; Teófilo Stevenson, boxeador Medalla de Oro de los Juegos Olímpicos; Eusebio Leal, director del proyecto de restauración de La Habana Vieja; el reverendo Raúl Suárez, director del Centro Martin Luther King, Jr., de Cuba; y Carmen Rosa Báez, presidenta de la Federación Nacional Cubana de Estudiantes Universitarios. Aplaudiéndolos allí, en el Jacob Javits Convention Center de Nueva York, el 25 de enero, habrá miles de personas, la mayoría gente de buena voluntad que quiere la justicia, la igualdad, la fraternidad: afroamericanos, estudiantes, feministas, artistas, pacifistas vitoreando a una gran bailarina, a un campeón de boxeo negro, a un historiador amante de los monumentos nacionales, a una estudiante y a un religioso. La audiencia no sabrá que todo es un andamiaje teatral muy bien montado; no sabrá que en vez de un hermoso acto de solidaridad con un pueblo en su momento más trágico, estará apoyando a uno de los gobiernos más inhumanos del planeta. Hace sólo cuatro días, el secretario general adjunto de Derechos Humanos de Naciones Unidas, Jan Matenson, afirmó que Cuba es uno de los países donde más se violan hoy los derechos humanos.

El *Peace for Cuba International Appeal*, convocado por el gobierno cubano y promovido en Estados Unidos por el ex secretario de justicia Ramsey Clark, el cantante Harry Belafonte, el actor Kris Kristofferson, la escritora Alice Walker y otros, tiene como objetivo que "Estados Unidos, ni sus agentes, realicen acciones militares contra Cuba", que se levante el embargo y las restricciones de los viajes. En las hojas sueltas distribuidas a los estudiantes universitarios neoyorquinos, se intenta establecer una comparación entre Cuba e Iraq, como si la isla estuviera a punto de ser invadida por Estados Unidos.

Lo triste, lo asombroso de todo esto es que figuras de la talla de Alice Walker, extraordinaria escritora negra a quien leo con admiración, autora de *The Color Purple, In Search of our Mothers' Gardens* y *Living by the Word*, ganadora del Premio Pulitzer, respalde semejante acto. Y me pregunto, ¿conoce esta sensible defensora de la mujer negra la realidad de las mujeres y los negros cubanos? ¿Está enterada Alice Walker que hoy hay allí quizá más racismo que nunca? En Cuba, del 55 al 60 por ciento de la población es negra o mulata, sin embargo, en el Buró Político del Partido Comunista, cúpula del poder que consta de 25 miembros, sólo hay dos negros y tres mujeres. En el Comité Central, de 225 miembros, sólo 27 son negros o mulatos.

Apuesto a que la escritora desconoce que en el Cuarto Congreso del Partido celebrado en octubre, se eliminaron del nuevo Comité Central a todas las dirigentes nacionales y provinciales de la Federación de Mujeres Cubanas (FMC). La razón para esta medida es que la FMC se ha convertido prácticamente en una organización que se opone a las medidas antifamiliares y represivas del gobierno.

Creo que Alice Walker, Harry Belafonte, los editores de la revista *Black Scholar* y otros afroamericanos que respaldan al gobierno cubano, deben ponerse en contacto rápidamente con afrocubanos exiliados como el saxofonista Paquito D'Rivera, el profesor de literatura Orlando Edreira, el presidente de la Asociación Afrocubana, José Heredia, y muchos otros negros cubanos que han firmado la carta *Peace for Cuba Now, End Apartheid in Cuba Now* en respuesta a este acto.

Algunos de ellos, al igual que decenas de otros artistas cubanos, entre ellos Marisela Verena, Guillermo Alvarez Guedes, Willy Chirino, Lisette, Marcos Miranda, Natacha Amador, Evelio Taillacq, Teresa María Rojas, Meme Solís, y muchos más que firmaron otro documento de protesta, la *Carta abierta a la opinión pública*, donde se denuncia esta nueva –y desesperada– maniobra, estarán presente ese día en el Jacob Javits para llevar a cabo una manifestación pacífica en contra del apoyo al gobierno castrista.

¿Cómo es posible que queden intelectuales y artistas inteligentes, sensibles, que todavía defiendan la revolución cubana? ¿Saben ellos del presidio de la poeta María Elena Cruz Varela? ¿Saben los estudiantes que Rafael Gutiérrez, secretario general del primer sindicato independiente de Cuba, la Unión General de Trabajadores Cubanos (UGTC), como una vez Lech Walesa de Solidaridad, se encuentra preso, lo cual fue condenado esta semana por la Confederación Internacional de Sindicatos con sede en Bruselas, que agrupa a unos 108 millones de trabajadores en todo el mundo? Susan Sontag, que durante años defendió la revolución cubana, hace ya mucho –como infinidad de otros intelectuales– que tomó conciencia del gran acto teatral que exportaba Fidel Castro, y ha manifestado públicamente su repudio a ese régimen de terror.

Tres obispos y Frei Betto (autor de *Fidel y la religión*) estarán también en el Jacob Javits. Y yo les pregunto, ¿conocen ellos a Oswaldo Payá Sardiñas, del Movimiento Cristiano Liberación, que como cientos de miles de católicos son perseguidos y acosados? Estos cristianos a favor de Fidel Castro, ¿conocen las recientes declaraciones de la Iglesia cubana en contra de los actos de repudio y en defensa de los activistas de derechos humanos? Quiero darles el beneficio de la duda a estos cristianos, y pensar que, como los afroamericanos, como los intelectuales rezagados, los estudiantes, yerran por ignorancia, no por infamia.

El insulto mayor es que los organizadores de la farsa han elegido la fecha –25 de enero– para "honrar" los nacimientos de Martin Luther King, Jr., (15 de enero) y José Martí (28 de enero). Nada más ajeno, más enemigo y detestable al pensamiento de esos dos grandes hombres que el tipo de gobierno que existe en Cuba hoy. Cualquiera que conozca, siquiera de lejos, el alma, el sentir de Martí, sabe a lo que me refiero. En cuanto a Luther King, baste citar sólo una frase de su importante libro *Why We Can't Wait*: "Si viviera hoy en un país comunista donde ciertos principios queridos a la fe cristiana fueran suprimidos, abiertamente abogaría por desobedecer las leyes antirreligiosas del país". Estoy convencida de que de estar en Cuba, Martin Luther King, Jr., se uniría hoy a Gustavo Arcos Bergnes, Oswaldo Payá, y a los negros, los mulatos y los blancos cubanos marginados en su patria, en defensa de los derechos humanos y, como en aquel histórico 1963 en Birmingham, Alabama, impulsaría la resistencia cívica ante tanta injusticia.

16 de enero de 1992

UNA PROPUESTA EN LA HABANA

Que lo proponga un aldeano vanidoso, de ésos que como dijo Martí, creen que el mundo entero es su aldea, es comprensible por su estrechez de miras. Pero que cubanos que aparentemente no permitieron que el exilio los sepultara en la aldea (ideológica sobre todo) miamense, propongan que a la caída del castrismo la economía cubana esté subordinada a la norteamericana; que Cuba mire a Estados Unidos como faro y guía, o que se convierta en un estado más de la Unión, sólo puede provenir de alguien que, aunque lo desimule, o menosprecia a Cuba y a los cubanos, o es sólo uno de esos mercaderes oportunistas, que con la boca hecha agua, se apresta a la rapiña.

No es que ponga en tela de juicio los valores admirables de esta nación, fundamentalmente su tradición democrática y su respeto a la libertad individual. Es que no quiero para mi país una sociedad y un gobierno como el que existe hoy en Estados Unidos. ¿Por qué se va a querer para Cuba el desastroso servicio médico que aquí se le ofrece a la población; la pésima calidad de la educación pública y la cada vez más elitista educación superior? ¿Por qué como modelo se debe elegir un país donde no existen leyes laborales que protejan a los empleados y lo único que siempre va en aumento es el crimen, la violencia, la droga?

Los problemas sociales, económicos, políticos –morales–, van a ser enormes a la caída del régimen de Castro. Sin embargo, causa regocijo conocer que dentro del caos imperante, en La Habana se ha lanzado una propuesta de nuevo gobierno que parece justa y respaldable. Es curioso cómo ese proyecto –un Estado laico democrático de derecho– se asemeja a los conceptos de justicia social que manifiesta Juan Pablo II en su enclíclica *Centesimus Annus*, publicada en 1991.

La semana pasada un grupo de cubanos entregaron en el Comité Central del Partido Comunista un documento llamado *Programa Socialista Democrático* en el que se plantea la necesidad de reformas radicales en la estructura política, social y económica del país. El programa solicita, en síntesis: promover la difusión en Cuba de las ideas en que se inspiran los socialdemócratas de todo el mundo; que el proceso de cambio sea organizado y pacífico y que puedan participar todas las fuerzas sociales identificadas con los principios de independencia nacional, soberanía popular, democracia política y económica, respeto a los derechos y libertades fundamentales y reconciliación entre todos los cubanos. Asimismo propone la creación de una nueva constitución en la cual se garantice la libertad de palabra, asociación y sindicalización; la libertad de creación y de participación en la vida cultural; la gratuidad de los servicios de salud y de la enseñanza; el derecho a la seguridad social; y el derecho de propiedad de los actuales ocupantes de viviendas. Se solicita la realización de elecciones libres y promover la aprobación de una legislación en materia económica, financiera y fiscal que establezca el carácter mixto y democrático de la economía cubana. La autogestión de empresas privadas; el traspaso gradual a los sectores cooperativos y privados de entidades estatales en las esferas de la producción y los servicios; y el control público sobre los precios de los productos de primera necesidad, con vistas a compensar los efectos secundarios de la liberación de la vida económica.

"En la autogestión, los obreros y los empleados son los dueños y administradores de las empresas; y la cogestión significa que los trabajadores participan en la dirección de las compañías. En ese Documento se plantea que no habrá devolución de viviendas", afirma Roberto Simeón, presidente del Comité de Dirección del Movimiento Socialdemócrata en Miami.

"Esta es la última oportunidad que hay para una solución pacífica a la crisis cubana", dice Tony Santiago, hombre muy vinculado a la socialdemocracia latinoamericana que afirma que los socialdemócratas ven con mucha simpatía este programa.

A primera vista, éste puede parecer un acto más de los muchos que valientemente realizan los activistas de derechos humanos en Cuba. En cierto sentido lo es; como en otras ocasiones, se ha acudido pacíficamente a las oficinas del Comité Central para hacer entrega de una denuncia o solicitud de cambio, y dos de sus iniciadores son Elizardo Sánchez Santa Cruz, presidente de la Comisión Cubana de Derechos Humanos y Reconciliación Nacional, y el poeta y periodista Manuel Díaz Martínez. Sin embargo, y esto es muy importante, esta vez el documento –de más de 20 páginas– es un plan de nuevo gobierno que está respaldado en su mayoría por personas que nunca habían militado en la disidencia (como por ejemplo, Vladimiro Roca, ex funcionario del Comité Estatal de Colaboración Económica) y otros. Pero no sólo eso. La propuesta refleja una corriente de oposición bastante extendida entre académicos, miembros del partido e intelectuales. Es lo que Castro ha llamado "la quinta columna", "los blandengues"; son los que el editorial de *Granma* catalogó como partícipes del discurso de "ola contrarrevolucionaria que barrió con el socialismo europeo, y que algunos de ellos aprendieron en las universidades soviéticas". Es el creciente número de profesores que están siendo purgados no sólo en la Universidad de La Habana, sino en otros importantes centros universitarios del país.

Ramón Cernuda, vocero en el exterior de la Propuesta Socialista Democrática para Cuba, está haciéndole llegar una copia del proyecto a la Internacional Socialista y a todos los gobiernos y partidos socialdemócratas del mundo, y planea difundir lo más posible este nuevo e importante paso que ha dado la oposición en Cuba.

Lejos estoy de querer abrazar una nueva utopía. La propuesta de La Habana tiene fundamentos muy sólidos que se han llevado a la práctica con éxito. En Suecia, por ejemplo, en Noruega, Dinamarca, en Costa Rica. En España y Francia. En todos estos países, contrario a Estados Unidos, la salud, la educación, la cultura y la protección del empleado importan, ocupan un lugar alto en la agenda nacional. Aunque a la hora de buscar modelos, quizá no haya que ir tan lejos. En Cuba lo planteó hace muchos años un hombre admirable llamado Antonio Guiteras.

6 de febrero de 1992

MISERABLE ISLA...

Alimentados, aseados, saciados, tronamos. Si el estruendo nos parece anticuado, de mal gusto, optamos por el quehacer siempre exquisito del atenuante malabarismo de ideas sobre la aislada isla y sus isleños: diáfanas adecuaciones, es decir, deducciones, provocadas por algún nuevo suceso en lo militar o en las filas del partido; otro tronante editorial del *Granma*; el último comunicado de un activista –disidente, opositor–; o los recurrentes temas miamenses: diálogo, beligerancia, ¡endurecimiento del embargo!, Castro. Lúcidos, escépticos, asépticos, sin cesar discutimos, nos acusamos, profetizamos sobre Cuba y los cubanos.

Allá cunden los piojos, la peste a orina, a piel, pelo y ropa sucia. En Cuba, la mugre se expande. Los parásitos y la diarrea están por todas partes. Se ha informado de numerosos casos de personas con sarna, la conjuntivitis hemorrágica se sigue propagando, e igualmente una peligrosa enfermedad que transmiten los ratones y que nadie recuerda su nombre.

Las alcantarillas están rotas, y muchas tuberías; en las ciudades se ve una cantidad sin precedentes de ratas, cucarachas y mosquitos. La basura, llena de moscas, se acumula en las calles. Nadie sabe decir con exactitud qué tiempo hace que no hay con qué fumigar, pero todos coinciden en que hace mucho, mucho tiempo. Más o menos el mismo tiempo que no se ven jabones ni los desinfectantes ni los detergentes.

Sin embargo, el tiempo en que se inició lo que podríamos llamar la *etiopización* de Cuba bien se podría fijar en unos dos años, cuando en los muelles de La Habana dejaron de atracar los buques de carga checos, húngaros, polacos, alemanes, soviéticos. La falta de petróleo no significa sólo que la producción esté casi paralizada, significa también deficiencias críticas en el sistema de transporte y distribución de alimentos y las escasas medicinas que llegan al país. También se agotó la materia prima antaño importada, así como las piezas de respuesto. Qué decir de los equipos, instrumentos y suministros de hospitales.

En Cuba no hay qué comer, llegó la hambruna. Se está viendo caer, literalmente, a personas en las colas. El pueblo se ve, y está, agotado y desnutrido.

En los últimos días he entrevistado a cubanos que están en Miami de visita o a exiliados que acaban de regresar de Cuba. Todos dieron su testimonio con la condición de que no se mencionen sus nombres por temor a represalias, ya que piensan regresar al país. A continuación extractos de dos de las entrevistas. La primera es de una mujer de 77 años que vino a Miami a ver a su hijo y a su nieto; le pedí que me describiera un día de su vida en La Habana.

"Para qué le voy a contar. Los días allá son muy duros, muy duros. Me tomo un buchito de café por la mañana, si hay, porque imagínese, dan dos onzas de café cada 15 días. Un café que no hay quien se lo tome, malísimo, pero por lo menos es algo caliente que me cae. No almorzamos, porque no tenemos qué almorzar. Entonces, depende de lo que consiga ese día, si es un huevo, porque ahora nada más que dan cinco huevos a la semana. Lo como con un poquito de arroz, si hay arroz. Al otro día, me levanto cansada, ya no valgo un quilo prieto. Antes de venir para acá me pasé dos días con un pedazo de boniato. Y ya no se ven las viandas tampoco. ¿Dónde están las viandas? Lo que se consigue a veces son unos pescaditos negros que llaman *jurieles* (jureles), malísimos. Los salcocho con sal, porque la mayor parte de las veces no hay aceite o manteca para freír. Figúrese. ¿Pollo? Uno de tres libras cada 12 días. ¿A cuánto alcanza para cada uno ese pollo? El año pasado no se vio una cebolla, y carne, solo vino dos veces, en abril y octubre. Y la leche nos la quitaron; a los viejos nos quitaron la leche. No hay nada, pero nada... Yo quisiera que usted viera a la juventud cubana, parecen muñecos, sin vida. Ahora, le voy a decir una cosa... ya el pueblo echó a andar. La gente se faja en las colas, no se callan nada, y en las paredes pintadas y donde quiera, aparecen las proclamas de "Abajo Fidel", "Fidel, vete, tenemos hambre".

El siguiente testimonio es de una exiliada que acaba de llegar de Cuba. Hacía 12 años que no veía a su madre, que ahora está enferma.

"A mí lo que más me impactó fue ver que Cuba era como un pedazo de tierra aislada del planeta. La hierba está seca y hay mucho disgusto y mucha tristeza en las caras de la gente. La calle donde yo estuve le llaman 'la piscina', porque está llena de agua. Si usted ve qué cantidad de mosquitos; llegué con una infección en la piel. Me chocó ver que llegaba la hora del desayuno y no había nada. El primer día mi hermana consiguió una lata de leche condensada, que la pagó a ocho pesos en el mercado negro. La suerte es que yo les llevé café. Fui a la tienda y les compré jugos y otras cosas. Si usted ve qué humillación, cómo los tratan a ellos, y a mí, qué diferente, porque llegaba con dólares... La toalla que me dieron para secarme, la frazada del piso con que yo limpio aquí está mejor. A la hora de comer me daba pena... Yo le diría que están agonizando, muriéndose lentamente. A mí se me doblaron las piernas en el aeropuerto, de ver, de pensar lo que dejaba atrás. Le digo, si no fuera por todo lo que les mandamos de aquí... Yo creo que la gente se rebelaba. Aunque yo veo mucho conformismo, están como aplomados, y una monotonía..."

12 de marzo de 1992

HERMANO OSWALDO

Antes que nada, un abrazo fuerte y mis felicitaciones por tu nuevo hijo, Isaías. Nombre hermoso el que has elegido para él, el más grande de los profetas mesiánicos. Ese que tuvo en el templo de Jerusalén la revelación de su misión: "Anda y dile a este pueblo lo siguiente: Por más que escuchen no entenderán, por más que miren, no comprenderán". El profeta de la fe, que previó la catástrofe de su pueblo y trató de evitarla predicando la reconciliación, la paz, la confianza en Dios, única posibilidad de salvación para que un día, como cuando se corta un roble o una encina, pudiera renacer, renovarse como un retoño en el tronco.

Sé, Oswaldo, el peligro que están afrontando los cientos de miembros del Movimiento Cristiano Liberación, que a través de todo el país se dedican a recolectar firmas como referéndum para por la vía cívica, legal y pacífica, crear una nueva Asamblea Constituyente. Sé de las persecuciones, las golpizas y el encarcelamiento de algunos, como es el caso de Eduardo Vidal, coordinador del movimiento en la zona oriental, preso ahora en Santiago de Cuba. Pero intuyo la firmeza, la fe y el espíritu que los mueve. Qué buena noticia saber que ya ascienden a miles las firmas, como me informó el padre Francisco Santana, más de las que se necesitan para –según el Artículo 86 de la Constitución vigente– presentar el proyecto de ley.

Fue extraordinario poder oírte la otra mañana en el *Acontecer Noticioso Cubano* de WRHC Cadena Azul explicar tu decisión de postularte para diputado a la Asamblea Nacional del Poder Popular. Cómo se seguían las llamadas de los radioescuchas de Miami comunicándote su solidaridad y apoyo. De extraordinaria también y sin precedentes califico la idea del Partido Demócrata Cristiano de convocar ayer a una conferencia de prensa con altoparlantes, para que hablaras desde La Habana con la prensa de Miami y Puerto Rico. Brillante idea en la batalla que libramos a través del teléfono y los medios de comunicación.

Creo que el paso que has dado es valiente y muy inteligente. Una estrategia válida para emplazar al gobierno a que respete su propia ley. Si no lo hace, ¿quiénes mejor que ustedes desde ahí adentro para denunciar el incumplimiento de esa ley? Y si de verdad existe una voluntad en el gobierno de ofrecer un espacio, por mínimo que sea, ¿quién mejor que el delegado Oswaldo Payá Sardiñas para presentar un proyecto de ley respaldado por miles de cubanos para iniciar el proceso democratizador? Como bien dijiste: "Por algún punto hay que empezar. Lo que no podemos es destruir la lógica de la transición. Si queremos cambios pacíficos y elecciones, el comienzo es este anuncio, y tienen que confiar en nosotros. No vamos a aceptar nada indigno, nada mediatizado ni nada sucio. Nosotros estamos luchando aquí por la libertad. Si lo que queremos es un cambio pacífico, cuando hay un signo de que eso es posible, tenemos que corresponder. Eso no significa que nos vendemos ni que nos prestamos a juegos. Para la transición, algún paso tiene que ser el primero. Porque –a los del exilio les digo– que la transición no es decirme qué va a pasar después de que se vaya Fidel. El problema es cómo pasamos de esta posición a la reconciliación y a la democracia, como mismo ha dicho el presidente de Estados Unidos, 'una transición pacífica, ordenada'. ¿Cómo va a ser esa transformación sin sangre si a cada paso que damos nos tratan de aplastar, no sólo aquí, sino allí en el exilio? ¿Es que en el exilio hay alguien más cubano que nosotros? Tan cubano sí... ¿O más inteligente? Puede serlo, pero... 'vamos, no me lleven a lo oscuro a morir como un traidor'. Si hay trampa, nosotros seremos los primeros en denunciarlo".

Pruebas de tu valentía –que es ahí, en territorio castrista donde más se mide el valor– hemos tenido en sobradas ocasiones. Pruebas de tu experiencia en la lucha cívica por lograr una renovación cristiana y democrática en Cuba nos sobran. Como cuando a los 16 años, en el Servicio Militar Obligatorio, te obligaron a trasladar a unos presos políticos y te negaste, y fuiste condenado a picar piedras por dos años en Isla de Pinos. Como cuando a principios de los 80, junto a otros jóvenes católicos desafiabas al gobierno quedándote después de misa para participar en la Peña Cristiana del Pensamiento Cubano, donde discutían la obra del padre Félix Varela, de José Martí, el Evangelio. Después, sobre todo, en 1986, cuando como delegado de la vicaría del Cerro, asististe al Encuentro Nacional Eclesial Cubano y allí, frente a todos, denunciaste la actitud tibia de la Iglesia cubana ante las injusticias del gobierno, y exigiste una participación eclesiástica más activa y contestataria en el quehacer político y social del país. Ya como coordinador nacional del Movimiento Cristiano Liberación, lanzas la exitosa campaña de recogida de firmas y el proyecto de transición pacífica a un gobierno democrático y una nueva Carta Magna. Has sido encarcelado varias veces; ahora eres acosado, amenazado, víctima de actos de repudio, y se intenta desacreditar tu persona dentro y fuera de Cuba.

He leído varios boletines *Pueblo de Dios* que circulan en las iglesias cubanas, redactados por ti; te he visto y escuchado en vídeos, en casetes, en voz viva por radio. Sin conocerte, te conozco, Oswaldo. Creo captar ese espíritu al que haces referencia y que está en "inmensa sintonía con el sentir del pueblo cubano". Ojalá mis palabras, que brotan desde lo más profundo de mi corazón, sirvan en alguna medida de ayuda a esa tan necesaria renovación de nuestra nación.

Ayer a las 12, mientras le hablabas desde La Habana al pueblo cubano en la diáspora, el padre Francisco Santana daba su misa en la Ermita de la Caridad en tu nombre, "para que Dios ilumine a este hombre puro", me dijo.

Que la Caridad del Cobre te acompañe, Oswaldo.

25 de marzo de 1992

LAS REVELACIONES DE RAÚL

Saber, es un dolor; ignorar, es una desgracia, ¿qué hacer? Pues procurarnos el dolor de saber nuestra desgracia; y ser así dos veces desgraciado.

José María Vargas Vila
Huerto Agnóstico
Cuadernos de un solitario

Conocí a Raúl Salazar entre los estrechos anaqueles de una librería. Recuerdo –de esto hace un par de años– que en aquella tarde de modorra miamense me resultó reconfortante su inquietud y cierta necesidad que noté en él de compartirla. Había observado, parece, que andaba yo un poco perdida en cuanto a qué leer, pues mis manos iban de un libro a otro: Krishnamurti, Suzuki, Eckhart, Hess. Hasta que su voz me sacó de mi silenciosa indecisión. Raúl me recomendaba con intensidad *Siddhartha*, enfatizando lo importante que había sido en su trayectoria por la vida. Le dije que ya lo había leído y que me gustaba mucho, lo que dio pie a que me hablara de otros, que yo no había leído, como los bellos *Poemas de Kabir*. Con este intercambio nada azaroso se inició, pues, una agradable comunicación entre él y yo; y desde ese día siempre que voy a la librería Cervantes, donde está empleado, procuro verlo para conversar un poquito, a retazos entre anaqueles y clientes.

Ya hacía tiempo que Raúl me venía hablando del misterioso periplo de unos manuscritos de Vargas Vila que le pertenecían y que había tenido que dejar en Cuba. Pero yo no acababa de comprender bien, en gran parte debido, lo confieso, a mi absoluta falta de interés en el asunto. Pero la semana pasada se me acercó y me hizo entrega de varios papeles. En uno de ellos, como los otros redactados por él, anunciaba la próxima apertura de la Sociedad Budista de Miami –"Nos urge la reconquista de nuestro insondable y enigmático reino interior"–; en otros, la publicación del *Diario inédito* de José María Vargas Vila. Intrigada, le dije que por qué no hacíamos una cita en algún otro lugar para conversar con calma sobre aquello. Cuál no sería mi sorpresa, cuando sentada la otra tarde en una cómoda butaca de su apartamento, comencé a escuchar detenidamente su historia.

Aunque no llegó a obtener el título, porque fue expulsado de la Universidad de La Habana, se podría decir que Raúl es un doctor en Filosofía y Letras por su conocimiento de los grandes filósofos y su amplio bagaje cultural. Aparentemente, todo en su vida empezó a complicarse en 1959, cuando ya las semillas de Nietszche y Schopenhauer habían germinado en su cabeza y entró en contacto directo con Vargas Vilas. Tan poderosa y profunda fue la impresión que la obra del gran escritor colombiano ejerció en su mente, que comenzó a sentir una especie de nerviosismo nihilista, una como inquietud metafísica que, lejos de calmarse, aumentaba a medida que iba leyendo más y más libros de la copiosa obra *vargasviliana*. (El equilibrio se lo darían después José Ortega y Gasset y el budismo, me dijo).

Según me cuenta, fue una tarde de 1965 cuando tuvo su primera revelación. Acababa de despertarse de una siesta en su casa cuando de pronto sintió que no era él, que su identidad estaba en otra parte. El enorme tormento que lo invadió al no conocerse, cesó súbitamente al sentir que entraba de nuevo en él su "cuerpo astral", que se había alejado, a la vez que escuchó una voz, que le dijo: "Busca los manuscritos de Vargas Vila, que están en La Habana. Busca esos papeles". Aquella orden se convirtió en una idea fija. A partir de ese momento Raúl no vivió, sólo buscó y buscó. Hasta que encontró. Efectivamente, como al mes de seguir pistas, el inquieto lector de Vargas Vila halló los manuscritos ansiados en la casa de Georgina Palacio, hija del difunto secretario de Vargas Vila, Ramón Palacio Viso, a quien el escritor había dejado su diario íntimo e inédito en 1933, cuando murió en Barcelona. La señora Palacio, según Raúl algo nerviosa también e ignorante del valor histórico de los papeles que tenía en su poder, se los vendió enseguida en 1,000 pesos cubanos.

El hecho de que nadie en Cuba ni en el extranjero se interesara en la publicación del diario causó en Raúl un pesimismo enorme, afirma. Por otra parte, tener escondidas en su casa las casi 5,000 páginas escritas a puño y letra de Vargas Vila no era algo que lo tranquilizara tampoco. Junto al poeta cubano ya fallecido José Guerra Flores, se dedicó a seleccionar y mecanografiar lo que consideró lo mejor del diario. Cuando en 1984 Raúl llegó a Miami, Mercedes Guerra, hermana del poeta, le hizo entrega de los valiosos papeles, que había logrado sacar del país. Y ése es precisamente el *Diario inédito* de Vargas Vila que publica ahora la Editorial Cervantes en dos tomos. El primero estará a la venta en dos meses, me dijo, el segundo en un año.

Tuve en mis manos las hojas mecanografiadas, una foto de los manuscritos y el prólogo y epílogo de la obra, escritos por Raúl. Les recomiendo su lectura. Ahí podrán conocer la increíble odisea que vivió este hombre. Entre una larga serie de sucesos dignos de una narración kafkiana, sólo menciono que Raúl fue encarcelado por casi un año, de 1983 a 1984, cuando el gobierno cubano, interesado en el archivo, le fabricó un caso de fraude judicial. Raúl dice que Gabriel García Márquez desempeñó un importante papel en todo este asunto.

Y es precisamente ahora que Raúl es visitado por otra revelación, que me contó fue hace dos meses, igual que la primera. Esta vez, la voz le dijo: "Hace falta una Sociedad Budista en Miami". Y esto lo impulsó a iniciar los trámites para su apertura, planeada para julio en el mismo local de la Sociedad Teosófica, en el 2095 SW de la Primera Calle. Raúl quiere que se difunda la iluminadora palabra de Buda en Miami, ciudad que según él está habitada por seres de espíritu fatigado, porque desconocen el apotegma hindusocrático: "Conócete a ti mismo". El se considera en la última etapa de una larga búsqueda de sí mismo, que culminará, espera, cuando alcance el *karuna*, que en budismo Zen significa el profundo conocimiento del propio corazón, más importante para comprenderse a sí y a los demás que la razón.

Bienvenida la Sociedad Budista de Miami. Ojalá cuente con buenos maestros de esa antigua y maravillosa filosofía oriental, cuya enseñanza considero necesaria en nuestra ciudad y en cualquier lugar de cultura occidental.

2 de abril de 1992

CALUMNIA, QUE ALGO QUEDA

Dicen que "no hay peor astilla que la del mismo palo". No sé a otros pueblos, pero al cubano, se aplica muy bien el refrán. A la hora de hacerle daño a un cubano, nadie como otro cubano. Es como un sino, como si fuera parte de nuestro destino histórico: hundirnos unos a otros. En política, cual en el fango, chapoteando vamos, procurando con esmero manchar –"calumnia, que algo queda"– a todo el que se interponga en el camino. ¿Respeto, debate serio, unidad en esta hora histórica? Sería pedirnos demasiado. Sencillamente no estamos "a la altura de la circunstancia", para seguir en la vena de las frases hechas.

Lo que es admirable en otros es imperdonable en nosotros. Qué respeto nos inspiraron los disidentes y activistas de derechos humanos que dentro de los países comunistas confrontaron al régimen para establecer cambios democráticos. Y con qué desprecio y furia acusamos algunos a los que intentan hacer lo mismo dentro de Cuba.

Lech Walesa sí fue valiente porque, vamos, enfrentarse al régimen de Wojciech Jaruzelski sin un ejército, sin un arma, es heroico. Fue duro y largo el camino que tuvo que recorrer el electricista de Gdansk para ir ganando terreno. Pero lo ganó. En 1989, Walesa y Jaruzelski se sentaron a negociar un pacto histórico en el cual al gobierno no le quedó más remedio que volver a legalizar la unión obrera Solidaridad. Ese mismo año se celebraron elecciones parlamentarias y quedó instaurado un gobierno pluralista. Algunos de nuestros líderes del exilio han viajado a Polonia y han buscado por todos los medios estrecharle la mano a Walesa. No he escuchado que le hayan reprochado al valiente polaco "negociar" con el tirano. Pero sí supimos que le habían solicitado su respaldo para la causa de la libertad de Cuba.

En alta estima tenemos a un Gorbachev, a un Yeltsin. Los consideramos figuras extraordinarias, porque han derribado el comunismo, han transformado al mundo, y cosa curiosa, apenas se escucharon disparos, pero sí mucho diálogo y debate. Allá a Moscú fueron también los cubanos para mostrarles su respaldo y su profunda admiración a los dos y... pedirles apoyo para la causa de la libertad de Cuba. Nadie, que yo sepa, los acusó de haber participado en "entregas y componendas".

Algo similar ha ocurrido con Vaclav Havel. Havel se dio a conocer en Checoslovaquia por su teatro y después por su militancia en la disidencia. En el exterior eran más bien los círculos intelectuales los que conocían de su obra, pero su fama se extendió cuando al igual que el físico Andrei Sajarov en la URSS, se entregó de lleno al movimiento de derechos humanos. Como era de esperar, a Praga llegaron también algunos exiliados cubanos para felicitarlo efusivamente por su valerosa labor y... pedirle apoyo para la causa de la libertad de Cuba. No he escuchado a nuestros beligerantes políticos burlarse de Havel por su pacifismo, y su convicción casi religiosa en el valor y la trascendencia de los actos humanos, por pequeños que sean.

Ignoro si hubo polacos, checos, húngaros, rusos exiliados que se expresaran con tanta suspicacia sobre los activistas de derechos humanos de sus respectivos países como lo han hecho ciertos cubanos de la diáspora, algunos de los cuales parece que sólo consideran digno asilarse.

Con qué menosprecio consideramos a aquéllos que dentro del país, retando con coraje las injurias y el miedo a las terribles Brigadas de Respuesta Rápida, insisten en una solución pacífica para evitar la guerra civil. Tal se diría que para nosotros no hay heroísmo como no sea en la guapería. Paso que dan, paso que condenamos. Con soberbia ira se le llamó hace un par de años "traidor" a Gustavo Arcos Bergnes porque le propuso al gobierno sostener un diálogo nacional donde estuvieran representadas todas las partes del pueblo cubano para tratar de llegar a un acuerdo de transición pacífica hacia la democracia. Con convencimiento absoluto —nuestro convencimiento, como nuestra incredulidad suelen ser absolutistas— acusaron algunos en Miami a Elizardo Sánchez de "infiltrado comunista" porque en lugar de quedarse en el exilio, decidió regresar y continuar la lucha interna, cosa que ha hecho, a pesar de los actos de repudio y el acoso. Con qué rapidez acusamos de "traidor" —es uno de nuestros adjetivos favoritos para la estridencia— a Oswaldo Payá porque decidió postularse a diputado por la Asamblea Nacional del Poder Popular. Payá, coordinador general del Movimiento Cristiano Liberación corre mucho peligro, está siendo seriamente amenazado por el gobierno. Ya estuvo preso, y ha sido víctima de violentos actos de repudio; y la alta jerarquía de la Iglesia Católica cubana, lejos de protegerlo, se desentiende de él porque no quiere buscarse problemas con el régimen, con el cual parece actuar en perfecta complicidad.

Por supuesto que Castro no ha hecho nada con las peticiones de un diálogo nacional con la oposición para que se realicen un referéndum, elecciones, cambios democráticos. Por supuesto que se incrementó la persecución y el terror. Es precisamente por eso, por sus "gestos esenciales", como diría la sudafricana Nadine Gordimer, por lo que los activistas de la isla deben inspirarnos el mayor respeto. Son los actos consecuentes con la verdad que esos hombres y mujeres desarmados sienten latir en su corazón y que los impulsa a jugarse la vida todos los días, los que deberían engrandecer nuestro espíritu. Pero no. En lugar de ofrecerles todo nuestro apoyo, dar un voto de fe y de buena voluntad, uno siquiera, algunos optamos por hacer lo que el gobierno cubano: acusarlos, desacreditarlos, condenarlos. Y dividirlos. Sobre todo eso ahora, dividirlos. Así se va escalando al poder. La cizaña se propaga como un virus. Estamos enfermos de nosotros mismos.

16 de abril del 92

DIALOGO

La columna que provocó la ira de Luis Zúñiga fue *Calumnia, que algo queda*, publicada el 16 de abril. Desde que salió de prisión, donde sufrió mucho por 19 años, Zúñiga no ha dejado de vivir como un obseso. Lo comprendo, se parece a mí. Sus palabras y sus obras han estado guiadas por esa pasión hacia Cuba que muchos exiliados llevamos dentro como una llama viva que ilumina, quema, ciega. Siento que hay una especie de empatía entre Zúñiga y yo, porque su llama es mi llama, su obsesión, mi obsesión. Hay abismos entre sus vivencias y las mías, pero pienso que en algún fondo o alguna cima nos une algo vital: nuestro amor a la patria.

Zúñiga quiere, como yo, que caiga el régimen de Fidel Castro y se instaure un gobierno democrático en el país. Como yo, necesita regresar a la isla y allí vivir y luchar y soñar con el empeño inquebrantable de que nunca más se vuelva a repetir la desgracia que nos tocó. El dolor y la desolación que estoy segura él como yo ha sentido, irán quedando atrás –ojalá el desarraigo de mi largo exilio y la ira de su largo presidio acaben al regreso– a medida que rehagamos nuestras vidas en el ámbito aquel donde nacimos los dos, él y yo. Mientras ese "añorado encuentro", como dice el delicioso bolero, no se dé, estamos atrapados en los criterios que brotan del pensamiento de dos personas que anhelan entrañablemente la libertad de su país, del que se fueron, y ajenos a una realidad que no viven, a salvo de los colmillos de un tigre acosado que no es precisamente de papel, emitimos juicios sobre tácticas y estrategias de lucha que deben seguir los que están allá.

Yo no acuso desde el exilio a aquél o aquélla que no obra en Cuba como yo desde Miami pienso que debe obrar. Yo no utilizo los micrófonos de una estación de radio de onda corta dirigida a la isla para hablar mal de la prensa y la gente de Miami, ni trasladar allá enemistades y polémicas surgidas en el exilio, entendibles sólo en el contexto miamense, carentes de sentido allá. Tampoco los uso para criticar a disidentes que también disienten de mis ideas y deciden no aliarse a mi grupo.

"Es saludable recordar que fueron las manifestaciones populares y no el diálogo las que sacaron del poder al Partido Comunista de esas dos naciones", dice Zúñiga refiriéndose a Checoslovaquia y Polonia en su carta. Sería saludable que Zúñiga acabe de reconocer aunque le duela –aunque *nos* duela–, que hasta ahora, en Cuba no ha habido ninguna gloriosa manifestación masiva contra Fidel, ni ha habido huelgas laborales que derroquen al gobierno. Los militares cubanos se escapan en MiGs, en balsas o se asilan en terceros países; los artistas, escritores, intelectuales y profesionales que pueden se van a vivir a un creciente semiexilio de *desislados* en México, España o París. De más está decir que para mí sería motivo de gran orgullo y regocijo enterarme de que en La Habana miles de personas se lanzan a las calles pidiendo democracia. O que un grupo de corajudos militares acaban de dar el esperado golpe de estado que tumbe a Fidel, pero aparte de los activistas de derechos humanos (muchos encarcelados ya, otros que están siendo muy amenazados, y algunos más recientes que se suman –lo sabe Zúñiga– no a la lucha de la resistencia interna, sino a los que quieren irse del país y "ya vienen llegando"), nadie hace nada. ¿Qué hacer? Algo seguro no hago, y es arengar desde aquí para que otros derramen su sangre allá.

"Tanto Walesa como Havel fueron admirados y reconocidos como líderes por su posición vertical frente a los dictadores de sus pueblos", dice Zúñiga. ¿Qué significa una posición vertical? ¿Que no conversan, piden, exigen, hacen concesiones y compromisos, negocian y le "hacen el juego" a la *nomeklatura* para ir ganando terreno hasta destruirla? Havel y Walesa fueron los "dialogueros" por excelencia. Por otro lado, vale recordar que la Primavera de Praga del 68 se dio gracias a Alexander Dubcek, que desde la cúpula del gobierno checo dirigió la oposición contra los soviéticos. Ahora bien, Castro no es Dubcek ni Gorbachev. Castro, si se parece a alguien, es a Stalin. Por tanto, en algo más coincidimos Zúñiga y yo: con Castro es imposible el diálogo. ¿Qué hacer?

No soy erudita, pero sí conozco un poco los procesos políticos de Polonia y Checoslovaquia, porque soy periodista y trato de mantenerme al tanto de lo que pasa en el mundo. Hay bastante escrito ya al respecto, pero sólo menciono un libro que puede serle útil a cualquier interesado en el tema: *The Collapse of Communism*, recuento cronológico de los corresponsales de *The New York Times* desde el verano del 88 hasta el verano del 91, de los extraordinarios sucesos de Polonia, Hungría, Alemania del Este, Bulgaria, Checoslovaquia, Rumania, Albania y la Unión Soviética en esos, digamos, momentos estelares de la humanidad en que el diálogo triunfó sobre las armas. Los editores de la obra son Bernard Gwertzman y Michael T. Kaufman.

Zúñiga me acusa en su carta publicada ayer en *El Nuevo Herald*, de en realidad no respetar a los activistas de derechos humanos de Cuba porque no menciono algunos nombres que él quiere que yo mencione. Deseo recordarle que en *Calumnia, que algo queda* sólo hablé de los que fueron acusados de "traición". Ellos son: Oswaldo Payá Sardiñas, Gustavo Arcos Bergnes y Elizardo Sánchez Santacruz. No obstante quiero aclararle a Zúñiga que sí he destacado la labor de algunos disidentes de la Coalición Democrática Cubana que él representa en el exterior, como son los hermanos Daniel y Tomás Azpillaga, Margarita Terry, Héctor Castañeda y otros en *Onda corta*, publicada el 19 de diciembre del 91.

Sueño que en esa Cuba libre que "ya viene llegando" para parafrasear de nuevo a Willy Chirino, nuestra irracional aversión a la palabra diálogo quede, cuando atravesemos de nuevo las aguas, atrás. ¿Cómo si no dialogando entrarán en función una nueva Asamblea Constituyente, un nuevo Senado, una nueva Cámara de Representantes?

Por lo pronto, no espero estar sentada frente a una taza de café o un mojito en una noche de estrellas y luna llena en La Habana para dialogar con cualquier cubano del lado de allá o de acá, que quiera la democracia en Cuba, incluyendo a Zúñiga. No tengo agenda, sólo amo a Cuba y quiero su libertad con un mínimo de violencia.

1ro. de mayo de 1992

DESOBEDIENCIA CIVIL

Cuenta Lázaro Loretto Perea, presidente de la Asociación Defensora de los Derechos Políticos (ADEPO), que uno de los momentos memorables del ya histórico juicio contra los socialdemócratas Yndamiro Restano y María Elena Aparicio celebrado en La Habana el 20 de mayo, fue cuando María Elena se levantó súbitamente y acusó a la fiscalía y a los testigos de mentir. "Eso no es así. La Seguridad del Estado", dijo, "trató de comprarme a mí y a toda esta gente. Yndamiro asume la responsabilidad de otros que se vendieron".

Yndamiro Restano, presidente del Movimiento Armonía, acusado de rebelión y de fomentar la resistencia cívica en la población cubana y por eso condenado ese día a 10 años de prisión, se había declarado culpable de actos pacíficos en contra del gobierno que habían llevado a cabo compañeros de lucha que ahora tenía frente a sí trastocados, por la más elemental de las cobardías, en testigos que declaraban en su contra. Asombrada y rabiosa la fiscalía ante el arrojo de María Elena, procedió a acusarla de diseminar "propaganda enemiga", a lo que sin vacilar, ella contestó que efectivamente, entraba a los cines de La Habana y se sentaba en distintas butacas para dejar en cada una montones de proclamas antigubernamentales, y lo mismo hacía en las paradas de autobuses, y donde quiera que podía. Ante la inculpación de que robaba papel al Estado para imprimir los escritos, dijo: "Si ustedes se robaban armas (antes de la Revolución), que me robe yo un poco de papel ahora no importa". Su condena ese 20 de mayo: siete años de cárcel.

Entre el público estaban los activistas Loretto Perea, Elizardo Sánchez Santa Cruz, Aida Valdés Santana y René del Pozo. También Rolando Pagés, que desapareció ese día y esta semana se supo que estaba en la cárcel. El temor al motín estaba presente en todo momento; afuera, decenas de guardias vigilaban el lugar; las Brigadas de Respuesta Rápida llenaban la sala y el fiscal les había advertido a los disidentes que deberían tener cuidado, porque en Cuba una golpiza podía terminar en muerte.

A aquella terrible sala de tribunal habanero la veo como un cuarto muy oscuro en el cual de momento suena el chasquido de un fósforo que se enciende y lo ilumina todo. La luz y la brisa en esa hedionda marisma humana fueron las palabras de Yndamiro Restano y María Elena Aparicio, que se expresaban sin temor, convencidos de la justicia de sus principios. Un precedente memorable también había sido sentado días antes del juicio: tres hombres –Rómulo Narciso Michelena, Carlos Rafael Oarga y Majín Eduardo Reyes– que iban a testificar en contra de los acusados, se negaron después a hacerlo diciendo que fueron presionados por agentes de Seguridad del Estado.

Son los actos superiores de hombres y mujeres como éstos los que compensan con creces la miseria de muchos otros que se ensañan contra ciudadanos que por principios, disienten y desobedecen. También compensa la servidumbre humana de la inmensa mayoría de los cubanos que en silencio disiente, pero obedece. Es el miedo, pero más que nada es la inconsciencia.

"Si (un gobierno) es de tal naturaleza que te exige ser el agente de injusticia hacia otro, entonces, rompe la ley", dijo Henry David Thoreau en su clásico ensayo *Civil Disobedience*, una obra que no pierde vigencia, escrita hace más de un siglo. Walter Harding, estudioso de la obra de Thoreau, afirma que en la desobediencia civil se plantea lo siguiente: que hay una "ley más alta" que la ley del país de uno. Es la ley de la conciencia, la "voz interior" de la persona que la mueve a obrar de acuerdo con esa conciencia. Cuando esa "ley más alta" y la ley del país donde uno vive entran en conflicto, es deber de la persona obedecer la ley más alta y violar la ley del país. Si uno viola la ley del país, debe estar dispuesto a asumir las consecuencias de sus actos, como ir a la cárcel, lo que por otro lado servirá para llamar la atención de hombres y mujeres para que tomen conciencia y lograr su solidaridad. La desobediencia civil es parte de la resistencia pasiva, y logra desestabilizar e incluso derrocar a un gobierno. El ejemplo más cercano de su efectividad lo tenemos en el intento de golpe de estado en la antigua URSS: la población salió a las calles para protestar pacíficamente por el golpe, los soldados se negaron a obedecer las órdenes de los golpistas. Por supuesto, existe Tiananmen.

Desde una prisión cubana, Luis Alberto Pita Santos, presidente histórico de ADEPO, convocó hace un tiempo a una huelga general, sin éxito. El año pasado, el Comité Cubano Pro Derechos Humanos divulgó la necesidad de que la población practicara la resistencia cívica como método eficaz de efectuar cambios democráticos. Ahora, el grupo Acción Democrática YA está exhortando a la población para un toque de cazuelas a las 9 de la mañana el 5 de junio. Desde el exilio el periodista Roberto Rodríguez Tejera propone que todos los cubanos se vistan con una prenda blanca el día primero de cada mes como símbolo de oposición al régimen y su rechazo a la violencia. Eloy Gutiérrez Menoyo propone un regreso a Cuba para unirse a la resistencia interna e iniciar la reconstrucción del país sin pérdida de tiempo. Ya veo las costas de la isla llenas de barcos para impedir el desembarco pacífico de los exiliados que osadamente decidan regresar.

Demente o iluso sin duda parece. Pero creo seriamente que si en Cuba se ejerce la desobediencia civil organizada, y en el exilio los cubanos presionan a los organismos pertinentes para que el gobierno cubano deje de violar su derecho humano de entrada, y de hecho parten en masa hacia Cuba con la intención de vivir allí, el régimen castrista se vería aún más acosado. Y de eso se trata: acoso y jaque. Jaque hasta que sea mate.

La inacción puede ser tan efectiva como la acción. ¿Quién pasa de la palabra al acto?

4 de junio de 1992

ELOGIO DE MIS LOCOS

Entonces era la magia. Mi patio, reino del júbilo y del juego, era junto al amplio portal de barandas de aquella casona en la calle Alameda un universo poblado de encantos, inmutable y maravilloso, como los días y las noches que giraban alrededor del hogar, centro de un mundo que creía fijo, indestructible. Lejos estaba de imaginar el estallido "revolucionario" que haría añicos los cimientos de mi casa y mi nación.

Qué hace que la memoria elija, siempre ha sido para mí un misterio. Por ejemplo, ¿por qué perduran el olor a azahares del limonero o el de jazmines al caer la tarde, junto a la pequeña figura de mi abuela —hoy de estatura casi mítica en mi familia exiliada—, enraizada en aquella tierra como un árbol centenario, regando sus plantas? Estos, algunos retozos, algunas quietudes, y los locos que veía pasar a veces desde el portal de mi casa, forman los momentos privilegiados de mi infancia. Son los recuerdos recurrentes cuando voluntaria o involuntariamente emprendo un viaje imaginario a Pinar del Río, mi pueblo natal, provincia ínfima, ignorada por los corruptos gobernantes de turno, pero riquísima en recursos y bellezas naturales. ¿Qué valle es más bello que el Valle de Viñales?

La Vieja Villa —Evangelina Ramos era su nombre, pero así le llamaban todos— se movía lenta entre sus matorrales, como si dilatara el goce de saberse dueña y fecundadora de aquella tierra. Toronjiles, naranjos dulces y agrios, matas de chirimoya, fruta bomba, plátanos manzanos y mango. Hierbabuena, albahaca, cañasanta, tilo, romerillo que ella misma había sembrado quién recuerda cuándo. Matas olorosas y curanderas que ella olía, tocaba, desgajaba cuidadosamente para preparar sus cocimientos de aroma y milagro. No había nervios que no se aplacaran ni dolor que no se quitara al ingerir aquellos remedios acuosos que preparaba con la autoridad de quien se sabe poseedora de una alquimia prodigiosa. Aún recuerdo la botella que dejaba al sereno toda la noche en el medio del patio, llena de sal de higuera y cremor, para curar los empachos.

No menos memorable es mi madrina Estela, hermana de mi abuela, a quien cariñosamente llamaba yo "Mime". Cuando empezaba a llover y a tronar mucho, cubría todos los espejos con toallas y sábanas, y empezaba a caminar por la casa con los dedos cruzados, creo que para espantar los rayos. Si tenía insomnio, cosa común, solía mecerse en uno de los sillones de la saleta vestida con uno de sus *batilongos* de dormir. "Estela, acuéstate, que pareces una visión", le decía mi abuela. Yo me entretenía apostando en silencio desde mi cama cuándo diría abuela aquéllas o similares palabras, mientras miraba la sombra del sillón moverse bajo el claro de la luna y escuchaba el acompasado ruido del balance de madera meciendo a Mime.

Pero pocas cosas eran comparables al jolgorio que causaba la ronda de los locos. Tinguilillo y María, la pareja orate que vagaba junta por todo el pueblo. Con sus zapatos enormes, como de payaso, caminaba Tinguilillo al frente, detrás iba María con sus greñas flechudas, cada uno hablando por su lado. Violeta, la mal hablada, que decía improperios y después se echaba a reir a carcajadas. La inolvidable "Bibí la Loca", llena de pulsos y collares, siempre recogiendo papeles de la basura para metérselos en el sostén y la boca. Me parece estarla viendo, masticando con su abultado pecho, riéndose bajito. Leoncio, que bajaba por la Alameda silencioso, pero si le gritábamos; "¡Leoncio, caja de muerto!", empezaba a tirar piedras.

En estos días, mis locos inofensivos, lejanos, andan sueltos en mi memoria. Y es que me he encontrado con otro que me ha sacudido profundamente por patético y revelador. Lo vi la semana pasada en el documental *Cuba: Socialismo o Muerte*, filmado por la argentina Claudia Nye y presentado por el Canal 23. Aparte de las protagonistas –la *jinetera* y la bailarina–, este loco, un mulato delgado y alto que aparece siempre sin camisa riéndose o cantando ante la cámara, es el otro personaje central del filme. Sin duda parece demente, pero qué lucidez vi en su sorna "loca", qué artificio enmascarado de supervivencia en su defensa de la revolución. Este hombre enloquecido encarna a Cuba. Nye lo sabe, y por eso vuelve una y otra vez a él, como si fuera el coro de alguna tragedia, la conciencia escindida de todo un pueblo al borde de la demencia a la que ha sido conducida por el demente mayor.

Llegan los cables de prensa. Se aprueba por unanimidad una nueva Constitución que le otorga a Fidel Castro Ruz, Primer Secretario del Partido Comunista, Presidente del Consejo de Estado así como del

Consejo de Ministros, Jefe de Gobierno a cargo de la Jefatura Suprema de todas las instituciones, poderes absolutos ahora para encabezar un nuevo Consejo de Defensa Nacional y declarar un Estado de Emergencia –llamado en otras legislaciones Estado de Sitio o Estado de Conmoción Interna– "en caso o ante la inminencia de agresión, desastres naturales, catástrofes u otras que por su naturaleza, proporción o entidad afecten el orden interior, la seguridad o estabilidad del Estado". El nuevo cuerpo bajo el mando directo del Comandante en Jefe de 65 años, ha de "dirigir el país en las condiciones de estado de guerra, durante la guerra, la movilización general o el estado de emergencia".

Llegan cables de prensa. En toda Cuba se excavan túneles. Fidel Castro –con el mismo rostro de enloquecido que le vi en el documental– habla: "Si un día va a desaparecer la revolución cubana, que desaparezca con nosotros, los que estamos dispuestos a morir por defenderla". En el preámbulo de la nueva Constitución, se hace mención de "los aborígenes que prefirieron muchas veces el exterminio a la sumisión". Castro habla: "No se le puede echar la menor culpa a esos aborígenes".

Locos sueltos de mi infancia, de ustedes, nunca tuve este miedo.

16 de julio de 1992

LAS PALABRAS DE MAS

He escuchado con atención a Jorge Mas Canosa en una grabación del vídeo que introdujo en Cuba el canadiense Jean-Guy Trepanier a finales de junio. El casete en el que Mas se dirige a los cubanos de la isla llegó a mí a través de Libertad y Vida, una agrupación de apoyo a los cubanos que dentro de Cuba luchan por la libertad y los derechos humanos. Antes de transcribir las palabras de Mas Canosa, permítanme presentarles a los tres miembros de Libertad y Vida que me entregaron la cinta.

Me vienen a la mente las palabras de José de la Luz y Caballero en el momento de intentar definir la ética de vida de Orlando Castro, Georgina Cid e Israel Barrera. Luz describió el sentimiento de justicia como "ese sol del mundo moral". Creo que estos tres cubanos forman parte de ese sol que en nuestra historia es el presidio político.

Orlando Castro fue uno de los jóvenes rebeldes que el 26 de julio de 1953 asaltó el Cuartel de Bayamo con la intención de derrocar al dictador Fulgencio Batista. Como todo buen revolucionario en el poder, Fidel Castro lo encarceló una vez que cogió el mando de la nación. Orlando estuvo 17 años preso por oponerse a la ruta torcida que tomaba la revolución de sus ideales fallidos, Georgina Cid, también activa en la insurgencia urbana antibatistiana, fue encarcelada en 1961 cuando se incorporó de nuevo a la clandestinidad contra los comunistas. Igual que su esposo, Orlando. Georgina estuvo 17 años presa. Israel Barrera fue de los "alzados" del Escambray que a finales de los 50 combatió también a Batista. Como Orlando y Georgina, Israel fue a parar a la cárcel, por 15 años. Hoy, con el mismo sentido de responsabilidad civil, los tres están otra vez integrados a la búsqueda –parece que en nosotros interminable– de la democracia y un estado de derecho en Cuba.

Ellos, como yo, le dan mucha importancia a las palabras. ¿No son acaso las palabras la gran fundación nacional que nos dejaron como legado Varela, Luz, Martí? Quien como Jorge Mas Canosa aspire a gobernar la isla de Cuba, debe hacer claro su mensaje para todos los cubanos, los de la isla y los del exilio. ¿No somos acaso "un solo pueblo"? ¿Por qué entonces parece decir una cosa para los de allá y otra para los de acá? Estas son algunas de las palabras de la grabación:

● "Los cubanos tenemos que ir hacia la reconciliación nacional. Necesitamos una transición pacífica, sin violencia, sin sangre. Por eso mi exhortación a las fuerzas de Seguridad del Estado cubano, que por tanto tiempo han estado torturando, persiguiendo, abusando de nuestros compatriotas. Es hora de detener esas prácticas. Por tanto, a esos hermanos nuestros de Seguridad del Estado, detengan esa práctica..."

● "Ya lo hemos dicho y lo vamos a reiterar. Los cubanos del exilio no vamos a Cuba a buscar nada, a reclamar *nada*... Se le debe dar el título de propiedad inmediatamente a todos aquéllos que habitan una vivienda en Cuba".

● "Nosotros queremos que aquéllos que están operando pequeños negocios, aquéllos que trabajan en granjas, que trabajan en pequeñas industrias, aquéllos que dirigen o administran almacenes tienen que pasar inmediatamente a ser propietarios de esas pequeñas empresas".

● "Estos esfuerzos de Radio Martí, estos esfuerzos de La Voz de la Fundación... todo esto, compatriotas, lo pagamos nosotros... la Fundación Nacional Cubano Americana".

● "La Fundación Nacional Cubano Americana es responsable de haber cambiado la mentalidad total del exilio cubano".

● "Todas esas tonterías que se hablan... la Democracia Cristiana, la Socialdemocracia, todo eso ha terminado".

● "Soy un hombre sencillo, accesible, no se me han ido los recursos económicos a la cabeza. Podría estar muy bien, disfrutando muy bien en mi yate en la Riviera Francesa olvidado de Cuba, olvidado del dolor y la tragedia de mi pueblo..."

Cierto. Con yate o sin él, Jorge Mas Canosa podría dedicarse sólo a acumular dinero y disfrutar la buena vida olvidado de Cuba. Pero el exitoso empresario se ha pasado y se pasa la vida pensando, hablando, trabajando por y para Cuba. Se ve que la quiere. Yo no le pido a Mas Canosa más que lo que le pide Luis Zúñiga, quien aparece en el vídeo como su entrevistador: "Para evitar la incertidumbre y el temor... ¿Qué es lo que los cubanos tendrán.... y cómo la Fundación Nacional Cubano Americana encara ese futuro luminoso para los cubanos?... Quiero que el pueblo cubano conozca al Jorge millonario, pero (también) al Jorge patriota, en conjunción, las dos figuras. Háblanos un poco de ese Jorge Mas Canosa..."

Pregunto: ¿Ningún cubano va a reclamar nada, como asegura Mas en nombre de todos? Ojalá que tenga razón. ¿Son "tonterías" los partidos de la Democracia Cristiana y de la Socialdemocracia? ¿No estarán permitidos en la Cuba que él sueña, como da a entender? Mas le llama *hermanos* a los agentes de Seguridad del Estado que torturan y persiguen. ¿Por qué? ¿Les está regalando la Fundación a los funcionarios comunistas que hoy dirigen empresas estatales esas propiedades, para que suceda como en Rusia, que de funcionarios marxistas pasan a ser empresarios capitalistas?

Como pienso ser una ciudadana votante de la Cuba futura donde, espero, haya diferentes partidos –entre ellos los que Mas llama "tonterías"–, y donde aspiren diferentes candidatos a la presidencia, y como he aprendido y participado en el proceso electoral democrático de Estados Unidos, le pido a Jorge Mas Canosa que, por favor, nos aclare sus palabras.

23 de julio de 1992

AMERICAS WATCH NOS MIRA

He sentido la intimidación. Sé lo que es estar asustada por haber denunciado la intolerancia y la violencia de algunos cubanos de Miami. Es por eso que cuando supe del informe *Diálogo peligroso: ataques a la libertad de expresión en la comunidad exiliada de Miami*, me apresuré a leerlo. Creo que no exagera. No dejo de corroborar cómo algunas de las personas —en este caso entidades— que más han logrado desenmascarar ante el mundo la inmundicia y el terror de Cuba son las mismas que ven a Miami como lo que en parte es: un lugar donde un sector poderoso del exilio ultraconservador ha impuesto por muchos años, y pretende seguir imponiendo, su criterio por encima del de todos, ignorando los más elementales principios de la democracia que dice defender y querer para Cuba.

Americas Watch es una organización prestigiosa que merece el respeto de los cubanos. Desempeñó un papel muy importante en la condena del gobierno castrista por la Comisión de Derechos Humanos de Naciones Unidas en Ginebra. Su último informe sobre Cuba: *Tightening the Grip: Human Right Abuses in Cuba*, dado a conocer hace cinco meses, es otro golpe a la dislocada cabeza de aquel monstruo ebrio y senil.

Poco parece importarle eso a nuestros supremos mandamases. El informe de Americas Watch sobre Miami fue un golpe bajo imperdonable también para ellos, que no soportan la disensión ni la crítica. Fue grande el rugido y la furia. Decidí entonces llamar a dos cubanos que viven fuera de Miami, a ver si estaban enterados de la última ráfaga de anhídrido sulfuroso que soplaba por acá, y me ayudaban desde lejos con su soplo, a tomar distancia.

"Es un informe sobrio y justo, pero incompleto. Podía haber ahondado en más asuntos. Pero es honesto", me dijo desde Nueva York Jorge Ulla, creador del extraordinario documental sobre el presidio político cubano *Nadie escuchaba*. "Es el tipo de reporte que se debía recibir con cautela, no con insultos por parte de quienes quieren la adhesión absoluta (a sus ideas). Hay una tendencia en [Miami] a mitologizar la historia cubana. Esa tendencia ha creado un síndrome en el que todo conflicto tiene que resolverse a punta de machete... No existe en Miami un nivel de discurso. El que hay es: "tú no me gustas, por lo tanto, yo te insulto. Y el que grita más es el que tendrá la razón", terminó diciendo Ulla.

"Entérame, entérame, ¿qué es lo que está pasando?", me preguntó Orlando Jiménez Leal, quien resultó estar en Miami para la proyección de su documental *8A*, que trasmitirá el Canal 23 el domingo 16. Cuando le conté brevemente, como si fuera un nervio en lugar de un hilo telefónico lo que nos conectaba, sentí su pánico. Leal pensaba que lo había llamado para entrevistarlo por el documental, no para opinar sobre Miami. El avisado creador de *Conducta Impropia* no quería actuar impropiamente justo en el momento en que su filme se estrena en Miami, por lo que empezó a hablarme con sumo cuidado, escogiendo palabras como pasos en terreno minado. "Miami es una ciudad sitiada intelectualmente... Eso produce situaciones anormales... Es un reflejo de Cuba..." Pero después lo percibí más seguro. "Es un coctel Molotov. No acabamos de entender que el fin de Castro no llega matándonos entre nosotros mismos..." Después de un rato, nos despedimos riéndonos, yo algo apenada por la súbita percepción de que estaba padeciendo de una especie de alboroto local que él no sentía. ¿Habría sucumbido ya a la *mogolla* circundante y no me daba cuenta?

Salí para la oficina de Ramón Cernuda, siempre llena de arte por todas partes. Además del precioso cuadro de Gina Pellón colgado a la entrada, esta vez me maravilló un cuadro nuevo que vi. Era de Tomás Sánchez, la razón principal de mi visita. Había llamado a Cernuda para preguntarle si tenía a mano algunas obras, fotos o reproducciones de la obra de Sánchez. Tenía.

No voy a exagerar, digo la verdad, tal y como la sentí: descubrir la obra de Tomás Sánchez fue para mí una experiencia feliz. De pronto me hizo recobrar el sentido de que, como dijo el poeta surrealista "hay otros mundos, pero están en éste". Son mundos superiores que debemos develar. El pintor cubano, sumido en el espanto absoluto del más absoluto totalitarismo, lo ha hecho con la maestría del que ha logrado salvarse buscando sólo en su interior, siéndose fiel sólo a sí mismo. Su pintura es un canto a la naturaleza, a su universo místico deslumbrante. La paz, el amor profundo a la tierra y al espíritu en su obra reflejados llegan al alma.

Sánchez no ha querido exiliarse. Se dedica a pintar la naturaleza real e imaginada de su isla. No obstante su silencio y su pincel, fue expulsado de la Escuela Nacional de Arte por sus creencias religiosas, pues Sánchez practica el yoga. El gobierno lo mantuvo marginado, hasta que se ganó el premio Joan Miró en Barcelona en 1980. Hoy es un pintor muy cotizado y admirado internacionalmente.

Presiento la polémica que se avecina, porque el Museo Cubano de Arte y Cultura planea exhibir parte de la obra de Sánchez –toda, de coleccionistas privados– en noviembre. Desde ahora les sugiero a los intimidadores que antes de emprenderla de nuevo contra el museo recuerden que en la Galería Bacardí de Miami se llevó a cabo en mayo una subasta de Sotheby's donde se vendió por $66,000 la *Meditación*, de Tomás Sánchez. No olviden tampoco que en el Center for the Fine Arts del *downtown*, también se subastó una litografía de Sánchez, que junto a otras obras de cubanos –de Portocarrero, Lam, etc.– fueron destinadas a recaudar fondos para los enfermos de SIDA de Génesis.

Pero quizás no suceda nada. Ojalá, para desmentir a Americas Watch, y como yo, muchos puedan ir a admirar la grandiosa obra de un artista cubano por encima de toda política. Yo quiero ir. Tengo derecho a ver el arte que se produce en mi país. Eso es válido, ¿o no?

13 de agosto de 1992

HABLA LA OPOSICION

Dentro de algunos días estará en las librerías de Miami *Diez días en Cuba. Mensaje de la disidencia a la diáspora*, un libro que reúne las entrevistas realizadas por Christopher Kean del 30 de septiembre al 9 de octubre de 1992 a las principales figuras de la oposición en Cuba. Esta obra es otro logro del programa del publicaciones de Freedom House y Of Human Rights, que el año pasado sacaron a la luz el revelador *The Politics of Psychiatry in Revolutionary Cuba*, de Charles J. Brown y Armando M. Lago,

Este extenso mensaje que a través de Kean, coordinador de Proyectos Especiales de Freedom House, hijo de cubana y norteamericano, nos envían los cubanos de la isla, deben leerlo todos los que están interesados en conocer el pensamiento de la disidencia en Cuba. Ese pensamiento está lejos de ser unánime, porque los disidentes disienten entre sí, tienen filosofías políticas distintas y opiniones a veces bastante distantes en cuanto al embargo, el papel que el exilio debe desempeñar ahora y después del derrocamiento del régimen, y la estrategia a seguir para apresurar los cambios deseados. Sin embargo, y esto es algo que se ha venido observando en entrevistas telefónicas que hemos escuchado desde la isla y en breves declaraciones citadas en reportajes, en ese pensamiento hay una *unidad* –no uniformidad– que se basa en el respeto y apoyo mutuo para vencer al enemigo común, Fidel, cuyo objetivo es precisamente agrietar, quebrar esa unidad, que es donde radica la fuerza moral y estratégica de la oposición interna.

Frank Calzón, director ejecutivo de Of Human Rights y representante en Washington de Freedom House, dice estar muy satisfecho con el libro, que está en estos momentos enviando en paquetes a todas partes, porque además de ser la primera vez que se recopila el pensamiento de los entonces principales disidentes cubanos, muestra –opina él y también yo– que la democracia a la que se aspira en una era poscastrista ya la está poniendo en práctica la oposición en Cuba en un clima de respeto y tolerancia a la pluralidad de ideas.

En el libro hablan Elizardo Sánchez Santa Cruz, de la Comisión Cubana de Derechos Humanos y Reconciliación Nacional; Gustavo Arcos

Bergnes; Jesús Yánez Pelletier y Rodolfo González, del Comité Cubano Pro Derechos Humanos; Roberto Luque Escalona y Jose Luis Pujol, de Proyecto Apertura de la Isla (PAIS); Reinaldo Betancourt y Lázaro Loreto, de la Asociación Defensora de Derechos Políticos (ADEPO); Yndamiro Restano, del Movimiento Armonía (MAR); Fernando Velázquez Medina, de Criterio Alternativo (Kean intentó tres veces entrevistar, y no pudo, a María Elena Cruz Varela, quien a los pocos días cayó presa); Oswaldo Payá Sardiñas, del Movimiento Cristiano Liberación; Rafael Gutiérrez Santos, que en aquel momento pertenecía a la Unión General de Trabajadores de Cuba, y Mario Chanes de Armas, que cumplió 30 años en el presidio político.

Le pregunte a Kean por qué no había entrevistado a miembros de la Coalición Democrática Cubana, y me dijo que los únicos que conocía cuando llegó a La Habana –lo mismo me explicó Calzón– eran los hermanos Daniel y Tomás Azpillaga, quienes acababan de ser encarcelados por la manifestación en contra del gobierno a finales de septiembre frente a Villa Marista.

"A través de estas entrevistas se ve claramente el verdadero sentido del 'diálogo', de que ellos hablan, que es completamente distinto de lo que piensan los que les llaman despectivamente 'dialogueros'. No se trata de dialogar con quien es incapaz de dialogar, ya que [Fidel Castro] ha dicho claramente que no quiere diálogo ninguno... Quieren un cambio pacífico, pero profundo, que vaya más a la raíz", escribe en la presentación del libro monseñor Eduardo Boza Masvidal, presidente del consejo de directores de Of Human Rights. Uno de los aciertos de estas entrevistas, en las que Kean hace las mismas preguntas claves con insistencia, es demostrar cuán errada y manipulada está la acusación que algunos exiliados les hacen a algunos disidentes de querer "dialogar con el tirano". Les dejo a los lectores la opción de leer el libro –lo deben leer también los suspicaces que necesitan el lugar común cómodo, creíble del pensamiento– para que lleguen a sus propias conclusiones y de una vez por todas vean a la oposición no como "prodiálogo" o "contra el diálogo", porque esa división es falsa. No existe. Se *manipula*. Lo mismo sucede con el embargo. "Pues tú les puedes informar [al exilio] que nosotros decimos que no se le dé una gota de oxígeno, ni económico ni político, al régimen de Fidel Castro", nos manda a decir Gustavo Arcos Bergnes, que como muchos otros en el libro, están *a favor* del embargo.

Aunque han pasado 10 meses y muchos están hoy en prisión –Restano, Pujol, Medina, Santos y Betancourt–, Luque Escalona se convirtió en exiliado, han nacido nuevos grupos, como la Corriente Socialista Democrática de Elizardo Sánchez, Vladimiro Roca y otros, el mensaje que nos envían los disidentes sigue vigente y debe ser escuchado con atención.

20 de agosto de 1992

LOS ARBOLES
Noche oscura en Coral Gables

Frente a mí, bajo la sombra de una noche que ya llega, un árbol querido cuyo tronco ha quedado en pie. Conserva suficiente follaje para dar aún sombra, para que sus ramas puedan, como alegres, jugar con la brisa que lo acaricia. Las ráfagas aquellas, el rugido aquel ya se fue. Queda esto: mi familia viva, mi techo, el ritmo roto de la vida, y la experiencia ya imborrable de haber sobrevivido al más horrible huracán.

Cuando la rutina se quiebra de súbito por una conmoción así, la vida queda en suspenso, se trastocan las prioridades, y lo verdaderamente importante ocupa su lugar. Como la puerta de cristal hecha añicos por una ráfaga de viento, la capa de lo superfluo cotidiano se derrumba ante el instinto: agua, comida, luz para la noche oscura.

Escribo a mano, iluminada por la luz de una vela. Coral Gables es una boca de lobo. Me asomo a la ventana abierta y no veo absolutamente nada. Sólo oigo, percibo. Algún animal se mueve rápido entre los arbustos regados por todo el patio. Una fruta, si es que alguna queda, o algo, cae sobre las ramas derribadas. Voces lejanas me llegan de los apartamentos vecinos de otros edificios. Todos están como yo, bajo el toque de queda, con las ventanas abiertas, el calor sofocante y a oscuras tratando de hacerle frente a una fortuna no desdichada. Después de todo, conservamos la vida y el hogar, y en mi caso, a pesar de las calamidades, la capacidad asombrosa de disfrutar de alguna forma la penumbra en que vivo desde hace tres noches, y el espontáneo, hermoso gesto de ayuda que he visto surgir entre todos. Está uno tan poco acostumbrado a esta cercanía, a esta urgencia de la necesidad compartida.

En la madrugada, Beny Moré, que llega de las estaciones de Cuba, ambienta aún más la extraña sensación que tengo de estar viviendo, aunque todavía con enormes privilegios, algo similar a lo que viven los cubanos cotidianamente. Por la mañana hice dos colas: una para comestibles y agua, otra para velas. No logro salir de la sorpresa que nos dio nuestra Florida Power and Light: la falta de electricidad podría durar semanas. Me surto exageradamente de baterías para mi pequeño Grundig donde escucho, en tiempos normales, las estaciones de onda corta. Pero no hay norma ahora: urge la onda nuestra. Por la mañana, por la tarde, por la noche, se sintoniza la radio. Sí, son días de radio, como diría Woody Allen. Y hemos tenido una cobertura y un servicio de orientación de primera.

Cuando sobre nosotros pasó el cíclope aquel con su temible ojo, y pude salir –nunca olvidaré la tensa espera, ni el impacto estremecedor de su llegada–, algo en mi interior pareció también devastarse.

Sé que mi mal no es nada, nada, ante el sufrimiento de decenas de miles, entre los cuales tengo miembros de mi familia, que perdieron sus casas, ante el horror de otros que vieron volar trozos de techos y paredes, y correr despavoridos para evadir la temida intemperie. Pero lo que yo sentí al ver los árboles caídos, arrancados de raíz, arrojados en las calles de mi barrio, los pájaros muertos, y aquella como desolación tan enorme, tan absoluta, permanecerá en mi memoria para siempre.

27 de agosto de 1992

A PROPOSITO DE BYRNE

En su soflama inútil, el viejo caudillo recurrió a Bonifacio Byrne y Puñales para salvarse. En su hora fatal, intenta asirse al nacionalismo más desesperado para conservar el poder, exacto a Stalin cuando empuñó los textos de historia rusa y muy especialmente el patriotismo de Ivan Grozny, el terrible, en un discurso famoso que precedió a la Gran Purga. Como Stalin en su rol heroico, Fidel necesita verse como un dirigente sabio y justo que ama profundamente la patria. De hecho, él *es* la patria. Como Hitler, ansía encender la pira de la inmolación colectiva. Con voz que se oyó emocionada, el líder recitó estos versos del poeta matancero en el anochecer de Cienfuegos: *Si deshecha en menudos pedazos/llega a ser mi bandera algún día/¡nuestros muertos alzando los brazos!/la sabrán defender todavía.*

Era como un introito a la necrolatría que cual líquido fétido que expulsa un animal moribundo por su piel, transpiró por todo su discurso del sábado: "Los revolucionarios preferimos mil veces la muerte... Sabremos defender a nuestros muertos, a nuestros héroes, a nuestros mártires, a todos los que han caído en la gloriosa historia de nuestra patria... Nuestros muertos defenderán nuestra bandera, y con nuestras manos, nuestras vidas, nuestros corazones y nuestra sangre sabremos defender a nuestros muertos... Socialismo o muerte... Patria o muerte. Venceremos". En el delirio patológico de su necrosis política, el dictador no ve que uno de los logros más contundentes de su revolución es, irónicamente, el renacimiento sin precedentes del espíritu anexionista.

Ignoro si se dará en la isla, pero lo noto en algunos que crecieron en la revolución y llegaron aquí hace relativamente poco. Es asombroso cuán sembrado está en ellos el afán de dejar de ser cubanos. He corroborado, incluso, que en algunos hay un desprecio profundo hacia su nacionalidad. Fidel ha creado más anexionistas que ningún otro gobernador en la historia de Cuba.

"A mí no me interesa Martí". "La bandera americana, ésa es la que tiene que ondear allí". "Que acaben de ir los americanos y que más nunca se vayan". "Si me fui fue para no oír más hablar más de patria, de nación, ni de cubanía". "Yo no quiero ser cubana, me da vergüenza decir que soy cubana". Estas frases las cito de memoria, aseguro que son textuales de cubanos que son criados y educados en la nación fidelista.

En estas conversaciones reveladoras todavía me asombra la mirada de desdén de algunos cuando planto mi defensa de la soberanía nacional, que nada tiene que ver con el *chauvinismo* huero, la violencia patriotera o el asfixiante estatismo comunista. Si elogio a los gobiernos de Francia y España, y comento que me gustaría para Cuba un presidente como François Mitterrand, no les cabe en la cabeza que no prefiera a un Nixon, un Reagan o un Bush.

Hay brechas grandes entre los cubanos, brechas no sólo generacionales, también entre los de una misma generación compuesta por los que se educaron allá y los que nos educamos acá, pero que, como se da el caso, no pudimos o quisimos desligarnos –no nos diluimos en el *melting pot*–, no logramos superar la necesidad de hallar una identidad cultural en *lo* cubano.

No resultó fácil, pero los comprendo. El discurso de Fidel me ayudó más: "Nosotros no queremos ser yanquis", dijo por los micrófonos que retumbaron en toda Cuba. "Queremos ser lo que somos, cubanos... Si la alternativa fuera... dejar de ser lo que somos... preferimos mil veces la muerte..." ¿Cómo no querer escapar de ese *ser*? ¿Cómo querer ser cubano, si Cuba es el noveno círculo del infierno, infierno del que nos salvamos los que salimos a principios de los 60? ¿Cómo no percibir en los que llegan su reproche de los "años de ventaja" que les llevamos "comiendo jamón", vistiendo, viajando, libres y *americanos*? ¿Cómo no justificar el resentimiento? Lo justifico y lo entiendo.

También entiendo a los exiliados miembros de la Asociación de Ganaderos, la de Colonos y la de Hacendados, que dicen estar listos para el regreso, y con ese fin han impreso panfletos con planes y firmas donde proclaman "el respeto a la propiedad" y están decididos a reclamar sus fincas, sus ingenios, sus casas. De una conversación reciente que sostuve con estos cubanoamericanos añejos y *byrneanamente* patriotas, recuerdo a uno en particular que me dijo con la firmeza de un experimentado dueño de central: "La jarra. Hasta que no me sirva el agua de aquella misma jarra que me regalaron en mi boda, y siempre tuve en mi casa, no voy a parar". La tierra existe. ¿Existirá la jarra?

Cuando regresó de su exilio, *afanoso... con el alma enlutada y sombría*, buscó Byrne la bandera de la estrella solitaria. Espantado, vio que ondeaba junto a la americana. Grandes tiempos nos aguardan, ahora que —cito a un poeta puertorriqueño que quiero, Luis Llorens Torres— *ya está el lucero del alba encimita del palmar*, anunciando la nueva mañana cubana.

10 de septiembre de 1992

DESANGRADO SON, CORAZÓN

"Se abrieron a la vez la puerta y los brazos del viejo general; en el alma sentía sus ojos, escudriñadores y tiernos, el recién llegado; y el viejo volvió a abrazar en largo silencio al caminante, que iba a verlo de muy lejos, y a decirle la demanda y cariño de su pueblo infeliz". Así describe Martí su encuentro con Máximo Gómez el 11 de septiembre de 1892 en Montecristi. En aquel abrazo, el dominicano y el cubano zanjaron sus diferencias y dieron inicio a una lucha unida que culminaría con la libertad de Cuba. En marzo de 1895, en su tercera y última visita a la finca de Máximo Gómez en República Dominicana, quedó redactado el *Manifesto de Montecristi*, donde el guerrero y el poeta expusieron con hondura la Cuba que querían, que soñaban una vez fuera libre. Pobre Martí, pobre Máximo Gómez.

Cien años han pasado de aquella noche en Montecristi. Qué lejana, no sólo la noche, la vida misma de estos hombres, iluminada por un civismo, por un ideal político, llevada por una capacidad de sacrificio que la ubica perfectamente en el ámbito de lo mítico heroico. Nuestra era no pare héroes de esta naturaleza. Los héroes hoy no son guerreros ni revolucionarios. Nuestra era está asqueada de guerras y revoluciones salvadoras de patrias.

Qué iban a imaginar el viejo general de mando y machete y el amador –y amado– versificador a un Gerardo Machado, a un Fulgencio Batista, peor: a un Fidel Castro. Ni que a los 100 años de aquel abrazo romántico y solidario las cárceles de Cuba estarían llenas de prisioneros de conciencia, que el terror reinaría en la nación y que el más numeroso y largo de los exilios cubanos estaría buscando unidad y un líder, sin encontrarlo por 33 años. ¿Nuestra era no pare líderes?

Fue con motivo del histórico encuentro, que la Comisión Dominicana para la celebración del centenario de la llegada de José Martí a República Dominicana organizó varias actividades culturales que culminaron la noche del sábado con un concierto popular de Silvio Rodríguez y Juan Luis Guerra en Montecristi. Se calcula que más de 50,000 personas de todas partes del país asistieron a escuchar las voces y canciones de dos de los cantautores más admirados de Latinoamérica.

Como era de esperar, en ciertos círculos por fortuna cada vez más reducidos de Miami, se apoyó la idea más que ridícula absurda, de boicotear ahora la música de 440. No creo que suceda. En primer lugar, Juan Luis Guerra tiene el derecho de cantar con quien quiera, cuando quiera, más si está en su tierra, la misma que nos dio al valiente general de nuestra independencia. En segundo lugar, en Miami viven cientos de miles de dominicanos, colombianos, puertorriqueños, nicaragüenses, etcétera, que tienen derecho a disfrutar de la música y la presencia de Juan Luis Guerra –en el etcétera incluyo a *cubanos* que desprecian esa torpe actitud.

El periódico dominicano *El Nacional*, en su edición del 13 de septiembre, informa que Silvio Rodríguez "cerró el concierto interpretando una cantidad de canciones que hicieron recordar los tiempos en que la lucha por la revolución era la idea que tenían todos los jóvenes. El reputado artista, uno de los principales representantes de La Nueva Trova", continúa el periodista Juan Bonilla, "parece defender el gobierno de su país en cada tema que interpreta, y la fuerza con que lo hace refleja que él todavía no ha perdido la esperanza de que Cuba dejará de ser humillada por Estados Unidos".

Hace años escucho a Silvio, autor admirado de *Ojalá, Masa, El unicornio azul, Rabo de nube, Te doy una canción, Sueño con serpientes* y tantas otras canciones maravillosas. Muchas veces me he preguntado cómo es posible que un hombre de semejante sensibilidad poética defienda el totalitarismo y la escoria que gobierna nuestro país. ¿Sería oportunismo o ceguera?, me preguntaba antes. Ya no. A pesar de que sigue siendo un misterio para mí la conjunción de poesía y vileza, sé que existe. No me cabe duda.

En su más reciente *El necio*, canta Silvio: *Dicen que me arrastrarán por sobre rocas/cuando la revolución se venga abajo,/que machacarán mis manos y mi boca,/que me arrancarán los ojos y el badajo*. En su *Son desangrado*, canción de finales de los 70, le canta a un corazón *que le faltaba su oreja/y andaba distraído por la calle,/ estrangulando con pasión un talle,/e incapaz de notar alguna queja./El corazón de torpe primavera/hizo que le injertaran el oído/y tanta maldición oyó que ha ido/a que le den de nuevo su sordera.*

En Cuba, *la era está pariendo un corazón*. Y como ese tema le podría interesar para corregir su equivocada canción, yo le sugeriría a Silvio que ahora que regresó de Montecristi fuera a la calle Santa Teresa No. 63 en El Cerro, La Habana. Allí vive un héroe de nuestro tiempo. Se llama Oswaldo Payá Sardiñas. Le sugeriría que conversara con él –podría ir con su guitarra, ahora que se están quedando sin guitarristas–, y le pidiera el *Programa Transitorio* de gobierno, que Oswaldo acaba de redactar y entregar al Parlamento cubano. Quizás entienda Silvio que hay muchos que han sido golpeados, humillados, perseguidos, como Oswaldo, que no lo *arrastrarán*. Quizás sí lo arrastre, no obstante, una de esas serpientes cercanas de su otra canción, esas de *Ay, la mato y aparece una mayor.*

    Le sugiero más: que vaya a la cárcel a escuchar a dos poetas, María Elena, Yndamiro. Aunque no sé si su sordera oportuna y oportunista le permitiría notar alguna queja. Ojalá. Porque hay que tener piedad, y al viejo Silvio se le está acabando su acomodado son.

                                                         17 de septiembre de 1992

EL PROGRAMA TRANSITORIO

Hace seis meses escribí una columna que titulé *Hermano Oswaldo*, en la que me dirigía al coordinador del Movimiento Cristiano Liberación, Oswaldo Payá Sardiñas, para felicitarlo y respaldarlo en su astuta y valiente decisión de postularse como candidato a diputado del Parlamento cubano. Esta decisión, que algunos exiliados catalogaron de traición y otros de ingenua, la tomó Payá, basándose en la afirmación que le hizo Carlos Aldana a la prensa extranjera acerca de que a la oposición interna se le permitiria postularse para cargos en la Asamblea Nacional del Poder Popular. Aldana, ideólogo hasta ayer del Partido Comunista de Cuba y responsable de propaganda y cultura, acaba de ser destituido del cargo por "deficiencias" y "errores", segun informan los cables de prensa. Son parecidas a las razones que Fidel esgrimió públicamente para despedir a su propio hijo de la dirección de la central nuclear. Es la purga desesperada y final.

Cuando Oswaldo se apresura a tomarle la palabra a Aldana en marzo, y lo deja saber a la opinión pública nacional e internacional a través de llamadas telefónicas a Miami y estaciones radiales de onda corta que se escuchan en toda Cuba, ya su casa había sido asaltada por turbas gubernamentales el 11 de julio de 1991, algunos de sus compañeros del movimiento estaban detenidos y las amenazas a su persona continuaban por su actividad sin tregua en la búsqueda de cambios democráticos.

Ahora, Oswaldo Payá ha dado un paso más en su búsqueda de soluciones entregándole a la Asamblea Nacional del Poder Popular el *Programa Transitorio*, que consta de 46 páginas, donde el autor expone detalladamente, con inteligencia y sensibilidad, los pasos que se deben dar en el país para llevar a cabo una transición pacífica y reconciliadora hacia un gobierno democrático y una economía mixta, "donde el pueblo pueda satisfacer sus necesidades, desarrollar la nación y al mismo tiempo ejercer el derecho a la propiedad", eliminando del poder al Partido Comunista. El programa lo entregó personalmente a la Asamblea, junto con una carta, fechada el 3 de julio, de su puño y letra dirigida al presidente de ese organismo, Juan Escalona, el fiscal que juzgó con cinismo memorable a Arnaldo Ochoa, y cuyo hijo –el hijo de Escalona– supe hace poco, se hallaba en esos momentos preso. Según Payá, "la única respuesta ha sido una campaña de intimidación y difamación. Han amenazado con crear una campaña en mi contra si llegara a postularme. Pero nosotros defenderemos nuestros derechos hasta las últimas consecuencias".

El *Programa Transitorio* constituye la base para la postulación de Payá como candidato a diputado del Parlamento cubano. Porque considero este proyecto importante, ya que es el primer paso *concreto* de una *lógica de cambio* sensata, procedo a enumerar los capítulos de los cuales se compone. Cada capítulo está subdividido en asuntos específicos que se tratan en detalle.

Capítulo I. Soberanía Popular. **a.** Cambio Institucionales. **b.** Partido Comunista y pluripartidismo. **c.** Formación del Consejo Nacional del Gobierno Transitorio (CNGT). **d.** Justicia. **Capítulo II.** Reconciliación. **a.** Amnistía. **b.** Diálogo Nacional. **Capítulo III.** Cuerpos Armados y Orden Interior. **a.** Nuevos Cuerpos Armados. **b.** Desmilitarización de la Sociedad. **Capítulo IV.** Asuntos Sociales. **a.** Seguridad Social. **b.** Vivienda. **c.** Salud Pública. **d.** Sindicatos. **Capítulo V.** Comunicaciones y Medios Masivos de Comunicación. **Capítulo VI.** Exilio. **Capítulo VII.** Relaciones Exteriores. **a.** Cambios en el Servicio Exterior. **b.** Nueva Política Exterior. **e.** Diálogo con Estados Unidos y Antiguos Países Socialistas. **Capítulo VIII.** Asuntos Económicos. **a.** Reforma Monetaria. **b.** Libertades y Derechos Económicos. **e.** Reforma Agraria. **d.** Turismo. **e.** Energía. **f.** Transporte. **g.** Construcción. **h.** Comercio Exterior. **Capítulo IX.** Educación y Cultura.

El programa está concebido para ser sometido a un plebiscito. Para que éste se pueda llevar a cabo, la ley exige 10,000 firmas solicitándolo. Payá, basándose en el Artículo 88 de la nueva Constitución, ha iniciado una campaña para reunir esas firmas. Desde el 3 de septiembre, cuando lanzó la campaña a través del programa *Cuba en vivo y en directo*, de La Voz del Cid, los cubanos de la isla han estado oyendo las palabras de Payá, trasmitidas varias veces ya por Radio Martí, y casi todas las noches en los programas que Teté Machado y Ariel Hidalgo trasmiten hacia Cuba por La Voz del Cid.

"Hermano y compatriota cubano: Lo que pedimos es legal, por lo que nadie puede obstruir tu derecho a firmar. Es un derecho que nos da la ley. Si alguien te molesta, es ése el que está violando la ley, llama a la policía y exige que se respete tu derecho. Toma papel y lápiz y escribe: 'Solicito a la Asamblea Nacional del Poder Popular que realice una consulta popular o plebiscito sobre el *Programa Transitorio* propuesto por Oswaldo Payá Sardiñas'. Debajo pones tu nombre, dirección y tu firma, y el número del carné de identidad permanente, o sea, el largo. Lo depositas, si no hay nadie en la ventana, en la calle Santa Teresa No. 63, en El Cerro, y sólo allí. Si no puedes hacerlo tú, envíalo a alguien que pueda depositarlo personalmente. No lo envíes por correo directo". No se ha dado a conocer el número de valientes ciudadanos que ha acudido al Cerro a depositar su firma.

Los cubanos del exilio que quieran obtener una copia del *Programa Transitorio*, lo pueden solicitar al Buró de Información del Movimiento Cubano de Derechos Humanos (Teléfono: 644-0304), o al hermano de Oswaldo Payá, Reinaldo Payá Sardiñas, en la Ermita de la Caridad.

24 de septiembre de 1992

PEQUEÑAS ALEGRIAS

Se cumple otra vez el milenario adagio: lo único constante es el cambio. Llegó octubre y con él una nueva estación, no porque lo marque el almanaque, porque se percibe en el aire. Una cierta brisa, la claridad menos intensa y el comienzo del otoño, inicia la ilusión de otro invierno que llega, y con él, otra alegría. Caminar por Alhambra o Columbus en una noche fría, sentir el olor a leña quemada que sale de las casas, de vieja y singular arquitectura. Divagar por lo nocturno, entre palabras, aromas y cocuyos hasta descubrir, con renovado gozo, la inmarcesible, hechicera luna.

Alegrías. La vida nos las da a manos llenas, como estrellas. Para eternizarlas, nunca intentar retenerlas: disfrutarlas a plenitud, intensamente, sabiendo que se van, vuelan, efímeras como las mariposas, fugaces, como las estrellas.

Reencontrarse con alguien que no veíamos en años y con quien siempre se tiene tanto de qué hablar. Esa comunicación vital, necesaria, echada de menos que de pronto llega, es como una fiesta: cuentos agolpados, entendimientos recíprocos de vivencias, júbilos y tristezas, aboliendo el tiempo, el espacio, ésa es otra forma de la dicha.

Celebrar la democracia ahora. Hasta hace poco, pensaba no votar. Cambié de idea. Votaré. Dijo el grandioso Unamuno que pobre de aquél que no se contradiga por lo menos dos veces al día. No me contradigo tanto, pero sí de vez en cuando. Votaré. Quiero la victoria de Clinton y Gore. Quiero –imposible sustraerse a la esperanza– la renovación de esta nación. Y en la inminencia del noviembre de las urnas, alegra saber que existen Bill Clinton y Alex Gore para acabar con el desgobierno de George Bush y los republicanos. Para que renazca la ilusión. Votaré.

Carpe diem. La alegría es como esta rosa: *la rosa tacto en las tinieblas,/la rosa que avanza enardecida,/la rosa yema de los dedos ávidos,/la rosa digital,/la rosa ciega./La rosa moldura del oído,/la rosa oreja,/la espiral del ruido,/la rosa concha siempre abandonada/en la más alta espuma de la almohada./Es la rosa encarnada de la boca/la rosa que habla despierta/como si estuviera dormida./Es la rosa entreabierta/de la que mana sombra/la rosa entraña/que se pliega y expande/evocada, invocada, abocada,/es la rosa labial,/la rosa herida.*

    La alegría es el hallazgo de una poesía –como ésa de Xavier Villaurrutia, inmenso poeta mexicano– de Borges, de Vallejo, de Machado. Es una pieza de Satie, una pintura de Amelia, de Ponce, de Tomás Sánchez. Es Rilke. Es entrar en el Museo D'Orsay, o ver el amanecer junto al Sena, andar al azar por las calles de Saint Germain, detenerse en el parque de la Catedral y ver a los niños jugar entre las palomas. Presenciar los tulipanes. Es perderse en la muchedumbre de Saint Michelle, sentarse en un café frente a la Fuente de los Inocentes y ser testigo del estallido absoluto de la irreverencia. Es el Barrio Gótico de Barcelona, un paseo por las Ramblas, una caña con guitarra en un mesón de Madrid. Es un tren rumbo a Nueva York, releyendo a Martí. Es escuchar a Ray Charles cantando *Georgia*. Es el Village e*n jeans*. Es South Beach. Es ir al cine a ver *Jean de le Florette* y *Manon of the Spring*. Es un helado Hägen-Dazs en la US1, caminar hasta Spec's y salir con más CDs. Son las gaviotas en el atardecer de Sanibel y Captiva. Son las montañas de Orocovis. Es la Caleta de las Monjas, la Rogativa en el Viejo San Juan. Es entrar a un templo y sentir el olor a incienso.

    Pero la alegría se halla sumergida también, o sobre todo, en un sueño, en una espera. Es el regreso al origen. A Santiago, a Cojímar, a Trinidad, a Viñales. Sentarse a descansar en un viejo banco en un parque de La Habana, a la sombra de un árbol, en una fresca tarde. Mirar en derredor, cerrar los ojos. Saber que no es mentira, que se ha llegado.

1ro. de octubre de 1992

LOS PERIODISTAS INDEPENDIENTES DE CUBA

Desde este lado de la angustia y el desasosiego, por encima de olas y tiburones, de huesos y más huesos sumergidos en el fondo del océano que nos separa, extiendo mis brazos y abrazo a todos los periodistas libres de mi país que afrontan el miedo y el zarpazo feroz por disentir del pensamiento único, y defender con dignidad, en el mismo epicentro del terror, el suyo propio. "Libertad –dijo Martí– es el derecho que todo hombre tiene a ser honrado, y a pensar y a hablar sin hipocresía".

La delación, la hipocresía, la intriga, la doble moral, ha enfermado a la sociedad cubana, dijo ante una cámara clandestina Yndamiro Restano, uno de los fundadores de la APIC, Asociación de Periodistas Independientes de Cuba. En esa isla, donde el odio se enquista y por prebendas grandes o pequeñas se obedece ciegamente, anima el alma ver y escuchar a dos periodistas que prefirieron romper con la autocensura y ejercer la libertad, a sabiendas del alto precio que tendrían que pagar.

Tuve la oportunidad de ver y oír a Restano y a Rolando Díaz, en una cinta de vídeo grabada en La Habana en noviembre de 1991, antes de que Restano cayera preso y fuera condenado a 10 años de prisión. A Díaz, periodista de *Cuba Internacional* y *El Caimán Barbudo*, hoy marginado, se le prohibió ejercer su profesión definitivamente por su "autosuficiencia" y porque era "hipercrítico', de acuerdo con las autoridades. Además, su "línea de pensamiento" difería de la del Partido. "Entonces comprendí aquello que me había dicho mi amigo en la escuela de periodismo, 'tú no tienes madera de periodista, porque para ser periodista en Cuba hay que ser comunista'", dijo Díaz. Restano fue expulsado de Radio Rebelde en 1985 porque le reveló a un reportero de *The New York Times* que en Cuba no había libertad de prensa y los sindicatos estaban amordazados. Tampoco pudo ejercer más la profesión.

Pero como a los hombres y a las mujeres se les puede silenciar, encarcelar, asesinar, pero no así a las ideas, la APIC se reconstituyó y cobra fuerza en Cuba. Algunos de sus nuevos miembros son: Néstor S. Baguer, autor, entre otros, de *En Defensa del Idioma*; Raúl Rivero, premio UNEAC 1972 por su libro *Poesía sobre la Tierra*; Elías Valentín Noa (quien fue detenido en Villa Marista con Noguer, golpeado, y después amenazado en el aeropuerto el 28 de agosto cuando venía rumbo a Miami en un viaje de visita), Rolando Pratt; Bernardo Marqués, Manuel Cabrera (un seudónimo) y otros. Casi todos han sido víctimas constantes de atropello y golpizas desde que a finales de mayo presentaron una petición al Ministerio de Justicia para que la APIC fuera reconocida oficialmente por el gobierno como una organización de periodistas independientes con derecho a ejercer su profesión, fundar revistas y periódicos, servir de grupo gestor para atraer miembros, llevar a cabo asambleas y defender el derecho a la libertad de prensa en Cuba.

Pero como en ese país lo insólito es cotidiano, el absurdo una especie de norma que rige la vida de muchos ciudadanos, que cual farsantes en un teatro cruel o en una trágica comedia de errores se pliegan ante el máximo director –Fidel Castro Ruz–, diabólico y demente, resulta que en las últimas semanas varios miembros de la APIC han sido golpeados salvajemente por seres que se escurren en la noche. No quedan huellas, excepto los golpes a los periodistas. Inútil acudir a la policía, a intentar levantar algún acta. Podrían terminar en un hospital siquiátrico, porque nadie ve nada, nadie escucha o sabe nada. Baguer, por ejemplo, tuvo un extraño "accidente", con un ciclista *karateka* que al pasar por su lado le dio un golpe que le ocasionó una contusión en la frente; al caer de espaldas se le hizo una herida en la parte de atrás de la cabeza. En el hospital se le cosió la herida, pero no se le prestó atención alguna cuando Baguer intentó lanzar oficialmente una acusación; tampoco se le expidió un certificado por la herida y la contusión.

"Las agresiones seguirán. La APIC hace una solicitud de solidaridad a los periodistas libres del mundo", pidió Noa. En su 48va. Asamblea General, celebrada en Madrid recientemente, la Sociedad Interamericana de Prensa respaldó a la APIC y denunció los atropellos y la censura a que son sometidos los periodistas y el pueblo cubano.

Como cubana y como periodista libre, les ofrezco mi solidaridad y apoyo a esos colegas que hoy se enfrentan a la represión por defender su derecho a la libertad de prensa. Que una vez conquistada, en esa Cuba nueva que todos aguardamos con ansia, no se repita jamás, jamás, lo que hemos vivido. Que fluyan las ideas, que se debata en universidades, en programas de televisión y en la radio. Que se informe, se opine, se disienta en los nuevos periódicos, revistas, publicaciones, porque de eso se trata, ni más ni menos, la libertad de expresión.

22 de octubre de 1992

EN BUSCA DE DULCE MARIA

"No cambio mi soledad por un poco de amor. Por mucho amor, sí. Pero es que el mucho amor también es soledad... ¡Que lo digan los olivos de Getsemaní!"

Poema XCVI
Dulce María Loynaz

"¿Qué?¿Es que acaso las mujeres no valemos también?", se quejó Regla Señudo y Rebollo cuando el general Enrique Loynaz del Castillo mandó a guardar las botellas de champán al saber que lo que había tenido su mujer, María Mercedes Muñoz Señudo, era una hembra y no un varón, como quería el mambí. La partera y Regla Señudo estaban encerradas en el cuarto junto a la madre y la recién nacida. Al otro lado de la puerta, el representante al Congreso de la también recién nacida República de Cuba –era el histórico año 1902– cambió de idea cuando oyó a su suegra. "¡Abran las botellas de champán!", contraordenó y aunque algo decepcionados, el general y sus amigos procedieron a brindar por el nacimiento de Dulce María Loynaz.

Han pasado 90 años. Muchas veces se contaría esta anécdota en la familia de orgullosa estirpe mambisa, sobre todo cuando se vio que la niña descolló y se hizo una gran escritora, admirada en toda la nación. Dulce María fue la primera de cuatro hijos que tuvo de su primer matrimonio Enrique Loynaz del Castillo, además de general de la Guerra de Independencia del 95, autor del *Himno Invasor*, y a su vez hijo de Enrique Loynaz y Arteaga, veterano de la Guerra de los Diez Años del 68. Loynaz del Castillo se casó dos veces más, la tercera y última con su sobrina, Carmen Loynaz, de quien tuvo tres hijos, entre ellos Máximo Antonio Loynaz, a quien conocí hace tres días.

Máximo Antonio –su padre le puso así por Máximo Gómez y Antonio Maceo– no pretendió en ningún momento esconder la emoción de poder hablar de su hermana y de su padre cuando me abrió la puerta y me mandó a pasar. Más de una vez vi llanto en sus ojos a medida que rememoraba viejas y queridas historias familiares. Fue él quien me contó la anécdota del champán y muchas otras. "Su bondad", me contestó cuando le pregunté qué caracterizaba más, en su opinión, a su hermana. "Su bondad tan grande". Máximo Antonio, bondadosamente, me había ofrecido prestarme cuando lo llamé por teléfono esa tarde, el único libro que tenía de su hermana: *Obra lírica*, que contiene tres libros de poemas: *Versos, Juegos de agua y Poemas sin nombre*, publicado por la editorial Aguilar, en Madrid, en 1955.

Cuando supe la semana pasada que Dulce María Loynaz había ganado el Premio Cervantes me llené de alegría y de orgullo, pero también de cierta vergüenza. Yo no conocía su obra. Ser exiliada, esa desgracia, lo priva a uno de muchas cosas valiosas, vitales. Mucho afán, mucho amor, mucho rigor se requieren para no dejar atrás el bagaje cultural, además de la tierra y la familia. Pero lo curioso del caso de la obra de Dulce María, para mi sorpresa, es que resulta también prácticamente desconocida para los cubanos de mi generación –y más jóvenes– que permanecieron en Cuba. Esto en gran medida se debe, sin duda, al ostracismo de más de 30 años que el gobierno comunista le ha impuesto a la autora. En cuanto al exilio, "¿Quién lee poesía en Miami?, me pregunta Armando Alvarez Bravo, poeta y crítico, conocedor y gran admirador de la escritora. "Desgraciadamente, la poesía para este exilio no tiene la importancia que tuvo para el exilio del siglo XIX", se lamenta Alvarez Bravo, autor de *El prisma de la razón*.

El nombre de Dulce María Loynaz me llegaba siempre como algo lejano, legendario. Fue a través de la película *Havana*, de Jana Bokova, que pude conocer un poco a esta mujer maravillosa, de 90 años, silenciada, marginada, que hoy nos llena de orgullo a todos. "Una de las cumbres de la prosa hispanoamericana es su novela *Jardín*", dice la escritora Concha Alzola. "Demuestra que el mérito nunca pasa inadvertido", añade la autora de *Las conversaciones y los días*. "Esa aparente delicadeza, esa aparente exquisitez de su obra esconde una fuerza que no todo el mundo puede captar. Dulce María entrega a la historia una gran obra literaria que se ha mantenido en los límites marginales. Pero se ha hecho justicia", señala Gladys Zaldívar, cuyo último libro de poesía *Viene el asedio*, abre con una cita de Dulce María: "Soy como vuelo de piedra". Ana Rosa Núñez cuenta que fue en casa de Dulce María Loynaz donde leyó su primer libro de versos, *Un día en el verso 59*. "Considero que es una de las más grandes poetisas de Hispanoamérica. Dulce María supo muy bien mantenerse en su propio mundo poético, el mundo de Dulce María Loynaz. Es única".

En el prólogo a *Obra lírica*, Federico Saínz de Robles escribe: "Su obra merece estar colocada a la par de las obras de Gabriela Mistral, María Eugenia Vaz Ferreira, Juana de Ibarbourou, Alfonsina Storni, Delmira Agostini. Es decir... pertenece al grupo de las más ilustres voces femeninas de América". Esa obra incluye las ya mencionadas *Jardín* y *Obra lírica*, también *Poesías escogidas* (1985), *La novia de Lázaro, Un verano en Tenerife*, y *Enrique Loynaz del Castillo*, la biografía de su padre.

Descubrir la poesía de Dulce María ha sido importante, como lo fue mi encuentro con los versos de otra grande, también condenada y marginada por los comunistas, la rusa Anna Akhmatova. Aunque hasta el momento la *Obra lírica* es lo único que conozco de su poesía, es suficiente para considerarla verdaderamente admirable. Destaco del libro *La mujer de humo, Peces, La oración del alba, Premonición, Poemas IV, XXVI, XXXIV, Rebeldía* y también *Geografía*: "¿Qué es una isla? Una isla es una ausencia de agua rodeada de agua: Una ausencia de amor rodeada de amor...". Felicidades, Dulce María Loynaz.

12 de noviembre de 1992

CATARSIS COTIDIANA

El jueves pasado, el señor Francisco G. Aruca, ferviente defensor del gobierno castrista, criticó exasperado en su programa radial matutino *Ayer en Miami*, mi columna *En busca de Dulce María*, porque allí afirmé que la obra de la escritora cubana, premio Cervantes 1992, había sido marginada en Cuba. Aruca, a quien escucho ocasionalmente, parecía muy irritado. Eso no es raro, esa mañana, sencillamente, me tocaba a mí: Aruca se irrita constantemente con los periodistas del Herald, cuyos artículos lee fiel, matutinamente, para poder cumplir su catarsis cotidiana. Dulce María Loynaz, repetía airado, no ha sido silenciada jamás ni ha sufrido ostracismo en Cuba. Como prueba de ello, Aruca citó a la autora cuando alguna vez dijo que no escribiría más poesía y así lo había hecho: *ergo*, la poeta, sencillamente, se había silenciado a sí misma, no había por qué culpar al gobierno cubano, concluyó Aruca. Otra prueba de que Dulce María no sufría de marginación, según él, es que en 1987 se le había otorgado el Premio Nacional de Literatura, en 1988 la Orden Félix Varela en 1991, la Universidad de La Habana la había nombrado Doctor Honoris Causa.

A la primera aseveración, tan pobre, le quiero oponer el siguiente sencillísimo razonamiento: hace mucho dejaron de escribir García Lorca, Machado, y sin embargo, su poesía se sigue publicando, leyendo y estudiando en España. Hace mucho dejó de escribir en Chile Gabriela Mistral, Luis Palés Matos y Julia de Burgos en Puerto Rico, pero sus obras se siguen publicando, enseñando en su país. ¿Por qué no se publicó por tantos años la obra de Dulce María Loynaz en Cuba, por que no se lee, por que no se estudia a una poeta que desde principios de los 50 fue catalogada como una de las más grandes de Hispanoamérica?

"La obra de Dulce María Loynaz no se conoce en Cuba", dice Daína Chaviano, graduada en Letras y Literatura Inglesa en la Universidad de La Habana en 1982. "Su obra no se estudia en los cursos de literatura cubana de la secundaria básica ni del preuniversitario, tampoco en la Universidad de La Habana", señala Daína, quien se exilió en 1991. "No existe, la obra de Dulce María Loynaz no se conoce allí", añade Soren Triff, graduado de Pedagogía en la Universidad de La

Habana en 1979. "Como tampoco se conoce la obra de otro cubano nominado para el Cervantes de este año, Guillermo Cabrera Infante, ni la de Reinaldo Arenas".

Los galardones que el gobierno le ha otorgado a la poeta han sido en los últimos cinco años, después de casi 30 de ser ignorada. A saber qué motivó esa secuencia de premios oficiales a partir del 87. Hace unos días, después que se supo lo del Cervantes, también se le premió con el Giraldilla de La Habana. Ninguno vale nada, porque el premio mayor de un escritor es que su obra se lea en su país, y ni los jóvenes ni los adultos que se educaron bajo la revolución conocen a Dulce María Loynaz. Su obra, como la de tantos otros grandes escritores silenciados o exiliados, ha sido prohibida.

Grande es la escisión cultural que sufrimos los cubanos. Creo que pocas imágenes de nuestra realidad son tan acertadas como algunas de las que vemos en *Havana*, el filme de Jana Bokova. De los altoparlantes colocados en todas las esquinas de una ciudad en ruinas, sale la voz de un demente que grita las maravillas de su revolución. Nadie lo escucha, blancos y negros, todos mezclados, sólo van en busca de rumba y ron por el Malecón. La desolación y la desesperanza que se refleja en los rostros y las calles son los personajes centrales del documental. En una hermosa mansión, caminando sola entre objetos y recuerdos, aparece la poeta, que le habla a Jana de su amor por los abanicos –"las cosas bellas suelen ser inútiles, no se les puede pedir más que su belleza"–, por los animales que siempre ha tenido, excepto pájaros, porque "en mi casa siempre hubo pasión por la libertad, y nada que estuviera preso...". Y seguidamente, interrumpiendo un silencio más elocuente que todas las palabras, Dulce María Loynaz responde a una última pregunta: "De La Habana de hoy... más vale que no hable de ella. Excúseme".

Francisco G. Aruca, que a estas alturas defiendas la ignominia que se comete contra el país donde naciste no tiene excusa.

19 de noviembre de 1992

GERMINA LA SEMILLA

¿Qué se ha logrado? ¿Ha servido, sirve para algo la denuncia persistente, interminable parece, de las violaciones de los derechos humanos en Cuba? En los baches de la desesperanza, la pregunta acecha. Apártala. La respuesta es sí: Hay que seguir, aunque parezca inútil, como arrojar semillas en tierra baldía.

¿No se lo habrá cuestionado mil veces y seguía insistiendo, pienso, Andrei Sajarov en su terrible exilio interior? En su abatimiento, ¿se detuvo Vaclav Havel allá en los días terribles de Carta 77? Con sus palabras, su persistencia, su resistencia, el checo y el ruso sembraron el campo de lo que hoy es el movimiento de derechos humanos universal. Oswaldo Payá, Elizardo Sánchez, María Elena Cruz Varela, Gustavo y Sebastián Arcos Bergnes, Yndamiro Restano, Rodolfo González, José Luis Pujol, Aida Valdés, Bievenida Cúcalo, Ricardo Bofill, Ariel Hidalgo, Frank Calzón, René del Pozo y muchos otros —en el presidio, en el acoso—, siguen y siembran. Las ideas son como las semillas y es hondo el significado, grande el alcance del movimiento de derechos humanos. Quiero referirme a un ejemplo muy reciente, en germen.

En su carta abierta a los presidentes reunidos en la II Cumbre Iberoamericana en Madrid celebrada en julio, 26 profesionales cubanos le pidieron a los gobernantes de España y América Latina que los respaldaran en su búsqueda de la democracia y el respeto a los derechos humanos en Cuba: "Recurrimos a ustedes con la intención de que aúnen sus esfuerzos a los nuestros". Entre los firmantes de la carta estaban los 15 profesores universitarios que en diciembre firmaron la Declaración de Principios por la cual posteriormente fueron expulsados de sus centros docentes. En esa Declaración, los profesores universitarios piden: **1.** Un espacio político genuinamente democrático donde la intelectualidad cubana pueda contribuir cívica y libremente al perfeccionamiento de la sociedad. **2.** Apertura de la sociedad cubana por vía pacífica. **3.** Respeto a los derechos humanos establecidos en la Declaración Universal. **4.** Autonomía Universitaria. **5.** Democratización de la vida política. **6.** Amnistía general para todos los presos de conciencia. **7.** Respeto mutuo y trabajo mancomunado de todos los cubanos —incluyendo los del exilio—

por el desarrollo de la nación, al margen de criterios políticos, creencias religiosas, militancia ideológica y lugar de residencia. **8.** Creación inmediata de condiciones que propicien el libre intercambio de ideas en Literatura, Arte, Ciencias Sociales, Filosofía y en todas las esferas del pensamiento creador, que permita la renovación y el enriquecimiento de la cultura.

Ha pasado un año de la Declaración de los profesores y seis meses de la carta abierta a los presidentes. Como los otros, el gobernante cubano apoyó y firmó en Madrid todos los acuerdos allí suscritos, entre ellos el de crear "una sociedad libre, abierta y pluralista, con pleno ejercicio de libertades individuales, sin perseguidos ni excluidos". Como los otros, supimos que él no sería consecuente con lo que firmó. Todo lo contrario: en su cinismo característico, a su llegada a La Habana acrecentó el terror.

Irremediable no envidiar las playas de Somalia, donde desembarcan tropas norteamericanas para salvar del hambre y el horror a aquel pueblo. ¿No hay enfermedad y hambruna en Cuba? ¿Dónde se traza ahora la línea? ¿Cuántas moscas, cuántos huesos, cuántos muertos hacen falta? Arrecian la desesperación y las ganas de violencia y muerte para acabar de decapitar al régimen cubano. Que se maten, que se arrastren, que se corten en mutuo pánico las yugulares. Que los cuchillos, que ya se afilan hace tiempo, se saquen. Que se rebelen y corra la sangre. No.

Un profesor de estadísticas en Nueva York está lleno de alegría y esperanzas en estos días: ya supo que su carta de apoyo a los profesores universitarios cubanos, la recibió Elizardo Sánchez en La Habana, y que éste se la está haciendo llegar a todos. "CDH-NACAE considera que la expulsión de nuestros colegas educadores dentro de la isla, por haber redactado, firmado y pacíficamente dado a conocer, a principios de este año, esta Declaración de Principios dirigida al gobierno cubano, constituye una flagrante violación de sus derechos de petición, de libre asociación así como su derecho al trabajo. CDH-NACAE ya ha elevado peticiones en favor de los mencionados profesores cubanos expulsados, ante organismos de derechos humanos nacionales e internacionales, así como ante varios sindicatos y asociaciones profesionales de educadores en Estados Unidos", dice en la carta Jorge Luis Romeu, fundador y presidente del recién creado Comité de Derechos Humanos de la National Association of Cuban-American Educators (CDH-NACAE), organización profesional de educadores cubanos en Estados Unidos que cuenta con cientos de miembros.

El Comité de Derechos Humanos de NACAE se propone divulgar la problemática de los educadores cubanos, no sólo a los organismos de derechos humanos pertinentes, sino a las colegiaturas –matemáticas, ingeniería, lenguas, literatura, sociología, historia, ciencias políticas, periodismo–, para que éstas, en sus publicaciones, simposios, congresos las divulguen. "No me importa si son conservadores, liberales, si son de la corriente socialista: son cubanos y profesores y lo que quieren es pluralismo. Abogo por mis hermanos y colegas", dice Romeu. "Todas las organizaciones profesionales –abogados, médicos, ingenieros– del exilio pueden y deben hacer lo mismo que nosotros si quieren ayudar".

Entre gremios y colegas crear ramas de apoyo y denuncia para respaldar a nuestros hermanos en Cuba. Linda idea que como otra semilla, lanzo yo también hoy, día de la Declaración Universal de Derechos Humanos.

10 de diciembre de 1992

DICIEMBRE MEMORABLE

En estos momentos, la casa de Gustavo Arcos Bergnes está rodeada por una muchedumbre que da miedo. Los "elementos", como le llaman a esta crápula dirigida por agentes de Seguridad del Estado que se ven circulando con sus *walkie-talkies*, están listos para entrarle a golpes y patadas a cualquiera que intente entrar o salir de allí, incluyendo a Arcos, presidente del Comité Cubano Pro Derechos Humanos, CCPDH.

En la casa de Oswaldo Payá el teléfono no para: "Sigue en eso, que te vamos a matar", dice la voz que llama para amedrentar no sólo al coordinador del Movimiento Cristiano Liberación, también de su familia. De Rodolfo González, vicepresidente del CCPDH, nada se sabe desde que la turba entró en su casa, la registró y se lo llevaron preso. A Jesús Yanes Pelletier, del CCPDH, lo patearon en la calle, a Aida Valdés, también del CCPDH, la golpearon e insultaron. El número de activistas de derechos humanos en peligro de muerte aumenta, la situación se extiende por el país. Las casas están rodeadas, todos están incomunicados.

El ya memorable 10 de diciembre, Día Internacional de los Derechos Humanos, fue cuando se inició esta escalada de terror, cuando fue golpeado hasta dejarlo sin conocimiento y con el rostro desfigurado, Elizardo Sánchez Santacruz. Días antes, Sánchez, presidente de la Comisión Cubana de Derechos Humanos y Reconciliación Nacional, le leyó por teléfono a Oscar Alvarez, director ejecutivo de la Coordinadora de Organizaciones de Derechos Humanos (CODEHU) un informe detallado sobre la situación de los derechos humanos en Cuba verdaderamente espeluznante. Una de sus mayores preocupaciones, dijo, era el aumento de homicidios y ejecuciones extrajudiciales que agentes policiales estaban llevando a cabo después que el gobierno legitimó públicamente el uso de armas contra opositores y ladrones de comestibles.

El documento, preparado por Sánchez con el objetivo de que llegara al relator de Naciones Unidas, dice que Cuba ha desarrollado la maquinaria represiva más poderosa del mundo. Esta maquinaria está compuesta por la Dirección General de la Contrainteligencia, la Policía Política, la Policía Nacional Revolucionaria, la Dirección General de

Tropas Especiales y los Destacamentos Populares de Respuesta Rápida, último cuerpo creado para llevar a cabo los "actos de repudio".

Según Sánchez, en la isla hay actualmente entre 2,000 y 5,000 presos políticos que están subalimentados y carecen de medicinas. Los presos mueren por la carencia de atención médica y falta de alimentación. Más y más opositores son sometidos a torturas sicológicas y físicas en los centros de detención que atiende la llamada Policía Técnica.

La noche del 10 de diciembre, Dagoberto Capote Mesa, del Movimiento Cristiano Liberación pudo comunicarse con Teté Machado, del Buró de Información del Movimiento Cubano de Derechos Humanos: "Pidan por nosotros", dijo en un llamado desesperado dirigido a "organizaciones internacionales, gobiernos, instituciones religiosas para que le pidan al gobierno cubano que cese los actos de terror".

El martes 14 de diciembre, un cable de Reuters leía: "Cuba reforzó sus defensas militares en 1992 triplicando el número de sus sistemas de túneles subterráneos (conocidos como Túneles Populares) y otros medios defensivos, algunos de los cuales pueden cobijar a los residentes de poblaciones enteras". El objetivo principal de estos túneles es el exterminio de la oposición, y en última instancia, la población, como aclara un documento clandestino que funcionarios y militares le hicieron llegar a Pablo Alfonso (leer su reportaje *Castro podría desatar guerra de exterminio, muestra documento*, publicado el 6 de diciembre).

Vi parte de estos túneles en una grabación que me llegó de Puerto Rico en junio, cuando una estación de San Juan fue a Cuba a filmar una serie para su noticiero. Con terror sospeché desde que lo vi, que su construcción era para hacinar y matar por asfixia a parte de la población cubana. Estos túneles se extienden por kilómetros, son estrechos –apenas caben tres o cuatro personas colocadas unas al lado de otras–, tienen una altura máxima de 10 u 11 pies, carecen por completo de ventilación y están iluminados por bombillas colocadas a grandes distancias. A medida que se adentraba la cámara de televisión en el tétrico túnel, más me convencía: una vez hacinados allí adentro, ¿quién respira, si por donde único entra oxígeno es por la estrecha boca de la entrada?

En su *bunker*, Hitler le entregó pastillas de cianuro a sus más allegados para que se suicidaran con él en la hora final. En la suya, Fidel Castro, quiere exterminar a la población, "hundir la isla", como ha dicho repetidas veces. Las señales están dadas: en sus discursos demenciales llenos de referencias a la muerte, en la construcción de túneles, en la repartición de armas, en el terror.

¿Hasta cuándo Amnistía Internacional, Americas Watch y otras organizaciones de derechos humanos van a denunciar y condenar los atropellos y crímenes del gobierno cubano?¿Qué más se requiere para que Naciones Unidas vaya más allá de condenar verbalmente a Cuba? ¿Qué más hay que mostrar para que vean el peligro que se cierne sobre esa isla?

Hoy, 17 de diciembre de 1992, a sólo tres días de su histórica resolución de imponer sanciones a los gobiernos antidemocráticos y crear la posibilidad de intervención, hago un llamado urgente a la Organización de los Estados Americanos para que imponga sanciones o intervenga en Cuba. Que lo haga la OEA, que lo haga NU, o Washington, pero que alguien haga algo antes de que sea demasiado tarde.

17 de diciembre de 1992

DOCE DE LA NOCHE

Ya lo dijo el escriba de Babilonia: todo está escrito. Y yo me pregunto si a pesar del diluvio poético y prosado que sucedió a su grave sentencia, el escriba, con su mano ceñida alrededor del rudimentario estilo y su mirada puesta en la superficie donde dibujaba sus signos cuneiformes, después de todo, no se equivocó. ¿Qué nuevo hay bajo el sol? Lo dijo también Salomón: "Vanidad de vanidades, todo es vanidad... Sopla hacia el sur el viento y gira hacia el norte; gira que te gira sigue el viento y vuelve el viento a girar... Lo que fue, eso será; lo que se hizo, eso se hará".

"Faltan horas", suele a su vez repetir un amigo alquimista dado al teatro y al esoterismo. La sentencia, que pronuncia con profundo convencimiento a veces, con asombro otras, se refiere al inminente fin de los tiempos, pero no a lo Francis Fukuyama, sino al Armagedón que nos ronda. Acaso tampoco se equivoca: si de desentrañar señales se trata, las hay de sobra. Pero, cabría también preguntarse, ¿no estamos recibiendo señales desde el principio de los tiempos? "Gira que te gira el viento..."

Un año va, otro año viene. Hoy, un ritual muy antiguo está por perpetuarse: brindar a las 12 de la noche y soñar con un nuevo comienzo, aunque todo permanezca igual. Esta vez es 1993. Yo, como tantos mortales, levantaré mi copa de vino a esa hora para repetir el rito de ilusión y deseos. Y cuando ese instante fugaz de fuegos artificiales y estallido de dicha, de besos y choques de copas haya pasado, me detendré e invocaré con fuerza junto a los sacerdotes:

"Que la vida sea más fuerte que la muerte, el amor más que el odio, la justicia más que la violencia". Roger Etchegaray le hablaba a la multitud reunida en el santuario a San Lázaro en El Rincón, cerca de La Habana, el 17 de diciembre. El cardenal es presidente de Cor Unum, la institución vaticana encargada de canalizar mundialmente la ayuda humanitaria de la Iglesia Católica, y fue enviado por el Papa a Cuba para que sostuviera una serie de reuniones urgentes con obispos y funcionarios cubanos y con Fidel Castro, e intentara obtener el permiso del gobierno para que la Iglesia, a través de Caritas, enviara a la isla comida y medicinas en cantidades sin precedentes, que serían distribuidas a través de todas las parroquias del país. Aunque la respuesta de Castro fue un no rotundo –"Las iglesias no son farmacias", le contestó José Felipe Carneado, responsable de Asuntos Religiosos del Comité Central del Partido Comunista– Etchegaray insistió: las medicinas podrían distribuirse entre los médicos de familia, los círculos infantiles, los asilos y hospitales de la nación. La comida, en todas las iglesias. Pero el cardenal, cuya visita coincidió con el nombramiento de Bienamino Stella como nuevo Nuncio Apostólico en Cuba, partió de la isla sin esperanza alguna. (Una parte de los alimentos y medicinas que fueron enviados a Cuba hace poco por los Pastores por la Paz, cuyo coordinador, Lucias Walker abrazó "fraternalmente" a Castro, se la han apropiado muchos funcionarios, la otra, según activistas de derechos humanos, en lugar de distribuirse gratuitamente al pueblo, se está vendiendo en el mercado negro).

En respuesta al eslogan gubernamental "estos son tiempos de unir" que propagó el gobierno cubano como sonsonete de la farsa eleccionaria que se llevó a cabo en diciembre, los obispos lanzaron un comunicado público: "El amor y la unidad no se importan ni se imponen ni se exigen: nacen del corazón libre de egoísmos o no nacen nunca..." En cuanto a la incubación creciente de odio profundo, angustias, tensiones y rencores que se percibe en toda Cuba, los sacerdotes afirmaron que "el amor es más valioso y efectivo que el ajuste de cuentas y el odio. Cuba necesita un renacimiento, estrenar un corazón nuevo".

Doce de la noche: Estrenar un corazón nuevo. Que la vida sea más fuerte que la muerte, el amor más que el odio, la justicia más que la violencia. Que se salve mi pueblo. Que este año sea libre Cuba. Invocaré con ese ruego a esa hora simbólica, aunque la realidad profunda y terrible, apagados los fuegos, fugado el instante, vuelva, como dijo Borges de la poesía: como la aurora y el ocaso.

31 de diciembre de 1992

RACISMO

Ese día, 20 de enero, Maya Angelou recitará el poema que Bill Clinton le pidió que escribiera para su inauguración. Quizás cuando llegue es instante, y su voz se esté escuchando en toda la nación, a la poeta le venga a la mente su infancia, desgarradora y ordinaria: niña negra del profundo sur, violada por su padrastro a los siete años; en su adolescencia, callejera de barrios bajos; *homeless*, madre soltera, prostituta drogada. Ralea. Es posible incluso que los versos de Maya Angelou, autora de *Yo sé por qué el pájaro enjaulado canta* y *El corazón de una mujer*, hablen de sí misma: una negra que conoce bien el racismo, porque se lo han escupido en su piel, una negra que sabe del desprecio, del odio inconcebible que habita feroz en el corazón del racista. Una negra cujeada en los guetos. La gran Maya Angelou, hoy poeta premiada, ayer cocinera a sueldo miserable de comida *creole*, anhela la llegada de ese día para ver si su poesía, dice, penetra la siquis nacional, y la sensibiliza ante el sufrimiento y la problemática de los negros.

Aguardando ese histórico día, anhelantes también, se hallan los haitianos: 1,200 botes, con capacidad para unas 180,000 personas ya están listos para zarpar desde las costas de L'Archahaie, Anse-á-Galets, en la Gonáve, y en Port-au-Prince. En Miami, el momento es de alta tensión: en el Centro de Detención de Krome, un grupo de haitianos concluyó su huelga de hambre el martes, después de 12 días. Los detenidos, a quienes se les trata "como animales", según testimonios, sólo piden que se les trate como a los cubanos. En alta mar, un barco cargado de personas naufraga, más de 350 haitianos se ahogan, trayendo a la memoria viva la horrenda trata, cuando era práctica normal arrojar al mar embarcaciones completas cargadas de negros para burlar un registro inesperado. En el Pequeño Haití de Miami, hay llanto y dolor.

En el Miami cubano blanco, para vergüenza de algunos que no siguen la manada, abunda el deseo de que se devuelva a los haitianos a su país. Otra cosa se da entre los cubanos negros de Miami. "Estamos considerando ir a una huelga de hambre para protestar por la discriminación de los cubanos blancos contra nosotros, los cubanos negros, y para solidarizarnos con los haitianos", dice Pedro Ferro, presidente de la Asociación Integral Mambisa, que se reunió el lunes por la noche para acordar apoyar a los haitianos.

Cuando supe del acuerdo, decidí llamar por teléfono a varios cubanos miembros de la asociación con quienes he conversado en otras ocasiones. Aunque me habían hablado anteriormente de su problemática, nunca los oí tan decididos a la denuncia como ahora, al ver la situación haitiana. He aquí algunos de sus comentarios:

Brunilda Arencibia: "Cuando llegué aquí me pareció que llegaba a la Cuba del 59. Los cubanos negros no tienen participación aquí en nada. Decimos: los cubanos no somos racistas, pero sí lo somos. En Cuba y aquí..."

Alberto Rico: "Estamos apoyados ya por los cubanos negros de Nueva York y Nueva Jersey. Me voy a la huelga de hambre si así lo decide la asociación. A mí me han discriminado mucho aquí en Miami. Cuando tenía mi imprenta y vivía en el Southwest, me rompieron las ventanas del carro y de la casa varias veces. Y resulta que nadie nunca veía nada. Eran los mismos cubanos. Y oiga, yo no discrimino a los blancos, no voy a discriminar a mi propio abuelo, tengo un abuelo blanco. Tengo de chino, de negro y de blanco. El cubano blanco no le da trabajo al negro cubano. Aunque me muera me voy a la huelga..."

Pedro Ferro: "Somos discriminados como hispanos por los *anglos* y como negros por los cubanos. Es una realidad dolorosa y lamentable. No hay un restaurante, un comercio de cubano que tenga a un cubano negro o una cubana negra trabajando... Los dueños de edificios no le alquilan a los negros cubanos, y hay muchos cubanos dueños de edificios aquí... porque dicen que su propiedad pierde valor..."

José Hernández: "Si las cosas no cogen el camino que tienen que coger nos vamos a la huelga. Si no se toma una determinación correcta con los haitianos, nos vamos a la huelga. Aquí hay mucha discriminación por parte de los mismos cubanos. Yo soy técnico dental y por discriminación no he podido trabajar aquí en mi campo. Soy guardia de seguridad".

Ocilio Cruz: "Hace tiempo que estamos por hacerlo, ahora que ha surgido esto de los haitianos volvemos a pensarlo. No se está haciendo trato justo con ellos ni con nosotros".

Juan Manuel Casanova: "Los dueños de negocios, de ferreterías, de restaurantes hispanos son insensibles. Te dan la cita por teléfono, porque no pueden diferenciar (cuando hablas español), y cuando vas y te ven negro te dicen que la plaza está llena. En cuanto a la vivienda, es ya sabido que la clara o el claro es el que tiene que ir a alquilar un apartamento y hablar con el *manager*, entonces más adelante se muda el negro... Y después decimos los cubanos que no somos racistas..."

He escuchado a algunos cubanos del Mariel con fiereza inaudita o hábiles sofismas, argüir que a los haitianos hay que devolverlos a su patria. Me pregunto qué sentirían ellos, qué hubiese sido de ellos allá en su alborada marítima de 1980, si haitianos con poder hubiesen abogado entonces por lo que ellos abogan ahora. He oído también a algunos cubanos que llevan más de 30 años exiliados y se autodenominan martianos, hablar por las ondas radiales de los haitianos sin el menor decoro. (¿Se acuerdan los martianos del decoro al que se refirió Martí?)

Y pensar que la isla amada de la cual tanto hablamos, a la cual tanto defendemos, celebramos y aupamos en este destierro segregado está habitada en su mayoría por negros y mulatos. Vergüenza debía darnos.

14 de enero de 1993

CANTANDO EL ESPIRITUAL *(Carta a Mario L. Baeza)*

Estoy segura de que usted ha leído y escuchado más de una vez aquel hermoso discurso que pronunció frente al Monumento a Lincoln hace ya casi 30 años el reverendo Martin Luther King, Jr., en ocasión de la Marcha por los Derechos Civiles. Permítame citar las últimas palabras: "Y cuando dejemos que la libertad repique, cuando dejemos que repique desde cada aldea, desde cada caserío, desde cada estado y cada ciudad, podremos apresurar ese día en que todos los hijos de Dios podrán unir las manos y cantar aquel viejo espiritual negro: 'Libres al fin, libres al fin, gracias a Dios Todopoderoso, somos libres al fin'". Usted, a quien le gusta el jazz y es compositor, a lo mejor ha podido incluso oír el canto original del viejo espiritual: *Free at last, free at last; thank God Almighty, we are free at last.* Y de libertad, señor Baeza, le quiero hablar.

Primero que nada, permítame felicitarlo por su cuasi nominación para el cargo de secretario adjunto de Estado para Asuntos Interamericanos, y por su cumpleaños: mañana, 22 de enero, cumple usted 42 años. De no ser por la fuerte oposición de un influyente sector del exilio cubano, hubiese llegado usted a un puesto muy alto, y merecido, a una edad muy joven. Es usted un hombre muy preparado, de sobra apto para el cargo: graduado en Economía, Gobierno y Sicología de la Universidad de Cornell, y de Leyes en Harvard. Phi Beta Capa, que es la distinción honorífica más alta de cualquier estudiante norteamericano; y miembro de la Junta de Directores del Fondo de Defensa Legal y Educacional de la Asociación Nacional para el Progreso de las Personas de Color (NAACO).

He leído con cuidado su curriculum vitae, y no pongo en duda su defensa de la libre empresa y la propiedad privada. Sé que entre sus numerosas publicaciones se cuentan *Financiamiento internacional de adquisiciones, Oportunidades para el financiamiento comercial de proyectos latinoamericanos,* y *Estructuración de empresas mixtas transfronterizas con compañías mexicanas.* Su actual trabajo a cargo de clientes y proyectos latinoamericanos en Debevoise and Plimpton, una influyente firma de abogados de Nueva York, y su participación activa en asociaciones empresariales interesadas en América Latina, como el

Consejo de las Américas y el Consejo de Relaciones Exteriores, ambas de la organización Rockefeller, le han dado una vasta experiencia y visión, algo que contradice lo que afirmó el martes el portavoz de la Fundación Nacional Cubano Americana, José Cárdenas, acerca de que usted "realmente no encaja con lo que creíamos que esta posición exigía. Lo curioso es que todos los demás candidatos tenían vasta experiencia en Latinoamérica o economía internacional".

Ese conocimiento sobre América Latina y la economía internacional, que usted sí tiene, hubiesen sido muy útiles, no lo dudo, a su trabajo relacionado con Cuba. Además, su cargo al frente de un grupo especial de seis abogados dedicados a asuntos cubanos durante casi un año, y su experiencia en privatizaciones de alto nivel, fusiones y adquisiciones de empresas en Latinoamérica hubiese sido de gran valor para el período de transición hacia la economía de mercado que está por iniciarse allá tarde o temprano.

Sólo abrigo, Baeza, una duda sobre su interés en Cuba y su economía. Aclaro: no ignoro que su principal móvil de visitar la isla probablemente haya sido de índole afectiva: sus padres, Marcos Antonio –ya fallecido y a quien usted admiraba y quería mucho– y Alma Baeza, son cubanos, y aunque no nació allá, vivió, como yo, parte de su infancia en Cuba. No condeno su viaje a la isla, yo también la visité durante los llamados viajes de la comunidad, no me pesa. Es su visita a La Habana patrocinada por la revista inglesa *EuroMoney* la que me causa cierta preocupación.

Aunque de ese viaje a La Habana, cuyo principal interés era obtener información sobre negocios e inversiones en Cuba, Fidel Castro no obtuvo beneficio alguno, y lo único que sí se comprobó por quincuagésima vez fue la destrucción absoluta de su economía, y la intransigencia bovina de Castro, que rechazó la posibilidad de convocar a elecciones, permitir la privatización o cualquier esperanza de que los cubanos formen parte de la empresa privada allí, sí se deduce algo que es palpable, por ejemplo, en China: que el capital no tiene patria, y ante la certeza de obtener buenas ganancias, muchos inversionistas anteponen dinero a principios y respeto por los derechos humanos y los ciudadanos de un país.

Cuando la delegación de *EuroMoney* llegó al aeropuerto José Martí de La Habana proveniente de Cancún, México, usted seguramente escuchó a la banda de mariachis cuando entonaba un alegre estribillo: *Bienvenido EuroDinero que para Cuba es lo primero.*

Lo lamento, yo me quedo con el viejo espiritual negro: *Free at last, free at last, thank God Almighty we are free at last.* Cuando los cubanos, blancos y negros, podamos entonar una canción similar, libres al fin allá en La Habana, entonces y sólo entonces, que vengan las privatizaciones, las fusiones, las corporaciones y, ¿por qué no?, los mariachis a cantar.

Como señaló María Echaveste, subdirectora de personal de la oficina de transición del presidente Clinton, usted es una persona muy calificada, y espero, como ella, que se una a la nueva administración de alguna manera. Estoy segura de que su talento, su experiencia y su ascendencia cubana, lo califican y sensibilizan para ayudarnos ahora, en este nuevo gobierno que nos llena a tantos de renovada esperanza, a lograr la libertad y poder decir: "Libres al fin".

21 de enero de 1993

TOMAS SANCHEZ EN MIAMI

Nelson Domínguez tiene su casa en Cojímar y su estudio en la calle Infanta, y aunque quiere seguir trabajando, dice, en el taller de la Plaza de la Catedral, en estos momentos prefiere la Isla de la Juventud, porque allí hay un taller nuevo con todas las condiciones, además, "está bastante aislado y se trabaja bien allí, en paz". Domínguez recién llegó del Japón, donde tuvo una exposición. Una retrospectiva de su obra acaba de llevarse a cabo también en el Centro de Arte 23 y 12, en La Habana, y otra exposición abrirá dentro de poco en la Galería de la Casa de las Américas. Como otros artistas cubanos, entre ellos Roberto Fabelo, que residen en Cuba y son militantes del Partido Comunista, Domínguez goza de un extraño privilegio en nuestra comunidad exiliada: su obra se expone, se cotiza y vende muy bien en las galerías de Miami, sin protestas, sin polémica.

Sin preteder desentrañar qué criterio se utiliza para el arrasante, contradictorio rasero, veremos que esto obedece a una lógica interna del exilio, algo incomprensible, pero bajo ningún concepto poco común. Después de todo, a Miami están llegando casi todos los días artistas – y gente de otros oficios– que se denominan tan pronto pisan el suelo exiliado "perseguidos". Pero esto no es cierto, en realidad, algunos de ellos fueron ardientes perseguidores de artistas, fieles defensores de la Inquisición fidelista. Pero en Miami a éstos no se les juzga o condena: se les admira y exalta, porque dieron el paso: se exiliaron, es decir, son inmaculados.

Tomás Sánchez no se quiere exiliar. No vive en Cuba, vive en México desde hace más de un año, pero como muchísimos artistas cubanos que tienen permiso del gobierno para residir en el extranjero, viaja al país cada vez que quiere. El va mucho, porque aunque ya compró una casa en las afueras de la capital mexicana, trabaja a gusto y su obra goza de un enorme éxito en México, está muy interesado en un proyecto que lanzó en Cuba y cree que tiene posibilidades de ser aprobado por el gobierno. Es la Fundación Tomás Sánchez, una entidad que sería autofinanciada –sin vínculos comerciales con el Fondo de Bienes Culturales–, que tiene como propósito promocionar la obra de paisajistas cubanos y promover la ecología. También la educación artística de los niños con problemas sicológicos. Si el Ministerio de Cultura le da el visto bueno, la fundación abriría una galería en La Habana. Sánchez se haya de lleno inmerso en los planes que ya empezó a ejecutar aunque sin autorización previa: pudo llevar a Cuba materiales de pintura, inexistentes en el país, por un valor de $10,000 para seis paisajistas. El dinero lo sacó de la venta de una de sus obras. "En Cuba se piensa aquí no hay, afuera sí hay, entonces, lo que hay que hacer es irse. Pero yo no me voy. La solución no está en irse", dice Sánchez.

Pidiendo excusas de antemano a algunos de mis compatriotas exiliados que se puedan sentir ofendidos porque un cubano decide no exiliarse, yo digo que respeto y admiro la postura de Tomás Sánchez, pintor extraordinario cuya exposición, *De Cuba a Cuba: el arte como puente*, que se inicia mañana en el Museo Cubano de Arte y Cultura, recomiendo a todos.

Contrario a, por ejemplo, Domínguez o Fabelo, Tomás Sánchez jamás militó en ninguna oraganización comunista ni a pesar de las inmensas presiones, firmó la carta que preparó la Unión de Artistas y Escritores de Cuba (UNEAC), condenando a la poeta María Elena Cruz Varela, ahora presa. Tomás Sánchez fue un marginado y un perseguido, pero su obra fue demasiado grande.

Recordando a Camus, podemos decir que la caída de Sánchez fue en 1976, cuando fue expulsado de la Escuela Nacional de Arte por "practicar una filosofía idealista y tratar de hacer proselitismo entre alumnos y profesores". El pintor fue además, acusado de trabajar para la CIA. Lo que hacía Sánchez era practicar el yoga. Hubo algún artista que lanzó sus grabados a la hoguera; hoy está también en México. Conste, los afectos a las piras también circulan por Miami. Y es que la vida da vueltas.

Por ejemplo, en 1979, unas 30 obras de Sánchez, con precios desde 50 pesos cubanos, se pusieron a la venta en una exhibición colectiva en La Habana, pero no se vendió ni una. A los nueve meses, Tomás Sánchez ganó el premio Joan Miró en una exposición celebrada en Barcelona donde participaban 439 artistas de 33 países.

Yo quisiera incitarlos a que visiten el Museo Cubano de Arte y Cultura y se detengan en *Laguna, Meditación, Paisaje, Orilla, Ojo de las*

Aguas, Tríptico de la lluvia, de Tomás Sánchez. *En Rito, El juicio final, Pictografía americana, La otra cara del siglo*, de Andrés Puig, el otro excelente pintor que forma el dúo de la exposición. Puig está en Miami en estos días, pero reside en Madrid, donde se asiló en 1988.

De Cuba a Cuba: el arte como puente es, además de una exhibición histórica, de una belleza memorable. Su concepto, valioso: que el arte sirva de puente de conocimiento y comunicación entre cubanos de la isla y del exilio. "Que nos limpie", dice Puig.

Ignoro si eso se podrá lograr, pero por lo pronto, presenciar esta obra me llevó al sueño súbito de haber iniciado una travesía necesaria, urgente: acercarnos a la isla y como esas aves que se elevan sobre el glorioso paisaje de Tomás Sánchez, reencontrarnos en el camino con nuestros hermanos cubanos, enterrando la maldita política. O soñar con navegar, como Orestes Lorenzo, intentando vencer la terrible realidad.

18 de febrero de 1993

LA PIEDAD DEL EXILIO

No, no es la medicina ni la educación. El mayor logro de la revolución es el exilio. Y no me refiero al exilio adinerado y empresarial, sin duda admirable, que hoy se vislumbra como una esperanza que ayude a sacar a Cuba de la ruina económica. Me refiero a lo mejor del exilio, a los hombres y mujeres en quienes los principios de la democracia norteamericana se arraigaron y hoy forman parte irreductible, no negociable, de su escala de valores. Es el exilio que regresará a Cuba para construir una ética llevándose consigo lo mejor de esta nación: su democracia, su incesante fragua por la defensa de los derechos civiles, su respeto por el individuo, por la tolerancia y libertad de expresión.

El otro logro de la revolución es la conciencia de derechos humanos, de resistencia pacífica y responsabilidad civil que se ha ido creando en la isla entre los miembros de la oposición, que han combatido al gobierno por medio de la denuncia y la propagación de esa conciencia.

Como Blanche Dubois, el patético personaje de Tennesse Williams en *Un tranvía llamado deseo*, el pueblo cubano depende de la bondad de los extraños. Sabe que con la del exilio no puede contar, aquí bondad es sinónimo de "blandenguería". Aquí se valora y aplaude la intransigencia. La "dignidad" del exilio debe estar por encima de todo vergonzoso impulso de enviar medicina o comida para la isla.

Japón, Perú, México, España, la UNICEF y otras agencias de Naciones Unidas han enviado comida y medicina de emergencia a Cuba.

Yo me pregunto qué efectos tendría en la población cubana –y en la opinión pública norteamericana e internacional– si de pronto zarparan de Miami decenas de barcos llenos de medicina, alimentos y ropa de los cubanos del exilio para los cubanos de la isla. Por encima de la política, la caridad, la solidaridad, el apoyo a los desgraciados de allá. ¿Qué pasaría? Por otro lado, hay cosas de nuestros estrategas políticos de la intransigencia que me resultan del todo incomprensibles. "No es un secreto para nadie que hemos estado reuniéndonos con funcionarios de alto nivel en el gobierno de Cuba", dijo Jorge Mas Canosa el martes en la sede de la Fundación Nacional Cubano Americana, cuando dio a conocer un informe que, según la FNCA, recibió del Consejo de

Ministros de Cuba. ¿No se le llama a esto diálogo? ¿No está dialogando entonces Jorge Mas Canosa con "funcionarios de la cúpula del poder en Cuba", como él mismo los llama? El informe anuncia el próximo colapso de la economía cubana, previsto para julio. Conste, no critico el diálogo de Mas con los funcionarios cubanos, en caso de que sea cierto, y aguardo, como él, el colapso. Pero ojalá sea el colapso de la cúpula, no del pueblo. Porque sospecho que la cúpula siempre tendrá abundante comida y medicinas. Haití, por ejemplo.

Cuando supe que en la XXIV Asamblea del Consejo Episcopal Latinoamericano (CELAM) se condenó el embargo de Estados Unidos contra Cuba y Haití, llamé a monseñor Agustín Román para que me expresara su opinión. El padre Román me dijo no tener opinión al respecto, porque no ha recibido el documento y tendría que leerlo primero. "El principal causante del hambre en Cuba no es el embargo, es el gobierno de Fidel Castro", me repitió muchas veces el padre Román.

La posición contra el embargo tomada por los cinco cardenales y sesenta obispos de América Latina y Alemania reunidos en Caracas durante cuatro días, quedó redactada en un documento que será revisado este mes cuando se vuelvan a reunir en Venezuela para añadir resoluciones. "Los obispos hacen un llamado para que se termine la situación del embargo sostenido contra Cuba y Haití, porque en esos bloqueos quienes sufren no son los gobernantes sino el pueblo", dijo el obispo auxiliar de Caracas, Mario Moronto. Asimismo, el CELAM envió un comunicado a la Organización de Estados Americanos y al Departamento de Estado norteamericano donde expresa que "la Iglesia no puede hacerse solidaria de acciones que atentan contra la dignidad de los pueblos".

Yo pregunto cómo se puede ser cristiano, o decirse cristiano, y no padecer una escisión de la conciencia procurando la miseria de un pueblo como estrategia de lucha. Cuba sufre la peor hambruna de su historia, cada día hay más enfermedades e infecciones. La gente se está muriendo, literalmente, por falta de medicamentos. Los cuentos en las salas de emergencia de los hospitales son de horror. ¿Cómo pueden los católicos anteponer la política a la caridad cristiana? ¿Cómo se puede pedir piedad –me viene a la mente esa parte esencial de la liturgia de la misa en la que los fieles piden tres veces piedad al unísono en voz alta– y en aras de una política no tenerla con su pueblo?

Yo no estoy a favor de levantar el embargo sin condiciones. Pero sí de que se utilice como arma de negociación, tal como lo plantea Eloy Gutiérrez Menoyo. Como dice Irving Louis Horowitz en su ensayo *American Foreign Policy Toward Castro's Cuba: Paradox, Procrastination and Paralysis. (The conscience of Worms and the Cowardice of Lions. Cuban Politics and Culture in an American Context)*, es hora de acabar con la política de la parálisis que tan bien le ha servido al gobierno cubano. Pero además, es cuestión de piedad.

1ro. de abril de 1993

PLACER EN EL REFUGIO

Hace unos días algún ladrón hizo trizas una ventana de mi carro y me robó. Nada importante: alguna ropa, un par de espejuelos. Después de observar un instante los diminutos pedazos de cristales tirados en el asiento y darme cuenta de lo que me faltaba, vi los libros y una libreta de notas dejados atrás indeseados por el depredador. Miré bien: no dejaron la piedra, si fue una piedra con lo que me rompieron el cristal, ni se llevaron ninguno de los libros que iba a devolver ese día a la biblioteca. Tampoco el que estaba releyendo desde la noche anterior, el único que me pertenecía: *La orgía perpetua*, de Mario Vargas Llosa.

Reinicié su lectura por puro placer, porque es un libro fascinante, al que uno vuelve siempre, pero además, porque sé que está al llegar a Miami *El pez en el agua*, el primer tomo de la autobiografía de Vargas Llosa. Más que una gran obra de crítica literaria, más que un homenaje a *Madame Bovary* y a Gustave Flaubert, yo considero *La orgía perpetua* el inicio de ese primer tomo autobiográfico. "Ahí empieza de verdad mi historia", dice Vargas Llosa de su encuentro con *Madame Bovary* en el primer capítulo. "Desde las primeras líneas el poder de persuasión del libro operó sobre mí de manera fulminante, como un hechizo poderosísimo. Hacía años que ninguna novela vampirizaba tan rápidamente mi atención, abolía así el contorno físico y me sumergía tan hondo en su materia. A medida que avanzaba la tarde, caía la noche, apuntaba el alba era más efectivo el trasvasamiento mágico, la sustitución del mundo real por el ficticio". Enma Bovary es "la pasión no correspondida" de Mario Vargas Llosa.

Abolir el contorno físico, sustituir el mundo real por el ficticio, ¿no es una estrategia poderosa, siempre al alcance de la mano cuando para casi todo lo demás estamos atados? El sentido de impotencia y desolación que invade el ser al percibir el horror circundante es inefable. No obstante, me detengo un breve instante para intentar describirlo:

●En Miami el crimen asciende a nivel de vértigo, pero el sistema judicial protege a los criminales, no a los ciudadanos inocentes.

●La UNICEF acaba de informar que el 50 por ciento de los niños de Cuba entre seis y un año padecen de anemia, al igual que el 35 por ciento de las mujeres en el tercer mes de embarazo. Los cubanos se están quedando ciegos por la plaga de la neuropatía óptica. Las moscas de Somalia y de Bangladesh, ésas que vemos posadas en los rostros de niños y adultos tirados en el suelo, bien podrían aparecer en Cuba: se alimentan y propagan secreciones oculares de una infección causada por la desnutrición. La avitaminosis, la hambruna, el beriberi amenazan con dejar paralíticos y matar a miles de cubanos. Mientras, la cúpula castrista, con abundantes mariscos, carnes, coñac, wiskey y deliciosos devaneos en sus casas, recomienda con toda seriedad que el pueblo recurra a la flora nacional para nutrirse, y coma sin vacilación hojas, flores y semillas de vegetales. Las hojas, le informa la radio al pueblo cubano "deben ser verdes y tiernas, y han de levarse muy bien y cocinarse sólo el tiempo necesario". Desde la pantalla de televisión, la dietista Nitza Villapol presenta esta semana platos como arroz con ortigas y picadillo de cáscara de plátano.

●El afán de difamar que posee a algunos cubanos exiliados asciende a alturas insospechadas. Yo aguardo con ansias al novelista iluminado que plasme ante la historia nuestra alucinante épica. Vaticino que inventará un nuevo lenguaje y un nuevo estilo, incluso un nuevo género literario: algo que superará en exuberancia el barroquismo, el realismo mágico y el realismo crudo, todo lo visto. ¿Cómo si no retratar la fauna? Daré dos ejemplos cercanos.

A. Hace dos semanas, un jueves como hoy, un conocidísimo comentarista radial me insultó porque en un escrito aparecido ese día, yo afirmaba que estaba –estoy– a favor de que se envíe medicina y comida a mis hermanos cubanos de la isla. Como es su costumbre, tergiversó a su conveniencia mi artículo y me acusó de castrista. Pido excusas por tener que hacer esto de mal gusto, pero no me queda otro remedio: remito a quien de buena fe dude de mi estirpe demócrata y antitotalitaria a los documentales sobre Cuba y los cubanos que produje y escribí para la televisión, y a decenas de artículos de investigación y columnas de opinión. Nada he combatido más que el gobierno comunista de Fidel Castro, nada he defendido más que la libertad de mi país.

B. Hablando de estirpe. Hace unos días, una popular comentarista radial se hallaba criticando al poeta cubano Gastón Baquero por su columna *La Loynaz, la política y el exilio*. Fueron muchas las ofensas que se lanzaron contra este escritor mulato, orgullo de nuestras letras. Esta es una de las frases de la comentarista para referirse a Baquero: "Si no la hacen a la entrada, la hacen a la salida".

Sí, la literatura es placer, pero es también evasión, es refugio.

Dice Vargas Llosa: "Siempre he tenido por cierta la frase que se atribuye a Oscar Wilde sobre un personaje de Balzac: *The death of Lucien de Rubempré is the great drama of my life*. Un puñado de personajes literarios han marcado mi vida de manera más durable que buena parte de los seres de carne y hueso que he conocido".

Lo comprendo tanto. En estos tiempos donde reina la calumnia, lo fétido, la mala fe, quiero para terminar hacer mías también las palabras de Flaubert: "El único medio de soportar la existencia es aturdiéndose en la literatura, como en una orgía perpetua".

15 de abril de 1993

PARASITOS, SAPOS, ESCORPIONES

Los seres humanos, dice el personaje cautivo de *The Crying Game*, se dividen en dos clases: los que son como sapos y los que son como escorpiones. Para convencer a su secuestrador, el rehén le narra este cuento: un día, un escorpión le pide a un sapo que le permita montarse en su lomo para que lo traslade al otro lado del lago. El sapo, no tonto, se niega, aludiendo que el escorpión lo va a picar. El escorpión, con ofendida lógica, le contesta: ¿Cómo te voy a picar, cómo te voy a envenenar? ¿ No te das cuenta de que si lo hago nos hundimos los dos? El sapo lo mira, vacila. El escorpión ruega. Fiel a su buena naturaleza, el sapo accede. Y así inicia su confiada travesía, salto a salto alegre el sapito, con su amigo a cuestas. Naturaleza viva: ya casi llegando a la orilla, siente el sapo que su ser se estremece: un ardor entumecedor, terrible, le penetra la piel. Era la ponzoña, que con asombrosa rapidez, el escorpión le acababa de clavar con la uña, venenosa y mortal. "¿Por qué me has hecho esto?", le pregunta asombrado el sapo. "No lo pude evitar", le respondió el escorpión. "Está en mi naturaleza".

Quiero referirme muy brevemente a la naturaleza de dos seres humanos ante un mismo fenómeno: Stalin, Fidel y la muerte por inanición.

Con la mayor sangre fría, sin el menor asomo de vacilación, inquietud o lamento, Stalin dejó morir de hambre a unos 10 millones de rusos cuando se llevó a cabo la colectivización en la Unión Soviética a fines de los años 20. El dictador comunista contaba con suficiente cantidad de granos para alimentar a los campesinos de Ucrania, donde la hambruna mordió con más saña, pero la naturaleza de la bestia que llevaba dentro le impedía sentir el dolor ajeno, la piedad para con los otros. En esos días había ordenado el exterminio masivo de rusos en los campos de concentración, ¿cómo se iba a compadecer del hambre de los campesinos? Si en algún momento por la mente de Stalin cruzó desviar a los campos los cargamentos de alimentos destinados a la exportación, como una mosca molesta posada en su frente, el "hombre de acero" la debe de haber desechado.

En Cuba, ya sabemos, han empezado a aparecer enfermedades producidas por la malnutrición. Algunas de ellas son:

Escorbuto: una dolencia producida por la falta de vitamina C, caracterizada por un gran cansancio y hemorragias, particularmente en las articulaciones y en las encías. Raquitismo: deformación de los huesos por falta de nutrición y deficiencia de vitamina D. Beriberi: deficiencia de vitamina B1. Se caracteriza patológicamente por una neuritis –inflamación de un nervio, acompañada generalmente de neuralgia, atrofia muscular y otros trastornos–, con la degeneración de los nervios periféricos y la médula espinal. Anemia. Neuritis óptica, causada por falta del complejo de vitaminas B, que puede conducir a la ceguera. La carencia de la vitamina A también puede causar ceguera, degeneración en la piel y en la mucosa de las vías respiratorias y urinarias, lo que resulta en el endurecimiento y sequedad de la piel, infecciones respiratorias y piedras en los riñones.

Cuando carece de calorías, el cuerpo usa los aminoácidos de las proteínas para la producción de energía en vez de para construir tejidos o repararlos. En Cuba, la necesidad de proteínas se agrava por la infección de parásitos. Las infecciones gastroenterológicas causan diarrea severa en el intestino, que ya se halla devastado por la deficiencia de proteínas y calorías. Si la ingestión de comida es insuficiente para suplir los requerimientos de energía del cuerpo, la energía necesaria debe ser suplida por un trastorno de los tejidos. El organismo trata de mantenerse vivo consumiendo de sí mismo lo que menos necesita primero, como son los depósitos de grasa. Pero es cuestión de poco tiempo.

Raúl Castro dijo ayer que estaba preparado a morir junto a su hermano Fidel. "Como lo harían millones de cubanos, si es necesario", agregó.

El sábado y el domingo zarparán de Cayo Hueso rumbo a la Marina Hemingway en Cuba, unos 20 barcos cargados de medicinas y alimentos. La flotilla está formada casi toda por norteamericanos residentes de Cayo Hueso, incluyendo a su director, John Young, a John Halloran, que dirigirá la travesía, a los escritores John Leslie, John Malcolm Brinan y David Kaufelt. Young afirma que una gran parte de la donación que lleva a bordo procede de exiliados de Miami, que le pidieron no revelara sus nombres. No es ése el caso de la Coalición

Cubano Americana. José R. Cruz, su presidente, afirma que en la flotilla ¡Basta! van medicinas y alimentos por un valor de $72,595 donados por muchos de los más de 2,000 exiliados que de acuerdo con Cruz son miembros de la Coalición.

Cruz ya tiene los permisos del Departamento del Tesoro y de Comercio –sólo le falta el de Cuba, que espera en las próximas horas– para que seis barcos tripulados por cubanos miembros de la Coalición salgan con la flotilla. Cruz quiere realizar esta travesía, si se lo permiten, dice, todos los meses.

¿Qué garantías tienen, le pregunto a Young y a Cruz, que ese cargamento llegará a los necesitados? Ambos me contestan que se les entregará al Consejo Ecuménico de Iglesias, entidad no gubernamental aprobada por Estados Unidos para la distribución interna. ¿Qué pasaría, le pregunto a Cruz, si de pronto las organizaciones cubanas de Miami se unen y envían cantidades masivas –a través de Naciones Unidas, por ejemplo– de medicinas y alimentos para los cubanos de la isla, asegurándose de que allá se sepa que proviene del exilio que quiere salvar a los cubanos, pero derrocar a Castro?

"¿Usted vio cómo ardió el templo de Waco?" "Así ardería Cuba", me dijo.

22 de abril de 1993

MAESTRA RURAL

Mis rosas rojas las puse en la tierra. De nuevo en el cementerio, lleno de gente ese día, arrodillada en su tumba le hablé: hierba, lápida, tierra. Levanté la vista. Otra vez los árboles y la brisa, el lago, la quietud. Campo de muertos, de flores y pájaros ajenos en su canto a la tristeza y el llanto. Otro Día de las Madres sin madre, sólo la memoria, inmensa y hermosa.

Hojeando álbumes de fotos, hurgando entre tarjetas y recuerdos esa tarde reencontré un escrito de ella. Era 1938, Zoraida Morales Ramos se acababa de graduar de la Escuela Normal de Maestros de Pinar del Río. Más de 50 años después, escribió esto en el exilio:

"Cuando con 19 años vi cómo el carro se alejaba dejándome en medio del campo entre personas desconocidas en un ambiente inhóspito, yo que nunca me había separado de mamaíta y mis hermanos, miré a mi alrededor y no sabía qué decir, cómo empezar una vida que durante tres años compartiría con campesinos de monte adentro. En ese carro que perdía de vista iban mi madre, mi hermano mayor, mi cuñado y un alto personaje del pueblo más cercano para dar fe de que la casa donde me dejaban era habitada por personas morales y de buenas costumbres.

"Hacía dos meses que me había graduado de maestra y al día siguiente de mi llegada debía ejercer como tal. Todo era nuevo para mí...

"Miré a mi alrededor y todo era bello: el campo, la Cordillera de los Organos estaba casi al alcance de mi mano, el verdor de los árboles, el olor a tierra recién arada, y la brisa que sentía en mi cara, secaron las lágrimas que brotaron por aquella despedida. Cuando cayó la noche disfruté de nuevas experiencias, al ver que encendían el quinqué de luz brillante para alumbrar la sala, y en el cuarto otra lucecita que brotaba de una latica de gas a la que llamaban chismosa. Al día siguiente comencé a ejercer como maestra, con un grupo de 35 niños entre las edades de 7 a 14 años, las clases de 1ro. a 4to. grado. La escuela era de piso de cemento, paredes de tablas y techo de guano. Sólo había seis libros para todos y un trozo de hule puesto con clavos en la pared que hacía las veces de pizarrón. Ese era todo el material con que contaba para comenzar mis clases, además de las 35 caritas asustadas, las manos sucias y la mayor parte de los pies descalzos.

"Ahí pasé tres cursos escolares, dando los viajes semanalmente, los lunes llegaba y el viernes regresaba a casa, después de galopar a caballo por una hora y media de ida y otra hora y media de vuelta.

"Al cabo de esos tres cursos pasé a otra escuela cerca de Puerto Esperanza, donde vivía mi abuelita. En su casa me pasaba la semana y daba los viajes a caballo al barrio La Mayeta, distante unos cinco kilómetros de donde estaba mi nueva escuela. Compré por cinco pesos un caballo al que llamaban Misicumbia, viejo y cansado. Se sabía el camino de memoria, por lo que me despreocupaba, él sabía el camino que los dos recorríamos, él deseoso por llegar y comer la fresca hierba que crecía cerca de la escuela.

"Pasó el tiempo, llegaron las Navidades, y era maravilloso ver los campos cubiertos de aguinaldos. Cuando iba para la escuela, yo acercaba el caballo a las cercas de los potreros y arrancaba las ramas de aguinaldo y las colocaba alrededor del cuello del caballo, que no protestaba, y cuando llegaba al colegio, los niños me recibían alegres y riéndose de ver a Misicumbia adornado con flores.

"Una de las cosas que más me gustaba de los viajes a la escuela era que todos los lunes la guagua que me llevaba a Puerto Esperanza tenía que pasar por el Valle de Viñales, que a esa hora de la mañana, desde lo alto de la carretera lucía todo su esplendor de colores variados, roja la tierra, los sembrados de distintos matices de verde y los mogotes brillando con el sol de la mañana como centinelas de tanta belleza".

La maestra rural logró obtener escuela en la ciudad, ya no tendría que ausentarse de su hogar y su familia durante toda la semana. Lejos estaba entonces de imaginarse el rumbo que tomaría la vida. Primero salimos mi hermana y yo. Era abril de 1962. Luego, en julio del 63 vino ella en el barco de la Cruz Roja –el último que salió del puerto de La Habana– que fue cargado de medicinas y regresó a Estados Unidos cargado de cubanos.

En aquellos tiempos era la incertidumbre, el Refugio, las factorías, la carencia absoluta de dinero, de ropa, de respaldo alguno de cubanos ya establecidos en Miami: todo estaba por hacer, íbamos llegando en masa, sin nada. Como a miles de cubanos en aquella época, el gobierno norteamericano nos relocalizó en Boston, lindo, pero helado y arduo. Buscando el trópico y el español, nos fuimos a Puerto Rico, donde mi madre pudo ejercer su profesión ininterrumpidamente hasta que se retiró en 1981.

Sus años de retiro en Miami los pasó siempre intentado llenar el vacío que le dejó abandonar una vida dedicada por entero a la enseñanza y los niños, que tanto amaba. Filatelia, tejidos, fotografía. Hasta que al fin descubrió la pintura. Nada la colmó tanto en ese tiempo final como pintar paisajes, más que ninguno, el Valle de Viñales.

Recuerdo una tarde, cuando faltaba poco para su muerte inesperada, que la vi en el patio rodeada de óleos, cuadros, bocetos. Me acerqué y observé los rasgos que dibujaba su pincel en el lienzo. Entre divertida y extrañada, le pregunté: "¿Hasta cuándo vas a estar pintando palmas?"

"Hasta que las vea moverse", me contestó ensimismada.

13 de mayo de 1993

DESPUES DE LA LIBERTAD

Cuándo acabaremos de comprender que un día tendremos que convivir en paz. Que la nueva Constitución de la república será concebida por hombres y (espero) mujeres de diferentes ideas políticas. Que en el Senado y la Cámara cohabitarán la izquierda y la derecha y el centro, algunos ultras y comunistas hasta que se extingan. Sucede en Rusia, sucede en Checoslovaquia, en Hungría y en todos los países que viven ese periodo largo, difícil e incierto conocido como el poscomunismo.

Es imprescindible que los exiliados acabemos de entender y aceptar que ese tránsito es inevitable, que no se puede eliminar como por arte de magia a todo el que haya sido militante del Partido, miembro de la Asamblea Nacional del Poder Popular o defensor del régimen. Exceptuando a los hermanos malignos cuyo nombre da náuseas, y los otros asesinos (los carceleros, los agentes de Seguridad del Estado que han matado y torturado, los *karatekas* e integrantes de las Brigadas de Respuesta Rápida), a quienes espero les aguarde un tribunal de justicia, ¿qué será de los informantes de barriadas o centros de trabajo que han desgraciado a tantas vidas, qué de las hordas de oportunistas que se valieron hábilmente de la política para destruir a personas de talento que envidiaban o a gente que sencillamente les estorbaban, cuyos rostros y nombres están archivados en la memoria de sus víctimas –o familiares de sus víctimas–, y esperan pacientes el temible, entendible momento del desquite? Refrenar la matanza y resguardar los principios de la democracia son sólo dos de las labores heroicas que nos aguardan.

En alguna calle, algún parque o teatro, nos encontraremos con Roberto Fernández Retamar, con Alicia Alonso –si optan, algo que dudo, por quedarse en el país cuando caiga el régimen–, con Silvio Rodríguez, Armando Hart o Félix Pita Astudillo. ¿Qué podemos hacer nosotros, y más que nadie todos aquellos artistas, periodistas y escritores marginados por ellos, aunque las furias se desaten en su pecho?

Los problemas con que nos vamos a enfrentar los cubanos van a ser de tal magnitud, que coincidir con estos seres, por más repugnantes que nos sean, no será lo peor. Lo más difícil, lo más urgente será afrontar otros legados del totalitarismo, como el deplorable estado moral e intelectual de la sociedad y la reeducación de valores e individuos cuyo comportamiento está deformado por un sistema pervertido: El *jinetear* y el *sociolismo* –comportamiento típico de muchos cubanos –no todos– que han sido educados y criados en el comunismo, que ven en las relaciones humanas sólo una vía para conseguir algo, de ahí su necesidad insaciable de "contactos", de "buscar socios" para resolver, escalar, depredar, etc.–, el fascismo, el conservadurismo a ultranza, el resentimiento comunista vivo y latente, la falta de iniciativa, el uso de máscaras y la glorificación del cinismo son algunos de estos legados.

Para que esta sociedad hambrienta, sufrida, ávida de bienes materiales y de conocer otras verdades, otros mundos, asimile y practique los principios elementales de una sociedad civil y democrática tiene que pasar tiempo. Yo confío que Cuba sea más afortunada y en ella no se den el nacionalismo enfermizo ni la xenofobia características de los países poscomunistas. Aunque no descarto la posibilidad de aparición de algún *skinhead* que, poseído por una patética autocompasión (de isleño habitante de país mestizo), trastocada en ínfulas de grandeza, abogue por una Cuba europea. Y así –semejante a Edipo, que intentando huir de su destino, más se acercó a él–, en su desesperado intento por alejarse de lo cubano, que considera inferior o bárbaro, en su ciego esfuerzo por pertenecer a un país "civilizado", se convierta a la barbarie. Porque, ¿habrá barbarie mayor que el fascismo o el racismo, sea alemán o serbio?

Nadie ha reconocido las entrañas de este engendro del totalitarismo como Vaclac Havel. El pensador y político checo considera la caída del imperio comunista similar en importancia histórica a la caída del imperio romano. La construcción de un nuevo mundo sobre las ruinas del comunismo, dice Havel, es un proceso tan complejo como lo fue la creación de una Europa cristiana después de las grandes migraciones.

A los cubanos nos ha tocado la desdicha de pertenecer al único país en este vasto y poblado hemisferio donde el mal comunista se enraizó por más de 34 años. Pero al fin se presiente su derrumbe. Para ese instante de felicidad máxima no hace falta prepararnos. Pero sí lo hará para lo que viene después de la libertad.

Si bien es cierto que son importantes la privatización rápida –cuidando mucho que la apropiación de grandes capitales y propiedades no caigan en manos de ministros comunistas que se convertirán súbitos al capitalismo más salvaje–, velar por la estabilidad de la democracia y el respeto a los derechos humanos, también lo es que aprendamos a convivir en paz los de aquí y los de allá, respetando la libertad de expresión y de prensa, ejerciendo la responsabilidad civil que nos concierne a todos y que será nuestra gran oportunidad de una vez y por todas, de salvar a esa tierra amada, hundida hoy en la ruina.

20 de mayo de 1993

UN POETA EN BUSCA DE DESTINO

Si se queda, dice, sería como echarle un cubo de fango al movimiento y a sus compañeros en Cuba. Si regresa será una victoria moral y política. Regresar, por tanto, no constituye un dilema para él. Rolando Prats, poeta y presidente del Consejo Coordinador de la Corriente Socialista Democrática Cubana, se fue ayer para España invitado por el Partido Socialista Obrero Español. De ahí irá a Francia, Suecia y otros países europeos, incluyendo algunos ex comunistas. En julio regresa a Miami y en septiembre a La Habana.

Como la mayoría de la población cubana, Prats nació después de la revolución. Está marginado, desempleado y ha sido golpeado dos veces por turbas de la Seguridad del Estado. Ha publicado en *El Caimán Barbudo* y *Naranja Dulce*. Su libro de poemas inédito *Sin Itaca* fue premiado por la revista *Letras Cubanas*, pero después el gobierno intervino y el premio nunca se le llegó a otorgar. En el 89, él y otros jóvenes intelectuales fundaron Paideia, una agrupación que pretendía crear debate libre sobre cultura y política. Paideia ya no existe, algunos de sus integrantes, como César Mora, Omar Pérez y Prats, pasaron a la oposición. Otros optaron por vivir en México, como Rafael Rojas, Iván de la Nuez, Radamés Molina –acaba de pedir asilo en España–, Ernesto Hernández Busto y Osvaldo Sánchez, el que llamó a esta anhelada residencia en México "el exilio de terciopelo". El nombre parece haberse propagado entre ellos, aunque ahora parece que se ha vuelto un poco más áspero.

Dialogar, conocer las ideas, el pensamiento de los cubanos de la isla, sobre todo las nuevas generaciones, me parece imperioso. El diálogo con Prats fue para mí valioso. Transcribo una pequeña parte:

Prats: Yo estaré allí donde quiera que sienta que estoy más cerca de mi verdad personal.

Amador: ¿Y cuál es tu verdad?

P: Mi verdad personal es que no tiene que haber una contradicción entre política y pensamiento. No creo que tiene que haber una escisión fatal entre el hombre de ideas y el hombre de acción. Esa es mi utopía personal, mi proyecto personal, poder ser un intelectual y un activista.

A: ¿Cómo lo es por ejemplo Vaclav Havel?

P: Sí, lo admiro mucho, o Solzenytsin, o Sajarov...

A: O Vargas Llosa...

P: Sí. Son ejemplos que muestran que se puede ser un intelectual, un artista, un creador y a la vez un político. Uno de los dramas que hemos vivido los cubanos en las últimas tres décadas es la alienación del intelectual respecto a la política. Y precisamente una de las cosas que no me gustan de este país es que los políticos casi nunca son intelectuales, son productores de consenso social, a partir de maquinarias políticas que fabrican imágenes y programas.

A: ¿Cuál es el modelo político que buscas para Cuba?

P: No creo en modelos políticos...

A: Pero me imagino que como socialdemócrata pensarás en algún tipo de gobierno que se asemeje a lo que quisieras para Cuba.

P: Quisiera un estilo de gobierno que no ha existido nunca en Cuba. Una democracia con un sistema político pluralista, con una sociedad civil fuerte, capaz de controlar la sociedad política, capaz de hacer saltar las estructuras de poder. Pero hay problemas elementales urgentes ahora que hay que resolver, como es la falta de libertad política.

A: ¿Y cómo se logra eso? ¿Cómo se logra la transición sin guerra ni sangre?

P: La única forma es que el actual gobierno inicie los cambios.

A: ¿Y lo hará algún día? Por ejemplo, ¿lo haría si se levanta el embargo?

P: No estamos seguros... Yo pienso que si se levanta el embargo se contribuiría enormemente a crear un clima de distensión que favorecería cambios internos. Se vería el gobierno cubano en una situación muy difícil, porque el discurso actual se vendría abajo, porque desaparecería el soporte de ese discurso, que es la imagen de un enemigo externo.

A: ¿Qué visión tienes del exilio?

P: En el exilio hay una mezcla rara de amor por Cuba y desconocimiento de Cuba. He visto cosas que me han dolido, como la extrema fragmentación del exilio, es una división ya no entre un sector conservador y un sector liberal o moderado, favorable a un cambio negociado, no, es que dentro de los sectores conservadores hay fragmentación, dentro de los sectores liberales hay fragmentación. Y muchas gentes quieren salir de Castro con métodos castristas.

A: ¿Cómo nos perciben allá a nosotros? ¿Es verdad que hay miedo de que lleguemos a quitarles las casas?

P: No he conocido a nadie en Cuba que tenga miedo de que el exilio va a llegar a quitar propiedades ni nada de eso, a no ser un grupo de oportunistas o fanáticos. No hay miedo ni hay esperanza. Los cubanos ven el exilio como parte de su nación, gente que se dio cuenta primero, gente que ha triunfado. Si vemos en el plano económico a lo que han llegado en este país los cubanos, han construido una ciudad, incluso han penetrado las estructuras de poder político de Estados Unidos. Pero veo también que sucede lo que sucede en Cuba: que la gente tiene dos rostros. Aquí fui invitado a un acto, y en un momento dado empezaron a atacarme, pero duro, muy duro, me insultaron, me dijeron traidor... y yo me pregunto a qué... Después en privado se transformaron, me decían que me entendían, que yo estaba adoctrinado, pero que era valiente. La persona que me llamó traidor terminó dándome un abrazo y diciéndome que yo tenía que cambiar mi visión. Pero es una visión rica, compleja la del exilio.

A: ¿Se lee en Cuba a los escritores exiliados?

P: Yo ya leí la autobiografía de Reinaldo Arenas. Allá entran Cabrera Infante, Padilla, Arenas...

A: ¿Por qué titulaste tu libro de poemas *Sin Itaca*?

P: Porque insinúa la falta de un destino conocido para mí y para Cuba.

En *La Odisea* de Homero, Itaca es la patria perdida y añorada a la cual regresa un día Ulises. Es símil de poesía en el *Arte Poética* de Borges. Itaca es también, o más que nada, obsesión. Obsesión por encontrar la patria, obsesión por la poesía.

10 de junio de 1993

DIVAGACIONES EN UN PENDULO

Si José Martí estuviera exiliado hoy y expresara su pensamiento, en Miami sería catalogado de izquierdista. A mí no me cabe duda. Son casi predecibles los insultos y las burlas que lanzarían contra su persona, si viviera Martí.

Y es que para un numeroso sector del exilio cubano, defender los derechos civiles de los negros y de las mujeres, abogar por la justicia, por los pobres, por la ecología, por una política de ética, es ser un liberal de cuidado. Pertenecer al Partido Demócrata o respaldar a Clinton –como si ambos, el Partido Demócrata y Clinton no fueran capitalistas– es sólo entendible en términos marxista-leninistas. Para estos compatriotas, se es conservador o se es comunista.

Descartando como a una fruta podrida a aquéllos cuyos ataques pendulares no están ligados sólo a la pobreza de su pensamiento, sino a la mala intención, intentaré, para gente de buena fe, si es posible apendular, exponer en breve un sentido de la vida en el cual me reafirmo, con el cual me identifico.

No es con Marx o Mao. Es con Mateo, Marcos, Lucas, Juan. Es Vaclav Havel, Juan Pablo II, Fernando Savater y muchos hombres y mujeres que se niegan a glorificar el cinismo o a participar en el frenético culto al consumismo y al materialismo, al egoísmo y la avaricia que dominan la sociedad posmoderna.

"Nuestra civilización actual se basa, en lo material, en una tecnología de eficacia extraordinaria, y en lo espiritual, en prácticamente nada", apunta Dennis Gabor, uno de los integrantes del Club de Roma. Es asombroso corroborar cómo coinciden por ejemplo, la nueva doctrina social de la Iglesia planteada en *Centesimus Annus, Centenario de la Rerum Novarum*, de Juan Pablo II, y el arreligioso *Informe del Consejo al Club de Roma: La Primera Revolución Mundial*. (El Club de Roma es una organización integrada por más de un centenar de personas de más de 50 países, de diferentes profesiones e ideologías interesadas en el futuro de la Humanidad).

En uno de sus últimos informes el Club hace este llamado: La interdependencia de las naciones y la globalización de gran número de problemas exige el despertar de una conciencia universal y la creación de una nueva ética internacional: la ética de la naturaleza, la ética de la vida, la ética del desarrollo, la ética del dinero, la ética de las imágenes, la ética de la solidaridad.

La cuestión que se plantea el checo Vaclav Havel, uno de los pensadores más importantes del mundo actual es ésta: "Si triunfaremos por los medios que sean en reconstituir el mundo natural como el verdadero terreno de la política, rehabilitando la experiencia personal de los seres humanos como la fuente inicial de las cosas, colocando la moralidad sobre la política y la responsabilidad sobre nuestros deseos, haciendo la comunidad humana significativa, devolviéndole contenido del habla humana, reconstituyendo el yo humano dignificado, integral, autónomo, responsable de nosotros mismos porque estamos ligados a algo superior, y si seremos capaces de sacrificar algo, en casos extremos todo, de nuestra próspera y banal vida privada... Debemos resistir la complejidad y la presión alienante, tome la forma de consumismo, de publicidad, de represión, de tecnología o de cliché, hermanos de sangre del fanatismo y del pensamiento totalitario. Debemos sacar nuestras normas del mundo natural, sin importarnos el ridículo, y reafirmar nuestra validez negada. Debemos confiar en la voz de nuestra conciencia, más que en la de cualquiera especulación abstracta, y no inventar otras responsabilidades nada más que ésa a la que la voz nos llama. No debemos avergonzarnos de que seamos capaces de sentir amor, amistad, solidaridad, simpatía, tolerancia, todo lo contrario: debemos fijar estas dimensiones fundamentales de nuestra humanidad, libre de su exilio privado, y aceptarlas como el único punto de arranque para una vida y una comunidad de significado humano. Debemos dejarnos guiar por nuestra razón y servir a la verdad". (Tomado de su libro indispensable, *Living in Truth*).

Si Savater o Havel o Juan Pablo les resultasen intolerables, para terminar estas divagaciones inconexas, yo invito a mis compatriotas atrapados en su péndulo a releer los Evangelios. Ateos, católicos o protestantes los habrá, lo sé, que verán en Cristo a un izquierdista.

8 de julio de 1993

SEÑORES PRESIDENTES:

Hace unos días, una cumbre similar a la que se inicia hoy en Salvador de Bahía se llevó a cabo en Tokio. La imagen de los siete mandatarios de los países demócratas más desarrollados del mundo –Francia, Estados Unidos, Japón, Alemania, Italia, Canadá, Gran Bretaña y Bégica, a quienes se les unió como invitada la liberada Rusia– recorrió el planeta. Miles de millones de personas pudieron ven en sus televisores y en las primeras planas de los periódicos a estos jefes de estado reunidos para buscar, a pesar de los inmensos obstáculos, formas de incentivar el mercado mundial a través de la reducción de tarifas y estimular el crecimiento económico de sus respectivos países: la creación de nuevos trabajos y la reestructuración de su mundo a las necesidades y oportunidades de la posguerra fría yacía en el centro de las discusiones. Qué impensable se nos hace imaginar la figura uniformada de Adolfo Hitler o de Joseph Stalin sonriendo y firmando tratados entre ellos. Y sin embargo, señores presidentes de la III Cumbre Iberoamericana, ahí, entre ustedes, se halla hoy un hombre de extraordinario parecido con Stalin y con Hitler.

Es el mismo que el año pasado, vestido con el mismo uniforme, sonriendo con el mismo cinismo, infinito, como su miseria, firmó junto a ustedes en Madrid todos los acuerdos de aquella II Cumbre Iberoamericana, entre ellos, el de crear "una sociedad libre, abierta y pluralista con pleno ejercicio de libertades individuales, sin perseguidos ni excluidos".

¿Será necesario, señores presidentes, que les describa el abismo en el que Fidel Castro ha precipitado aún más a la isla de Cuba en estos 12 meses que han transcurrido entre aquélla y esta cumbre? ¿Las enfermedades y la hambruna que sufre la población? ¿Los miles de cubanos que han muerto ahogados o ametrallados intentando huir en balsas de aquel infierno que Fidel Castro llama país? ¿Las cárceles hacinadas? Las condiciones en las prisiones cubanas han llegado a un estado de deterioro y deshumanización tales, que en nada se distinguen de los campos de concentración nazis o de los *gulags* estalinistas: sólo tendrían ustedes que escuchar los testimonios recientes de lo que allí se vive: propagación de enfermedades, inanición, falta absoluta de atención médica y de medicinas, golpeaduras, tortura. Las imágenes fílmicas de los cuerpos famélicos de los judíos en Alemania son éstas, señores presidentes, son éstas. Sólo haría falta la cámara.

Ninguna validez tienen para el dictador de Cuba los documentos que firma o los acuerdos a que llega cuando se halla entre ustedes: tan pronto pone su bota sobre tierra cubana se enseñorea a sus anchas y se dedica a realizar con meticuloso cuidado el propósito de su vida, su razón de ser: arruinar a Cuba, destruir a los cubanos. Un odio como el que habita en el interior de este hombre, señores presidentes, es difícil calcular. Pero su obra lo muestra: sólo hay que mirar a Cuba. Como la reciente Masacre de Cojímar demostró, estamos abocados hacia una masacre mucho mayor.

Varios grupos de exiliados se hallan ahí, en Salvador de Bahía, intentando hacerse oír por ustedes, como la **Fundación Nacional Cubano Americana**, la **Plataforma Democrática Cubana**, y otras. A sus manos han llegado cartas y documentos de organizaciones opositoras dentro de la isla firmadas por activistas de derechos humanos pidiendo su mediación para la democratización de la isla. El ministro de Asuntos Exteriores de España, Javier Solana, le hará entrega de un documento donde Elizardo Sánchez Santacruz, presidente de la Comisión Cubana de Derechos Humanos y Reconciliación Nacional les pide apoyo y solidaridad en la búsqueda de una reconciliación nacional y la recuperación de la libertad para Cuba. Todo esto, señores presidentes, es el clamor del pueblo cubano.

Carezco casi de esperanzas en cuanto a lo que puedan logar Carlos Menem o Felipe González en sus reuniones privadas con Fidel Castro pidiéndole la democratización de Cuba. Así y todo, me aferro a ellas y les ruego que en su ocupada agenda se detengan a escuchar el pedido del pueblo cubano, y en esta III Cumbre Iberoamericana medien, ejerzan presiones ineludibles para lograr una solución negociada al problema cubano.

Señores presidentes, hagan algo.

15 de julio de 1993

EL RELÁMPAGO EN LA MEMORIA

El final de julio ha sido muy lluvioso. Tarde tras tarde las nubes oscuras, los truenos, el torrente. A la intemperie, un cielo que se quiebra por el súbito relámpago. Fue observándolos –como la luna, el rayo ejerce un raro hechizo en mí–, que me vinieron a la mente otros relámpagos muy similares a los que veía iluminar con furia el firmamento. Son los fugaces, eternos relámpagos de la memoria, los *flash backs*, esos recuerdos rápidos e involuntarios que yacen sumergidos en el subconsciente y que por algún misterioso mecanismo son impulsados a la superficie, sólo para zambullirse de nuevo, no sin antes haber provocado, con su asomo, vagas reflexiones o divagaciones hilvanadas de vivencias que de pronto imponen su presencia.

Mi memoria del Mississippi no fue un relámpago. El poderoso río está por todas partes desbordado, cómo no iba a desbordarse en mí, si por él navegué hace años, cuando estaba de visita en Nueva Orleans. El recuerdo se hacía inevitable. Ineludiblemente fiel al *bovarismo* (Madame Bovary, como el Quijote, se empeñó en vivir la experiencia literaria), quise recrear algo del mito legado por Mark Twain y William Faulkner, y así, emprendí el viaje por sus aguas. El barco lento, lento, se deslizaba por el apacible río de entonces, como se desliza ahora por mi mente el recuerdo de aquella aventura sureña.

Fue viendo el Mississippi rebelarse en estos días ante todo vano intento humano por contenerlo, romper diques, inundar ciudades y campos y en su fiera confluencia con el Missouri encrestarse abismal, que el relámpago de una noche de diluvio feliz y dolorosa, irrumpió en mí.

Aguacero torrencial. Omar se aleja caminando por la Alameda, desierta y oscura. Lo veo así, con las manos elevadas, cubriéndose la cabeza con aquella toalla vieja y empapada. Sé que no quiso mirar hacia atrás para no verme por última vez. Le había prometido que regresaría dentro de poco. Me quedé en la acera bajo el aguacero mirándolo perderse en la bruma mientras el taxi que me conduciría a La Habana aguardaba por mí.

Fue la última vez que lo vi. Nos habíamos pasado la noche tomando ron Havana Club y fumando unos cigarrillos muy fuertes y malos que había que estar encendiendo constantemente. Sentados en el comedor de la casa de mi infancia, intentábamos retener las horas que fugaces se nos iban. Tanto que decirnos en tan poco tiempo. A veces, en lugar de hablar sólo nos mirábamos y entonces los dos recordábamos los días en que retozábamos inseparables por aquel mismo comedor, aquel patio, aquella casa.

Esto fue en 1979. Había regresado a Cuba con los viajes de la comunidad. Hacía 17 años –salí del país en el 62– que no veía a mi familia. Se nos permitía estar siete días en la isla, siete días en los cuales apenas dormí. El tumulto de emociones intensificaban mi estado de vigilia, ahora convertida en un sueño, el sueño del regreso que estaba viviendo.

Han pasado 14 años de aquella visita. Por mi casa deambula una tía que ha bajado mucho de peso; como a todos los ancianos, le suspendieron hace tiempo la leche, y me cuentan que para el desayuno toma sólo agua con azúcar. La hija de una prima tiene beriberi. En Pinar del Río la neuritis óptica golpea con fuerza. Omar, aquel muchacho alto y delgado, de ojos grandes y hermosos, que de niño –el niño más lindo del mundo– jugaba conmigo, y que en mi viaje lo había descubierto guitarrista y escultor, está hoy débil y muy enfermo. Le mando unas inyecciones que lo alivian y posiblemente le salvan la vida, él, alguna que otra carta con una flor dibujada.

Cómo no entender la avalancha de cubanos que como la crecida del río se desbordará sobre Cuba. Comprendo por qué algunos se obstinan en ponerle diques al torrente que se avecina. Sólo a los que no le duela en carne viva el hambre, la miseria, la enfermedad de un familiar puede condenar a los exiliados que vayan a Cuba a ver a sus seres queridos. Y lo que los estrategas miopes insisten en no ver es la fuerza arrasadora que llevará esta marea. Adentro, los muros de contención ya tiemblan.

5 de agosto de 1993

AL CALOR DE AGOSTO

Que algo grande, como una hecatombe está por llegar, se percibe en el aire caliente y cargado de la ciudad duende. La Habana es un horno, y sus habitantes, seres sonámbulos, pero tan hartos, que en cualquier momento, se dice, estallan.

Los bombazos son tan comunes que ya ningún habanero puede decir con certeza si lo que suena alrededor de las 9 de la noche es el cañonazo u otro atentado. Las manifestaciones y las protestas, los sabotajes contra el gobierno, las huelgas, los asesinatos, las golpizas de los *porristas* tienen al pueblo bajo terror. La pregunta que todos se hacen es hasta cuándo.

Con excepción de los soldados, a todos los empleados públicos se les rebajó el salario. Y para colmo, la costumbre de retener los sueldos se va extendiendo. Los maestros, por ejemplo, a veces están hasta cuatro meses sin cobrar. Y qué asco, con tal de seguir robando y en el poder, los liberales y los conservadores se aliaron en algo que llaman "cooperativismo", para apoyar al dictador, a quien llaman "egregio", un señor de escasa inteligencia, pero abundante, insaciable necesidad de obediencia y halagos.

La represión, la corrupción administrativa, el desempleo, la crisis económica por la depresión norteamericana y la baja del precio del azúcar, todo apunta a una revolución. Se teme una guerra civil sangrienta. Sin duda, el detonador estalló con el asesinato de Rafael Trejo. Ocurrió cuando la policía intentó detener una manifestación universitaria en contra del gobierno, que se dirigía a un parque cercano a la universidad. Muchos estudiantes fueron golpeados. Trejo cayó baleado, y la conciencia nacional se estremeció. Eso fue el 30 de septiembre de 1930, más o menos cuando tuvo lugar la huelga de ferrocarriles que paralizó el país. Era la época de nuestra historia en que muchos estudiantes universitarios eran una especie de conciencia civil, nacional, insobornables en sus reclamos de justicia. Para ellos patria era honra, honor.

En agosto del 33, la incertidumbre y el descontento habían llegado a su clímax. La huelga general que tenía paralizada a La Habana desde el día 4, se extendió por todo el país el día 10. Afuera, los pregoneros dejaban sentir su pregón (*cambio globos por botellas, vendo pirulí, aguacate, maní, Bohemia, Carteles*) cuando pasan cerca de las casas. Adentro, un ventilador puesto para paliar el asfixiante calor. Todos están a la espera de algún desenlace.

El júbilo llega el 12 de agosto. Gerardo Machado, el presidente electo en 1925, que decidió hacerse dictador de la República cuando vio que se le vencía el mandato de cuatro años, huyó del país ese histórico día de 1933. Para los cubanos, fue el estallido de la dicha, y de la rabia. Como lanzados por una fuerza que estremecía la tierra, los habaneros llenaron las calles para celebrar y cobrárselas. El Palacio Nacional fue invadido por una muchedumbre enardecida que comenzó a arrojar por las ventanas jarrones, libros, ropa y otras pertenencias de la familia Machado. Los saqueos a las casas de los *porristas* eran espectaculares. La gente arrastraba alfombras, muebles y todo lo que pudiera encontrar. Se cuenta que al jefe de la porra lo lincharon en plena calle.

En Miami, el exilio numeroso se aprestaba para regresar a la patria. Cuba había sido liberada.

Agosto, 1993:
Que algo grande, como una hecatombe está por llegar, se percibe en el aire caliente y cargado de la ciudad duende. La Habana es un horno, y sus habitantes, seres sonámbulos, pero tan hartos, que en cualquier momento, se dice, estallan.

En este caluroso mes de agosto, en Cuba ya casi nunca hay luz. De hecho, la electricidad llega por tan poco tiempo que los ciudadanos, en vez de apagones, ahora hablan de "alumbrones". A la gente, desesperada de calor, se le ve ahora tratando de dormir fuera de las casas, en azoteas, portales, pasillos, patios. Pero noche a noche, La Habana se vuelve una ciudad insomne.

Y es que no es sólo el calor, es la plaga de mosquitos. Y el hambre, el hambre. Se ven ratas y moscas por todas partes, y un constante incremento de enfermedades. Los niños están raquíticos, y la mitad de los infantes padece de anemia.

La Habana es un horno. Los cubanos, como sonámbulos, siguen escuchando la voz autoritaria que les ordena lo mismo desde hace 34 años: "Resistir, resistir, resistir..." Es la voz que se oyó ayer en Colombia diciendo lo que todos deberían escuchar con mucha, mucha atención: "Nosotros, antes que renunciar a nuestros principios, preferimos renunciar a la vida".

El novelista Gabriel García Márquez, admirado, comenta que en Cuba "ni se están muriendo mucho de hambre" ni tampoco "es tan insoportable vivir allí". El necrófago le sonríe al gran Gabo.

12 de agosto de 1993

EL *AFFAIR* PRATS

"Si se queda, dice, sería como echarle un cubo de fango al movimiento y a sus compañeros en Cuba. Si regresa será una victoria moral y política. Regresar, por tanto, no constituye un dilema para él". Así inicié hace poco más de dos meses un artículo en el que entrevistaba a Rolando Prats Páez, en aquel entonces presidente del Consejo Coordinador de la Corriente Socialista Democrática Cubana, cargo del cual fue destituido. La sensación que tengo, ahora que se acerca el momento de su regreso a la isla (regresa en septiembre, dice), es que no sólo le arrojó el cubo de fango a su movimiento y a sus compañeros, también a la reconciliación y la democracia en Cuba, que dice buscar. Su regreso, no obstante, si será una victoria moral y política, pero no para la oposición. Para el gobierno. Si la Seguridad del Estado o esa ultraderecha que "usurpa la disidencia", lo hubiera planeado no le hubiera quedado mejor.

Si algo ha demostrado Prats en su visita a Miami es que padece de una intolerancia y un afán de protagonismo muy similares a los que ve y condena en el exilio.

Torpes y lamentables fueron las declaraciones que le hizo al diario *El País* durante su visita a España en junio: "Prefiero establecer alianzas con un partido comunista reformado más que con la disidencia en el exilio, que ha sido usurpada por la ultraderecha". El artículo-anuncio que publicó en El Nuevo Herald el otro día, es un clásico del discurso marxista desfasado, una especie de parque jurásico ideológico. Comprobamos una vez más que las temibles pisadas de nuestros dinosaurios se escuchan con igual fuerza en la izquierda y la derecha. Es el péndulo trampa que nos tiene atrapados.

Cuando oí la entrevista que Marcos Castellón le hizo a Prats para Radio Progreso la semana pasada, retuve la siguiente frase: "Pero que nadie se equivoque... Democracia dentro de la revolución". Era la frase-*mantra* de las *Palabras a los intelectuales* pronunciadas por Fidel Castro hace tantos años: "Dentro de la revolución todo, contra la revolución nada", pero aplicada ahora, en vez de a la literatura y el arte, a la democracia. Y por un intelectual disidente que se define a sí mismo como un *revolucionario*.

No pude evitarlo. Lo llamé para que me dijera qué significa ser *revolucionario*. Al fin podría escuchar, pensé, una definición adecuada del término *revolucionario* aplicado a la defensa de la estrepitosa, caótica praxis de la utopía *revolucionaria* cubana.

"Yo me considero un revolucionario. Nací en Cuba en el 59 y toda mi experiencia política y espiritual se ha producido dentro de ese contexto de la revolución cubana, por eso me llamo revolucionario, pero sobre todo porque considero que una de las formas de salir de la crisis es volver a las fuentes originales de la revolución...", me dijo Prats, y seguido añadió a mi pregunta de cuáles son esas fuentes: "Hoy, 13 de agosto de 1993 yo suscribiría íntegramente *La historia me absolverá*, pero no sería más que un acto simbólico". Me habló de "las masas", de "la gloriosa revolución francesa", y muchas otras cosas que pude identificar como parte del legado de aquel pensador judío *revolucionario* que pudo dedicarse a pensar y escribir gracias a la generosidad de su amigo burgués Federico Engels. Le pregunté a Prats si se consideraba marxista. "Marx pertenece a la historia del pensamiento humano como Isaac Newton. Y de la misma manera que carece de sentido la pregunta ser o no ser newtoniano, carece de sentido ser o no ser marxista. Basta ser contemporáneo para ser newtoniano y ser marxista. Luego vino Einstein, y la de Newton es una verdad parcial dentro de una mayor aportada por Einstein. Marx es una verdad parcial corroborada y asimilada por una verdad mayor...", etcétera.

Es lamentable que las gestiones de Elizardo Sánchez SantaCruz fuera de Cuba a favor de la oposición y de la incipiente socialdemocracia cubana pudieran haberse visto empañadas por la polémica que creó Prats. Me explico: la Internacional Socialista, a la que están afiliados, por supuesto, el Partido Socialista Obrero Español de Felipe González –quien recibió a Sánchez en Madrid–, y demás partidos socialdemócratas de Europa, y América Latina, le ha dado un respaldo muy importante a la Corriente Socialista Democrática Cubana. Su reconocimiento como futuro partido político dentro de Cuba es ya probable, y eso sería otro golpe al *castrato* depauperado. Por fortuna, creo que el pataleo dentro de la socialdemocracia cubana no afectará este reconocimiento.

He llegado a pensar, y que me perdonen esta vez los disidentes, que una de las formas que tendría el gobierno cubano de eliminar a algunos activistas de derechos humanos dentro de la isla sería algo que no ha explorado. Meterlos en una casa, colocarles unas 10 máquinas de *fax* y unos 20 teléfonos, y siempre líneas disponibles a Miami. No sin tristeza compruebo que las discordias, las acusaciones, el afán de protagonismo, la carencia absoluta de una voluntad de unidad ante *el* enemigo, tan común en el exilio, serían exactas en esa casa imaginaria. ¿Alguien duda que somos un solo pueblo?

Lo somos. Por eso por suerte también sé que desafortunados percances como éstos no manchan la labor de otros en la oposición, que persisten en su ejemplar lucha por la libertad de Cuba.

19 de agosto de 1993

POR EL CAMBIO

Suscribo las palabras de Irving Howe citadas por Jay Rosen en el último número de la revista judía liberal *Tikkun*. Rosen hace referencia a uno de los últimos ensayos de Howe publicados en la revista *Dissent*, donde el eminente pensador norteamericano trata el tema de las pocas expectativas que hay en la vida política e intelectual de Estados Unidos. Howe –autor de *World of Our Fathers* y uno de los grandes críticos literarios y políticos de EU, fallecido en mayo– elogia el pensamiento utópico, pero no el practicado por el estado, sino por las mentes independientes que necesitan una "imaginación moral", ver más allá del campanario de provincia, de lo inmediato, para extenderse a "las posibilidades de renovación". Este pensamiento, explica Howe, no llevará a un plan de acción ni puede garantizar la sabiduría, pero sí ofrece "una perspectiva guiadora, la creencia o esperanza en el futuro, y el entendimiento de que nada pudiera estar más errado que la noción de que lo que existe hoy continuará existiendo mañana. Esta clase de pensamiento utópico es en realidad otra forma de apreciar la variedad y la sorpresa que se hacen posibles en la historia. Que se hacen posibles, y con eso basta".

Rosen cita a Howe al principio de su artículo para analizar el cinismo de la prensa norteamericana ante la política, y muy especialmente a la de los Clinton. La prensa, arguye Rosen, se empeña tenazmente en vaciar de significado la política y presentárnosla como farsa, bien sea por intereses o por una incapacidad genuina de *comprender*, muy especialmente la "Política del Significado" *(Politics of Meaning)* que intentan llevar a cabo Bill y Hillary Clinton.

Yo cito a Howe y a Rosen para ilustrar brevemente una alusión: varios acontecimientos de los últimos días me hacen creer en lo errada que puede estar la noción de que lo que ha existido hasta hoy seguirá existiendo siempre, en que el discurso político del exilio se ha renovado, y en la *posibilidad* de que pronto, nuestras expectativas políticas han dejado de ser pocas. Estos son algunos signos esperanzadores:

● El Latino National Political Survey (LNPS) acaba de llevar a cabo un estudio sobre las actitudes políticas de los hispanos en Estados

Unidos. En aprecio a la sorpresa y la variedad que hacen posibles la historia, cito las cifras arrojadas sobre la orientación política de los cubanos exiliados:

Extrema izquierda (muy liberal): 3.6%
Izquierda moderada (liberal): 19.3%
Centro (moderado): 22.5%
Derecha moderada (conservadores): 48.5%
Extrema derecha (muy conservadores): 6.0%

"Vale la pena meditar sobre estas cifras", dice el sociólogo cubanoamericano Alejandro Portes, quien cita el estudio en *The Cuban American Community Today: A Brief Portrait*. "Las diferencias entre el número de cubanos conservadores y aquéllos que profesan otras creencias no es significativa estadísticamente. Por esta razón, es posible concluir que alrededor de la mitad de la población cubanoamericana no apoya puntos de vista conservadores, y que la extrema derecha es una minoría. Estos resultados contrastan significativamente con el monopolio ejercido por los grupos de extrema derecha sobre la política cubanoamericana en su intento de proyectarse a sí mismos como la única voz de esta comunidad".

● Las voces liberales cubanoamericanas se agrupan en busca de una nueva fuerza: el Comité Cubano por la Democracia (CCD), un PAC –Comité de Acción Política– que podría muy bien lograr uno de sus mayores objetivos: influir en la política de Washington con respecto a Cuba y los cubanos y cambiar la esclerótica noción de que el exilio es abrumadoramente conservador y de derechas. Lo interesante del CCD es que está integrado por académicos, empresarios, políticos y, sobre todo, ex combatientes de la Brigada 2506 (cubanos que participaron en la frustrada invasión de Playa Girón en abril de 1961 para derrocar al gobierno castrista). "Por muchos años muchos de nosotros nos hemos quedado callados mientras unos pocos extremistas se atreven a hablar representando la comunidad entera", dice Marcelino Miyares, ex brigadista y presidente del CCD.

● El creciente respaldo de los exiliados cubanos a Eloy Gutiérrez Menoyo. No concibo que ningún cubano que ame la democracia y a Cuba rechace el extraordinario ideario de Cambio Cubano, la organización fundada por Menoyo hace unos meses. En la declaración de principios de la organización, *Por Cuba. Por el Cambio* (El Nuevo Herald, 13 de marzo), se trasluce una innovación del pensamiento cubano exiliado y una transparencia democrática, hace tiempo muy necesarias. Enhorabuena. Acertada considero asimismo su *Declaración del 19*, publicada en El Nuevo Herald del 23 de agosto. Es un primer y osado paso de parte del exilio en busca de lograr el casi imposible ideal de la reconciliación nacional y la transición pacífica hacia la democracia.

● La Plataforma Democrática Cubana logra que el Parlamento Latinoamericano (Parlatino) cree una comisión especial para una transición pacífica y democrática a la crisis política de Cuba.

Leo de nuevo el *Ideario Irrenunciable* de Cambio Cubano. ¿Se podrá hacer realidad algún día? Por lo pronto, me reafirma que se puede creer en la *posibilidad* de una renovación de la nación cubana. Y con eso me basta.

26 de agosto de 1993

DERECHA, IZQUIERDA

No hace mucho escribía yo algo inútilmente sobre la necesidad de trascender las clasificaciones izquierda-derecha que coartan el pensamiento y el debate político serio tan necesario entre nosotros, seres desterrados de un país en ruinas, herederos de dictaduras y de caudillos de derecha e izquierda. Específicamente me refería a ese inexorable sector del exilio cubano que acusa de comunista a todo el que disiente de su extremado conservadurismo.

Fue por eso que me interesó la creación del Comité Cubano por la Democracia (CCD), un PAC (Comité de Acción Política) formado por hombres y mujeres académicos, empresarios, profesionales y políticos cubanoamericanos liberales. Los integrantes afirman que una gran parte de la población cubanoamericana no es de extrema derecha, y que como los sectores moderado y liberal no están representados, las organizaciones conservadoras se han aprovechado para hablar en nombre de toda la comunidad "apropiándose implícitamente de los méritos y logros de los cubanos que no las apoyan". Para sustentar con estadísticas su postura, el CCD ofrece el resultado de una encuesta llevada a cabo por el Latino National Political Survey sobre las orientaciones políticas de los cubanos exiliados que, efectivamente, desmiente la falsa noción de que el exilio es hegemónicamente derechista.

La semana pasada, el profesor de Ciencias Políticas Luis Aguilar León se lamentaba de lo mismo que yo: hay que superar esa tontería de ubicar a todo el mundo en un obsoleto péndulo. En su columna *Más allá de la izquierda y la derecha* (3 de septiembre) Aguilar comenta: "Parece imperativo, por tanto, despojarse de anquilosados ropajes ideológicos para juzgar con frescos criterios las tensiones que se asomam en el siglo XXI... La lucha entre el pasado y la modernidad, entre un viejo despotismo y una nueva democracia, entre una asfixiante economía estatista y una economía liberada, entre el crimen y la justicia. Quien no lo vea así y se empeñe en ubicarse en el dualismo izquierda-derecha, estará, simplemente, ubicándose en el pasado".

Loable, pero iluso. Me doy cuenta que hemos caído en una especie de *wishful thinking* o utopía en ciernes: de ese dualismo no hay quien nos saque. Estas categorías se siguen dando en todos los países civilizados y democráticos. No en Iraq, fundamentalista, no en Somalia ni Bosnia en guerra barbárica. En Estados Unidos se sabe que el partido Demócrata está más a la izquierda que el Republicano, y dentro de cada partido hay miembros moderados y extremistas. En Francia, España, Suecia, Alemania, en toda Europa, en Latinoamérica, en Japón, hay partidos de izquierda y de derecha y la gente se define o define a otros más o menos como nos definió la encuesta: extrema izquierda, izquierda moderada, centro, derecha moderada y extrema derecha. Los extremistas, para utilizar un término que se aplica en sicología, *se proyectan*: ven extremistas del bando contrario en todas partes. Además, son los más peligrosos y parecidos: de extrema derecha son el nazismo y el fascismo, de extrema izquierda, el comunismo.

Lo que me sorprende de Aguilar es que haya reaccionado en contra de las etiquetas políticas ahora, cuando se desmiente la hemegonía absoluta de la derecha en el exilio cubano. Aguilar cuestiona en su escrito la validez de la encuesta que yo cito: "Sorprende entonces que... una institución llamada, un tanto exóticamente, Latino National Political Survey, se haya tomado el trabajo de clasificar a los exiliados cubanos de acuerdo con el dualismo de 'derecha' o 'izquierda'". Refiero a Aguilar al Institute for Survey Research de Temple University en Filadelfia, la prestigiosa institución de investigación sociológica que llevó a cabo el estudio. En cuanto a lo "exótico" del nombre, creo que no lo es tanto: la mayoría de los encuestados son mexicoamericanos y puertorriqueños, quienes suelen hispanizar el término *Latin* en un contexto inglés añadiéndole la o. (Nosotros tenemos las muy cubanas Latin Builders, Latin American Cafetería, etc.) Refiero también a Aguilar a *Latino Voices: Mexican, Puertorrican and Cuban perspectives on American Politics*, publicado por Westview Press en 1992, donde apareció publicada la encuesta y se hace un estudio mucho más amplio de esas tres comunidades hispanas de Estados Unidos.

Pero, sobre todo, le recomiendo el excelente libro de Alejandro Portes y Alex Stepick *City on the Edge. The Transformation of Miami*. Uno de los mejores análisis, si no el mejor, que he leído sobre nuestra ciudad, sus comunidades de diversas nacionalidades, las raíces de sus conflictos étnicos, su crecimiento económico y la trascendencia social y política que tiene para el resto del país el experimento sin precedentes que se lleva a cabo diariamente en Miami, la ciudad que, según los autores, encarna el futuro de Estados Unidos.

Muy iluminador fue para mí el capítulo seis: *How the Enclave Was Built*, donde los autores explican cómo surgió el extremismo conservador del exilio cubano. Siempre me he preguntado cómo sucedió esto, dada la fuerte tradición liberal y socialdemócrata –aunque se llamaran de otra forma–, que tenía Cuba. Algunos ejemplos: Ramón Grau San Martín, Eduardo Chibás, José Antonio Echeverría, Antonio Guiteras, los partidos Ortodoxo y Auténtico, la histórica Federación Estudiantil Universitaria (FEU) de la Universidad de La Habana, y la Constitución del 40. La admirable solidaridad y capacidad de trabajo del exilio que hizo posible su triunfo económico y la trayectoria de su rechazo al partido Demócrata norteamericano aparecen muy bien analizados en ese capítulo. "Los dos desarrollos (el económico y el del derechismo) se entretejieron, llegando el derechismo militante a definir el vocabulario en que los empresarios exiliados expresaban sus puntos de vista y con los que indicaban su afiliación en la comunidad cubana. Incluso aquéllos que no compartían la visión extremista, que salía al aire incesantemente en la radio local, tenían que mantener sus dudas en silencio por temor a las consecuencias."

Este libro y esta encuesta amplían el espacio político para el debate sano y serio que hace tanto tiempo necesitamos los cubanos del exilio.

9 de septiembre de 1993

HACIA EL ALBA

Mi mirada fue rápida del reloj a la ventana. Noche todavía, me dije a la vez que la voz volvía: cinco y media de la mañana. No porque ame el amanecer más que el crepúsculo que precede al ocaso, debería despertarme antes de la salida del sol. ¿O será por eso que suele suceder tanto? Acaso. Pero en este día había una razón poderosa. Fue una lectura en la víspera: *El amor todo lo espera.*

No vi el lucero, pero la alegría fue la misma. Por mi tejado revolotea un sinsonte que ya conozco. Su trino, que me anuncia la aurora, suele ser cortísimo a esa hora, pero qué hermoso. Aunque su canto aguardo inconsciente, siempre me sorprende, como el aroma del Galán de Noche sembrado cerca de mi puerta.

La quietud de esta temprana mañana de septiembre en que todo parece renovarse con una nueva luz y una nueva brisa, comienza a perderse bajo el tráfico creciente, los radios que se encienden y la gente que reaparece. Mis pasos rápidos y azarosos van por calles y arboledas, pequeños parques, de nuevo calles. Olor a pan acabado de hornear, niños con caras soñolientas que aguardan con sus bultos de libros sentados en quicios y aceras la llegada del ómnibus escolar. Ya se aglomera la gente para su café cubano. Un hombre saca el periódico de la maquina amarilla. Giro al este y me topo con un sol enorme que me asombra, o más que asombrarme, me colma. Entonces, sin detener mis pasos miré fijamente esa Luz y repetí: "Que el amor sea la raíz y el fundamento de la vida, y seamos capaces de comprender... cuál es la anchura y la largura, cuál es la altura y la profundidad del amor de Cristo, que sobrepasa todo conocimiento humano, para que nos vayamos llenando hasta la total Plenitud de Dios". Las palabras de San Pablo, citadas en la pastoral de los obispos cubanos, acudieron a mi mente de nuevo.

La sensatez puede triunfar, dice, la fraternidad puede ser mayor que las barreras levantadas, y el primer cambio que se necesita en Cuba es el de los corazones. La pastoral, oportuna y bellísima, ha sacudido al gobierno cubano, porque bien sabe la trascendencia internacional que tiene: *El amor todo lo espera* ya ha sido recibida en muchos países, y se seguirá traduciendo y difundiendo. La reacción y los ataques feroces del gobierno a los obispos y a la Iglesia Católica se acrecientan. Ahora es el escritor Cintio Vitier en el *Granma*, quien arguye que el país "asediado" no puede darse el lujo de permitir "una diversidad irresponsable y un diálogo idílico". Vergüenza, Vitier. Vergüenza.

La pastoral ataca el embargo y la Ley Torricelli, y aboga por el diálogo, un diálogo entre cubanos, que los obispos llaman "el camino mejor": "El pueblo cubano desea un diálogo franco, amistoso, libre en el que cada uno exprese su sentir real y cordialmente. Un diálogo no para ajustar cuentas, para depurar responsabilidades, para reducir al silencio al adversario, para reivindicar el pasado... Sabemos bien que no faltan dentro y fuera de Cuba quienes se niegan al diálogo, porque el resentimiento acumulado es muy grande o por no ceder en el orgullo de sus posiciones, o también porque son usufructuarios de esta situación nuestra, pero pensamos que rechazar el diálogo es perder el derecho a expresar la propia opinión y aceptar el diálogo es una posibilidad de contribuir a la comprensión entre los cubanos para construir un futuro digno y pacífico".

Yo felicito al arzobispo auxiliar de Miami, Agustín Román, por su apoyo absoluto, según me afirmó, a la pastoral de los obispos cubanos en este histórico y doloroso momento que vive nuestra nación. La Fraternidad del Clero y Religiosos de Cuba en la Diáspora está preparando una respuesta conjunta, me informa Román, que dará a conocer en los próximos días.

Al igual que se leyó en todos los púlpitos de las iglesia de Cuba, este documento debería difundirse en las parroquias de aquí. Y que el apostolado laico de Miami, tan activo, acoja estas palabras –y la labor de promulgar la pastoral, la reconciliación y el diálogo entre cubanos– como un mensaje de Dios.

Entonces, sin detener mis pasos, miraré fijamente la Luz y repetiré: "Que el amor sea la raíz y el fundamento de la vida, y seamos capaces de comprender cuál es la anchura y la largura, cuál es la altura y la profundidad del amor de Cristo, que sobrepasa todo conocimiento humano, para que nos vayamos llenando hasta la total Plenitud de Dios".

23 de septiembre de 1993

EL DIALOGO DE LOS *DIALOGUEROS*

Al principio pensé que Roberto Robaina había cometido un desliz en Nueva York, y que cuando regresara a La Habana, caería en desgracia, como Carlos Aldana el año pasado. ¿Se acuerdan? Fue en septiembre, cuando por "errores" y "deficiencias", el ideólogo del Partido Comunista de Cuba fue destituido de su cargo. Entre otros resbalones, le había dicho a la prensa extranjera que a la oposición interna se le permitiría postularse para escaños en la Asamblea Nacional del Poder Popular. Fue cuando Oswaldo Payá, coordinador del Movimiento Cristiano Liberación, le tomó la palabra y le dejó saber, a la prensa internacional también, que se postularía. Y se empezó a especular sobre la existencia de un sector reformista y otro conservador dentro de la dirección del país. Después vino la farsa aquélla que el gobierno cubano llamó elecciones, en las que, por supuesto, a ningún opositor se le permitió postularse y Fidel Castro obtuvo el 99% de los votos. ¿O fue el 98?

Pero a su regreso a La Habana la semana pasada, el ministro de Relaciones Exteriores le dijo al pueblo cubano por televisón lo mismo que le dijo a unos 100 exiliados reunidos en la Misión Permanente de Cuba ante Naciones Unidas: que durante los primeros seis meses del 94 se celebraría un diálogo en La Habana con los cubanos exiliados, y que los únicos que no serían incluidos serían "los reaccionarios, los que no quieren ningún tipo de diálogo". Robaina recalcó que no se trataba sólo de convocar a un diálogo, sino de "abrir un camino para el futuro y para adaptarse a los nuevos tiempos". La Habana, dijo, está dispuesta a establecer "una comunicación fluida, sin traumas, sin presiones y abordar, de una manera clara, profunda y diáfana, la relación de la emigración cubana con la realidad del país, y la realidad del país con esa emigración. Si ellos no quieren renunciar a su país, su país tampoco quiere renunciar a ellos". El sábado, Carlos Lage, vicepresidente del Consejo de Estado, fue citado en el *Granma* convocando también a ese llamado diálogo.

Como Oswaldo Payá hace un año, decidí momentáneamente tomarle la palabra a Robaina y realizar una especie de encuesta de asistencia al encuentro en La Habana. Estas son las respuestas que me dieron algunas de las principales figuras del exilio cubano que han sido claras en su postura a favor de un diálogo.

Marcelino Miyares, presidente del Comité Cubano para la Democracia: "La negociación debería incluir a la disidencia dentro de Cuba y no excluir a aquellas personas del exilio que estén buscando una transición pacífica hacia la democracia. Si es así, sí voy. Nuestro comité se crea para facilitar una negociación entre la oposición legítima al gobierno cubano y los que se opongan a la política exterior norteamericana con relación al caso cubano, me refiero específicamente a la Ley Torricelli. La verdadera solución está entre nosotros los cubanos, y ésa es la clave del problema. Pero si no deciden hacer el diálogo amplio será un fracaso".

Ramón Cernuda, representante en el exterior de la Coordinadora de Organizaciones de Derechos Humanos, y vocero de la Corriente Socialista Democrática: "Ayer precisamente estuve conversando con Elizardo Sánchez dos horas, y hora y media se la dedicamos al tema del diálogo. No creo que es un planteamiento serio, porque el gobierno pretende jugar el papel de seleccionador de los interlocutores de la oposición, y no reconoce la existencia de una oposición legítima dentro de Cuba. No estamos por exclusiones. El exilio deber ser invitado, pero siempre reconociéndole a esa oposición interna el factor protagónico. No se nos ocurre un proceso de reconciliación que parta de principios excluyentes".

Eloy Gutiérrez Menoyo, coordinador general de Cambio Cubano: "Habría que analizar qué tipo de convocatoria es. Si no es más que un *show*, no participaríamos, pero si vemos que es una cuestión seria en la cual se va a analizar la salvación de la nación cubana, entonces estamos de acuerdo, iríamos. Eso requeriría conversaciones previas de carácter privado".

María Cristina Herrera, profesora de Ciencias Sociales del Miami-Dade Community College y directora del Instituto de Estudios Cubanos: "A mí no me han invitado, pero si me invitan y ese diálogo no excluye a nadie por ningún criterio, aceptaría ir. No acepto que el gobierno cubano señale con el dedo quién debe ir, tiene que haber una concertación de agenda seria".

Ariel Hidalgo, ex preso político, activista de derechos humanos y autor de *Disidencia*, la historia del movimiento disidente en Cuba, que estará dentro de poco en las librerías de Miami: "Tendrían que dejar de ejercer la represión contra los activistas, que liberar a los prisioneros de conciencia, eso le daría seriedad y crédito a ese diálogo. Si se nos da la posibilidad de que vayamos a asistir a un diálogo con un mínimo de seriedad iríamos. No si hay exclusión: que no vaya el que se autoexcluye, pero que no se excluya a nadie. Si se invita sólo a la Brigada Antonio Maceo y a otras organizaciones afines al gobierno, no es un diálogo".

En un encuentro con la comisión de Relaciones con América Central del Parlamento Europeo, los miembros de la Plataforma Democrática Cubana pidieron ayer en Bruselas que la recién nacida Unión Europea medie ante Fidel Castro para convencerle de la necesidad de iniciar un diálogo político que contribuya a sacar a los cubanos de la miseria y la dictadura. La delegación de la Plataforma Democrática Cubana, que incluye a socialdemócratas, liberales y democristianos, reiteró su oferta de diálogo político que lanzaron a Fidel Castro el pasado julio en la Cumbre Iberoamericana de Bahía.

Como periodista, insto al gobierno de Fidel Castro a que no nos cierre más las puertas a los periodistas cubanos y nos permita entrar al país. He conversado con varios colegas cubanos de El Nuevo Herald y otros medios de prensa que estarían interesados en cubrir ese encuentro en La Habana, si es que se da en los términos aquí expuestos. Para que ese diálogo sea creíble y serio, debe incluir a la prensa libre, incluyendo la del exilio.

Como tantos cubanos dentro y fuera de Cuba, creo también que ha llegado la hora del diálogo urgente, sin exclusiones, para lograr la democratización. Es la única forma de salvar la nación.

4 de noviembre de 1993

EL DIA QUE SE TORCIO EL RUMBO

Yo también recuerdo el momento, no porque percibiera entonces la dimensión de su tragedia, sino porque incurría en mi dicha,
Trágica sin duda fue aquella tarde que no llegué a calibrar bien sino hasta muchos años después, cuando me empecé a preguntar qué le había pasado a este país, cuándo se había empezado a desmoronar como proyecto, como sueño. Ahora fijo el instante en aquel día de noviembre. A partir de entonces, Estados Unidos se me parece a un Titanic que nunca llega a hundirse, pero tampoco deja de zozobrar. Primero fue el golpe, la sacudida, después vimos el *iceberg*. ¿Cambiamos de rumbo a partir de ese día, o siempre había sido el curso, pero no lo veíamos?

Esas preguntas no me las hacía yo el 12 de noviembre de 1963, el día que asesinaron a Kennedy. En aquellos momentos yo era inmensamente feliz, porque mi familia había llegado de Cuba, y creía que atrás quedaría para siempre el desamparo, la conmoción interna que causó en mí, y en miles de otros niños que a principios de la revolución fuimos enviados solos a Estados Unidos, el saberme en un país extraño sin familia, sin regreso. No sabía entonces que el desarraigo es la única raíz; el regreso la única brújula del exiliado.

En 1963, Miami no daba abasto. Ante la hecatombe, el gobierno norteamericano comenzó a relocalizar a miles de cubanos en otros estados. A nosotros nos tocó Boston, donde fuimos enviados junto con cuatro familias más.

Nuestro hogar de tránsito, en el que vivimos por poco tiempo, era una mansión antigua, enorme, de grandes salones. Contábamos con un cocinero –cubano también– que preparaba las comidas más sabrosas y suculentas para todos. De noche, a solas en la cocina, se ponía a escuchar discos de danzones y boleros cubanos, se llamaba Pancho. Yo recorría la casa, como si fuera un castillo encantado, abriendo puertas, bajando y subiendo escaleras. A veces, me detenía hechizada a mirar los copos de nieve caer sobre la arboleda del inmenso patio. Pero quizá la experiencia más hermosa de aquella época fue la de mi ingreso a la escuela. Sin yo saberlo, allí en aquellas aulas se fue arraigando mi amor a este país, y fue surgiendo una especie de doble identidad cultural con la que he aprendido a vivir.

Cuando mataron a Kennedy me hallaba en la sala de aquella casona de Nueva Inglaterra, mirando la televisión. Y recuerdo que de pronto, fue como si una desgracia muy grande hubiera caído sobre la humanidad. En todos los canales aparecía gente llorando. Los presentadores de noticias se veían confusos y nerviosos, y a mi alrededor, flotaba un ambiente de consternación que yo no atinaba a comprender del todo.

La catarsis nacional televisada que hemos tenido toda la semana, y que culmina hoy, sobre la vida y muerte de John F. Kennedy, no es más que la necesidad, aún no satisfecha, de lidiar con el trauma mayor que ha sufrido este país: verse a sí mismo por primera vez, desmitificado. El asesinato de Kennedy fue la punta del *iceberg* que asomó y sacudió la psiquis nacional. Las muertes siguientes de Robert Kennedy y de Martin Luther King forman parte del temible témpano que yacía oculto, y que ahora salía a la superficie. A medida que se desvaneció el espejismo, se desvaneció la fe, y en su lugar empezó a arraigarse el cinismo descarnado, la codicia, la indiferencia más helada, la carencia absoluta de una ética como rumbo que ha caracterizado a este país. La gloria, el ensueño que siguió a la Segunda Guerra Mundial daba paso al desencanto; era la pérdida total de la inocencia.

En su último discurso como presidente de Estados Unidos, Dwight D. Eisenhower advirtió sobre el temible poder del "complejo militar industrial". La fabricación y venta de armas se había convertido ya en un negocio muy lucrativo: a más guerras, mayores ganancias.

Kennedy había decidido retirarse de Vietnam. Unos días antes de morir, le pidió al secretario de Defensa, Robert McNamara, que anunciara el retiro total de las tropas. Curiosamente, pocos días después de su muerte, el Pentágono y el presidente Lyndon Johnson "revaluaron" la situación y la orden de Kennedy fue rescindida. A pocas horas de la muerte del Presidente, la guerra de Vietnam comenzó su escalada. El resto es historia.

Pero si la decisión de retirarse del país asiático fue arriesgada para Kennedy, más lo fue quizá su decisión de presentar ante el Congreso, dominado entonces por conservadores y demócratas sureños, el más ambicioso proyecto de ley sobre derechos civiles en la historia de Estados Unidos.

A principios de los 60, el movimiento de derechos civiles liderado por Martin Luther King estaba en pleno auge. En Selma, Montgomery, Birmingham, miles de manifestantes marchaban por las calles pidiendo igualdad de derechos. A las demostraciones pacíficas, la policía respondía con perros, golpes, mangueras de agua, encarcelamientos. En Alabama y Mississppi, más linchamientos y asesinatos por parte de los segregacionistas y el Ku Klux Klan. En junio de 1963, a raíz de los disturbios de Birmingham, en un mensaje especial a la nación, Kennedy le exigió a los congresistas que lo ayudaran a poner fin "al rencor, la violencia, la desunión y la vergüenza nacional" del racismo aprobando su propuesta de derechos civiles.

Kennedy no vivió para verlo. Pero a las pocas semanas de su muerte, Johnson pidió al Congreso que pusiera fin de una vez al estancamiento y aprobara el proyecto. El Congreso lo aprobó y el resultado fue la histórica Ley de Derechos Civiles de 1964, que le garantizaba el voto a los negros, acceso a los lugares públicos, poder entrar y ser servidos en restaurantes, hoteles y otras zonas de recreo y se autorizaba al gobierno federal a exigir la integración racial de los servicios públicos, incluyendo escuelas y autobuses.

Kennedy. El hombre que firmó el Tratado de Prohibición de las Pruebas Nucleares. El hombre que le declaró la guerra al crimen organizado. El hombre que proclamó sin el menor asomo de duda que Estados Unidos pondría un hombre en la luna. El hombre que sostuvo en sus manos el destino de la humanidad durante la Crisis de Octubre y que, sin vacilar, logró el retiro de los misiles soviéticos de la isla de Cuba. Kennedy, que no arredró en su intento de hacer más justa esta nación, y que los latinoamericanos veneraron, por su Alianza para el Progreso. Este es el hombre que traicionó de la forma más burda y cruel a los cubanos.

Por supuesto que yo también lo he detestado. Si Kennedy hubiera cumplido su promesa de respaldar a los cubanos en Playa Girón, cuán diferente sería nuestra historia. Cuba no hubiera padecido más de 30 años de totalitarismo.

Cientos de miles de vidas se hubieran salvado. Este inmenso dolor de todo un pueblo exiliado se hubiera ahorrado. Cuba no sería la ruina que es, ni los cubanos los pordioseros de América.

Y sin embargo, cabría preguntarse hasta qué punto fue Kennedy el único, el máximo culpable. Porque aunque asumió públicamente la responsabilidad absoluta del desastre, en privado el Presidente juró despedazar a la CIA. Se sentía él mismo traicionado. Pero para los cubanos, después de Fidel Castro, la desgracia tiene un solo nombre: John F. Kennedy.

Si hubiéramos sido respaldados aquel abril del 61, no habría estado yo en Boston hace 30 años. No sabría la carga que puede llevar en sí una simple y solitaria palabra: exiliado. Jamás me habría ido de mi país. Sólo de vacaciones. Y si me hubiera ido, regresaría de visita, como el resto de los hispanos que habitamos Miami. Y Miami no hubiera conocido el éxodo cubano. La vida pudo haber sido tan diferente.

Pero no fue. El designio era otro, y se cumplió. Aquí llegué, aquí estudié y crecí, y en medio del desarraigo profundo y del vacío, comencé a amar a Estados Unidos, con sus grandezas y miserias. Y por eso hoy, a los 30 años de su muerte, aunque por momentos lamente Playa Girón, abrazo el legado de John F. Kennedy y lloro también su muerte.

23 de noviembre de 1993

UNA HISTORIA DEL EXILIO

Decir que no lo gocé hasta quedarme casi sin habla sería una mentira. Pero la fuerza que me paralizaba con el trofeo en la mano, frente al micrófono y la gente, de pronto decidió que hablaría, y hablé. Fue una torpeza, y así se lo hice saber al público: que me excusaran, pero mi emoción era grande, y sólo en mi idioma podía expresarla. Después de los agradecimientos de rigor, dije algo así como "Primero fue Polonia, después Checoslovaquia, Hungría, ahora Alemania... ¡ya le toca a Cuba!". El momento era oportuno para el contagio de la esperanza y los vítores: noviembre de 1989, el Muro de Berlín acababa de caer, todos esperábamos que de un momento a otro, Cuba sería libre. En involuntario gesto ritual, levanté el Emmy, satisfecha, vencedora, feliz. La Academia Nacional de Artes y Ciencias de la Televisión me acababa de premiar por un trabajo muy intenso y, a veces, desgarrador, que resultó ser dolorosamente criticado y vapuleado por el mismo exilio a quien yo creía haberle hecho un homenaje, pero sin mentiras.

Escribir el guión de 30 años de historia –de 1959 a 1989– y producir el documental –investigar una historia no escrita, recoger testimonios orales, buscar el *footage* y la música, hacer todas las entrevistas y elegir el *sound bite* preciso, ayudar finalmente en la edición y la posproducción– es todo, menos fácil. No si se quiere ser honrado con la historia, con la verdad. No si además de las glorias y los logros, de lo hermoso y valeroso, se muestra el lado oscuro, terrible, que también nos caracteriza como pueblo, como exilio.

Fue gracias a Alfredo Durán hijo, entonces gerente general del Canal 51, que el trabajo se pudo llevar a cabo: una noche de noviembre del 88, lo llamé por teléfono: la revolución cumplía 30 años en cuestión de días, ¿qué le parecía si preparábamos un documental donde en lugar de la gastada historia de la revolución, hiciéramos la historia del exilio cubano, nunca antes contada? Al otro día nos reunimos. Con Marie Pouget como productora ejecutiva y todos los recursos disponibles, la idea se realizó en cinco fatigosos, pero felicísimos meses. El resultado fue *El exilio cubano: del trauma al triunfo*, cuyo tema musical se convirtió en uno de los éxitos más grandes de la radio y las casas de discos de

Miami: *El son de las tres décadas*, de Marisela Verena. Entonces ni Willy Chirino ni Gloria Estefan componían sones ni guarachas a la causa de la libertad de Cuba. Sí lo hacía Pedro Tamayo, con sus baladas. Las presentadoras fueron Leticia Callava y Alina Mayo Azze.

Pero lo que ninguno de nosotros se pudo imaginar fue la acogida tan violenta, la avalancha de críticas e injurias, muchas de ellas radiales, que llovieron sobre nosotros y el Canal 51 la misma noche de la trasmisión, que fue cobrando fuerza en los días siguientes. En uno de sus gestos admirables, Alfredo decide hablar ante las cámaras y transmitir el documental de nuevo. Son estos pequeños-grandes gestos de valentía y lucidez los que también han marcado hitos en la historia del exilio. Guarda un lugar valioso e histórico el que en Miami ha decidido no ceder ante la intolerancia cerril.

Y sin duda fue un placer la noche de los Emmy escuchar en una audiencia de más de 500 personas, en su mayoría norteamericana, *El son de las tres décadas* cada vez que se mencionaba el documental para un reconocimiento.

Esta es, más o menos, la secuencia: La Habana, 1958: terror, atentados, manifestaciones callejeras. Fuga de Batista el 31 de diciembre, entrevista con una de las personas claves que se fugó esa madrugada en uno de los aviones; llegada de Fidel Castro al poder, juicios y paredones. Salida masiva de cubanos, historia de los más de 14,000 niños de Pedro Pan –los niños y adolescentes llegando solos al aeropuerto de Miami, recibidos por monseñor Bryan Walsh, propulsor del programa, el alojamiento de éstos en diferentes centros y los testimonios de padres e hijos que reflexionaban sobre este medular acontecimiento que requiere más investigación y exposición–, Girón, Crisis de Octubre, suspensión de los viajes y su reanudación, con los llamados Vuelos de la Libertad, el Refugio, hoy conocido como Torre de la Libertad y conservado como monumento histórico de la ciudad, los primeros negocios de cubanos en la Calle 8, formación de La Pequeña Habana, la primera estación de radio hispana en Miami, década del 70: los atentados, el terrorismo verbal y físico de que fueron víctimas algunos cubanos, la intimidación, el diálogo del 78 con su secuela, los viajes de la comunidad, la liberación de miles de presos políticos, la embajada del Perú, Mariel, los motines de los detenidos en Oakdale y Atlanta, las deportaciones, el presidio político cubano, la fuga de Rafael del Pino, la labor de la Fundación Nacional Cuabano Americana, el Museo Cubano de Arte y Cultura, el renovador pensamiento de una nueva generación de cubanos de aquí y de la isla. Una panorámica del triunfo económico y moral de la comunidad cubana en Miami, que logró sobreponerse a la experiencia traumática y transformar a un pequeño pueblo de veraneo, playas y cocoteros en una de las ciudades más cosmopolitas y pujantes de la nación.

La emoción que nos sacudió a todos aquel noviembre del 89, cuando presenciamos las imágenes del Muro de Berlín cayendo, la ilusión ante lo que creíamos era la inminencia de la libertad de Cuba, se nos vino abajo. Patético. Y sin embargo, pienso que algo hemos ganado en estos últimos cinco años. En Miami se percibe un cambio, y es el debate cada vez más amplio. Es el debate donde chocan las ideas, pero sin intimidadores ni intimidados. Es la tolerancia, el respeto a la opinión distinta, el derecho de disentir.

Algo hemos ganado. Quiero pensar que estos 35 años algo nos han enseñado, y que todo este dolor no ha sido en vano.

2 de diciembre de 1993

PARALITICOS EN EL BUNKER

Jesse Jackson dio un paso para romper la parálisis, hay que agradecerlo. Jackson, por supuesto, no necesita presentación entre los cubanos de Miami: fue quien logró la salida de Cuba, tras un diálogo y una negociación con Fidel Castro, de Andrés Vargas Gómez, respetado miembro de la Fundación Nacional Cubano Americana y columnista de El Nuevo Herald. En esa fecha, 1984, junto a Vargas Gómez y Jesse Jackson llegaron a Estados Unidos muchos otros ex presos políticos cubanos.

Esta vez, Jackson ha ido a la isla como hábil mediador de una posible negociación del levantamiento del embargo en los próximos meses. Eso es, si Fidel Castro decide liberar de la cárcel a los activistas de derechos humanos por quien Jackson intercedió y hace otras concesiones. La lista de los activistas cubanos presos le fue entregada a Jackson por el Departamento de Estado, y su liberación "supondría algún indicio" de que Fidel Castro quiere negociar el levantamiento del embargo.

En febrero, el representante demócrata Charles Rangel presentará un proyecto ante el Congreso solicitando el levantamiento del embargo. Para que ese proyecto tenga oportunidad de ser aprobado, Castro tendrá que haber dado pasos muy concretos: reformas políticas, mayor participación popular y libertad para disentir, eso fue lo que le pidió Jackson.

Pero es poco probable que el caudillo dé el paso que le ponga fin a su pasión: el embargo, que él llama "bloqueo".

"Si Israel y la OLP pueden comunicarse, Eduardo Dos Santos y Jonás Savimbi también, Nelson Mandela Y Frederik De Klerk también... Si todos estos grupos pueden resolver sus conflictos en una mesa de negociaciones y poner fin a sus guerras, entonces el presidente Bill Clinton y Fidel Castro también pueden", señaló el líder negro de los derechos civiles.

¿Se le olvida a Jackson el exilio cubano? Cito a Carlos Alberto Montaner (*Vuelta*, diciembre, 1993): "El embargo contra el gobierno de Castro quienes hoy lo mantienen son los cubanos. La clase política norteamericana, pragmática y sabedora de que esas medidas, en la práctica, dada la ruina total del gobierno de Castro, no consiguen gran cosa, salvo servirle a Castro de coartada, seguramente lo hubiera levantado, pero no lo va a hacer porque –como ocurre en el caso de Israel– las *razones* electorales prevalecen... Es probable que el levantamiento del embargo hubiera debilitado la posición política de Castro al privarlo de su excusa favorita".

Coincido por completo con Montaner: el embargo lo mantienen los cubanos y es la coartada perfecta de Castro. Añado: si se levanta el embargo, se hunde Castro.

Pero es poco probable que un influyente sector del exilio cubano dé el paso que le ponga fin a su pasión: el embargo, que cree es lo que va a derrocar al dictador cubano.

No importa, parece que hay indicios suficientes de que podría no ser así. Esta semana nos enteramos de que muchas empresas norteamericanas han estado violando el embargo a Cuba a través de sus filiales en el extranjero y que las autoridades estadounidenses están impotentes para penar estas violaciones, bien por la existencia de vacíos legales que las empresas saben utilizar muy bien o por lo complicado de las tramas que se organizan para llevar a cabo los negocios. Según el Departamento del Tesoro, decenas de multinacionales comercian con Cuba por un valor anual de $700 millones, aunque otros cálculos indican que el monto de estas operaciones podría ser mucho mayor.

Nada de esto llega al pueblo, por supuesto, quien está sometido a una intensa campaña propagandística de que la culpa de su miseria la tiene "el bloqueo". Tal se diría que el embargo, curiosamente, sostiene a la elite gobernante –que no prescinde de todo privilegio capitalista–, haciendo aún más dóciles a los cubanos que sólo tienen energía para buscar qué comer, cómo sobrevivir, cómo escapar.

Otros norteamericanos interesados en Cuba, además de Jesse Jackson, buscan una salida de esta parálisis: Irving Louis Horowitz, en su *American Foreign Policy Toward Castro's Cuba: Paradox, Procrastination and Paralisis*, dice que ha llegado la hora de la invasión norteamericana. Donald E. Schulz, en su informe al Strategic Studies Institute, U.S. Army War College, titulado *The United States and Cuba: From a Strategy of Conflict to Constructive Engagement*, dice que en la situación actual es muy poco probable una revuelta popular o un golpe de estado que derribe a Castro, y urge al gobierno de Clinton a que de inmediato inicie una política de apertura hacia Cuba que promueva la transición pacífica hacia la democracia, y modifique el embargo, aunque opina que no lo debe levantar por completo unilateralmente. "Después de las experiencias frustrantes recientes con las sanciones económicas, uno pensaría que Estados Unidos hubiera aprendido que semejantes medidas raramente tienen el efecto que se intenta. Las sanciones no castigaron a Manuel Antonio Noriega, a Saddam Hussein o al general Raoul Cedras tanto como lo hicieron a los pueblos panameños, iraquí y haitiano. Las masas, en lugar de las elites, tienen que soportar el impacto de las penurias. Es por eso que estas medidas fracasaron en esos casos y por lo que no es probable que triunfen en Cuba", dice Schulz.

El hambre, el horror que vive Cuba no es culpa del embargo. Repito: no es culpa del embargo, es culpa de Fidel Castro. Soy de las que piensa que si se levanta el embargo, es muy probable que la avalancha de dólares, de ideas libres, de comercio, de comunicaciones, de competencia y ambiciones, como una ráfaga de balas lo destronaría en muy poco tiempo.

Pero el embargo no se levantará. No habrá diálogo ni revuelta ni golpe de estado ni invasión. Apertrechado en su búnker, el exilio seguirá tramando su estrategia paralítica. En Cuba, la cúpula seguirá en su bacanal. Y el pueblo cubano se seguirá muriendo de hambre y de enfermedades, o ahogándose en el mar.

30 de noviembre de 1993

LA RABIA NACIONAL

No tienen mucho en común Sarajevo y Miami. Allá, los francotiradores disparan directo al corazón o a la cabeza de los peatones. El odio que le tienen los serbios a los bosnios es de tal magnitud, que sus ataques van expresamente dirigidos a arrasar, y arrasan, con hospitales, escuelas, iglesias, barrios, llenos de gente inocente, civiles que en su vida han portado un arma. En Sarajevo, ya casi nada queda en pie, la ciudad está a punto de desaparecer.

Los testimonios del horror que se vive en Bosnia-Herzegovina no pueden menos que perturbar el espíritu de cualquiera, por más lejos que se esté de allí. Hasta hace poco, croatas, serbios y musulmanes convivían en aparente cordialidad en lo que era Yugoslavia. Pero de pronto estalló lo que Alexandr Solzhenitsyn llama "la extenuante rabia nacional que se da por todas partes y que impide ver el resto de la vida".

El escritor ruso ha vuelto a su patria entrañable. Su obra *Cómo reorganizar Rusia. Reflexiones en la medida de mis fuerzas*, es de verdad una reflexión profunda, inteligente, sobre su país en ruinas y los pasos que él considera deben seguirse para reconstruirla económica, política y espiritualmente. Se percibe en Solzhenitsyn un gran orgullo nacional cuando menciona que proviene de Kiev, donde nació la identidad rusa. Apoya la independencia de las etnias que a diferencia de los ucranianos, rusos y bielorrusos no dieron origen a Rus "como se llamaba siempre" la que ahora debe llamarse, dice, Unión Rusa. Deconozco si las meditaciones del escritor se están tomando en cuenta. Después de ver la semana pasada la renuncia de Vaclav Havel a la presidencia de Checoslovaquia, donde la escisión nacionalista es también inminente, tengo pocas esperanzas de que la cólera nacionalista, cual virus contagioso, se pueda contener, mucho menos que las reflexiones de pensadores lúcidos y sensibles se tomen en consideración en países que, como los de ellos, están siendo arrastrados hacia la búsqueda violenta e irracional de una afirmación *del ser*.

No, ni Sarajevo ni ninguna ciudad donde se estén dando conflictos de esa índole tienen mucho que ver con Miami. Afortunadamente. Primero, porque a excepción de los *anglos* y los afroamericanos, el resto de las etnias que convivimos aquí *no somos de aquí*: vinimos hace muy poco de nuestros respectivos países, y en Miami, cumpliendo un tácito contrato social, convivimos en concordia.

Por el censo de 1990 supimos que en el condado de Dade, el 50 por ciento de la población es hispana, el 29 es blanca no hispana y el 21 es negra. Estas tres categorías, sin embargo, no reflejan la realidad étnica que subyace en cada una de ellas. Por ejemplo, bajo "negros" se hallan los afroamericanos, pero también los haitianos, los jamaiquinos y los hispanos negros que al llenar la hoja del censo decidieron definirse por el color de la piel en lugar de por su lengua y su cultura. Bajo "blancos no hispanos" se hallan los *anglos* norteamericanos, pero también los judíos y los europeos. Quiero detenerme en las etnias que hablan español.

Aunque estamos juntos, no estamos revueltos. Al revés de los ucranianos y los bielorrusos, que son "inseparables, pero no mezclables", como dice Solzhenitsyn, los hispanos de Miami somos mezclables, pero no inseparables. La mezcla va en ascenso: ascienden los matrimonios de negros americanos con negras cubanas. Sin embargo, aunque haya matrimonios interétnicos y nos mezclemos en armonía, no hay duda de que, hasta ahora, la separación persiste: cada cual sigue tirando para su gente, lógicamente.

El censo dice que el 60% de la población hispana de Dade es cubana, el otro 40% lo componen las otras nacionalidades que hablan español. Debido a la cantidad de latinoamericanos que durante la última década vino al sur de la Florida (ya apenas llegan nicaragüenses y cubanos y muchos han regresado), existe la percepción de que los cubanos somos cada vez menos. No es cierto. En Dade se está llevando a cabo una especie de Mariel aéreo a cuenta gotas, pero el gotero no es muy pequeño.

Todas las semanas llegan de visita a Miami unos 850 cubanos de la isla. Según me informa Mayra Ibarra, de ABC Charters, hasta no hace mucho eran unos 4,000. De acuerdo con María Brieva, de Machi Community Services, alrededor del 10 por ciento de estos cubanos no regresa. Pero Grisel Ibarra, abogada que se especializa en casos de Inmigración, afirma que la cifra es de un 15 a un 18 por ciento. Como los cubanos son acogidos bajo la Ley del Ajuste Cubano, los que sencilla, silenciosamente *se quedan*, pueden al año solicitar la residencia. Grisel

Ibarra me informa que en 1991, el número de cubanos que obtuvo la residencia fue de 57,700. Es muy difícil imaginar la cifra de cubanos que entra semanalmente a Dade, porque no sólo se quedan cuando vienen de visita, también llegan en balsas y arriban en número cada vez mayor cuando cruzan la frontera de México. Así pues, los cubanos no somos minoría aquí, en realidad, seguimos siendo la mayoría –somos más que los *anglos*, más que los afroamericanos, más que otros hispanos– y la cifra aumenta por día.

¿Creará esto resentimiento entre otras etnias de habla española en Miami? Ojalá que no, porque contrario a todas ellas, los cubanos no podemos regresar a nuestro país. No tenemos opción. Es la acuciante conciencia de ello, y de haber trabajado con tanto ahínco aquí, lo que hizo y hace que los exiliados se aferren a Miami con esa pesadísima, insoportable pasión.

30 de julio de 1993

EL LIBRO DE ARIEL

En esos días, junio de 1991, el periódico *Granma* había acusado al grupo de intelectuales que pedían democratización de traición a la patria. Pero lo que había inquietado a la dictadura no era la Declaración de los Intelectuales, como se llegaría a conocer este documento, "sino el gesto independiente", le dijo el escritor Jorge Pomar Montalvo a los activistas de derechos humanos Teté Machado y Ariel Hidalgo en conversación telefónica desde La Habana. Unos meses después, en noviembre, Pomar y María Elena Cruz Varela, además de firmantes de las declaración dirigentes del grupo disidente Criterio Alternativo, serían condenados a dos años de prisión por cargos de asociación ilícita y difamación al gobierno.

Son actos de disentimiento tan heroicos o más que los de empuñar un arma y lanzarse a la guerra. Son los "gestos independientes", detestados por el totalitarismo, de la lucha pacífica, de la desobediencia civil. Como la crítica a la política militarista del gobierno que llevó a Ariel en 1966 a los campos de trabajo forzado de la UMAP (Unidades Militares de Ayuda a la Producción) y las celdas incomunicadas de Villa Marista en 1967; al Hospital Siquiátrico de La Habana a finales de los 70 por escribir el libro contestatario *Cuba, el estado marxista y la nueva clase*; o a la prisión Combinado del Este de 1981 a 1988, donde pasó un año en las espeluznantes celdas "tapiadas", conocidas como Rectángulo de la Muerte. O su decisión –Ariel supo entonces que en Miami suele costar algo caro también disentir– a los pocos días de haber llegado al exilio, de regresar a Cuba en una flotilla para denunciar ante la Comisión de Derechos Humanos de Naciones Unidas, de visita en la isla, la violación del derecho de libre entrada y salida del país, que la dictadura de Fidel Castro le estaba violando a él y a todos los cubanos. El viaje fue interceptado a pocas millas de la costa habanera por cañoneras cubanas, pero eso no impidió que tanto Ariel y Teté como el resto de los acompañantes de la flotilla se encararan con los militares exigiéndoles a gritos el fin de las violaciones de sus derechos. Todos pudieron haber sido ametrallados o llevados a prisión en Cuba, lo sabían. Pero el miedo no impidió el gesto, el acto, y es ahí donde radica la grandeza de la desidencia en un país donde impera el terror.

Son los ejemplos de hombres y mujeres como Oswaldo Payá Sardiñas, Yndamiro Restano, María Elena Aparicio, Elizardo Sánchez Santacruz, Rodolfo González, María Elena Cruz Varela, Roberto Luque Escalona, Bievenida Cúcalo Santana, Jorge Valls, Angela Herrera, Ricardo Bofill, Reinaldo Bragado, Adolfo Rivero Caro, Húber Jerez, Jorge Quintana, Auria Feria Cao, Sebastián y Gustavo Arcos Bergnes, Jorge Pomar, Omar del Pozo, Luis Alberto Pita Santos y tantos, tantos otros.

Son los "gestos" trascendentales, los actos pacíficos cargados de valentía y dignidad de estos hombres y mujeres los que Ariel recoge en el libro: *Disidencia ¿Segunda revolución cubana?* Es la primera historia de la disidencia y del movimiento de derechos humanos en Cuba, producto de años de mucho trabajo y mucho amor a la patria, es testimonio vivo de las propias experiencias del autor en las cárceles castristas.

A veces me he preguntado por qué molestó tanto a un sector del exilio la flotilla organizada por Ariel, si era un acto pacífico, un símbolo de resistencia pasiva sin precedente. Concluyo qué, como el *Granma*, al *establishment* terrorista del exilio (la misma noche que regresaron Ariel y Teté estalló una bomba en Miami que iba dirigida a ellos), le inquietó "el gesto independiente". Sólo hay que recordar la horda radial miamense que acusó de traidor a Gustavo Arcos cuando convocó a un encuentro nacional, y se empeñaron en difundir la idea de que todo disidente era un agente castrista sin importarles el daño que le hacían –y le hacen– a la lucha interna; sólo hay que recordar cuando Orestes Lorenzo propuso el año pasado la idea de ir en una flotilla a Cuba cargada de alimentos y medicinas. Pero a pesar de la escoria "políticamente correcta" que integra ese sector del exilio, estos gestos perdurarán, porque se elevan por encima del estercolero moral de los oportunistas y los que se empeñan en ignorar que el pueblo de Cuba se muere, se muere literalmente de hambre y de enfermedades.

Ha sido una labor larga y muy valiosa la del Buró de Información del Movimiento Cubanos de Derechos Humanos, es decir, de Ariel Hidalgo y Teté Machado: años de privaciones personales por estar sólo entregados al trabajo no pagado de grabar difíciles, costosísimas conversaciones telefónicas con los disidentes en Cuba para después transcribirlas y enviarlas a la prensa y los centros de derechos humanos. Años en el trabajo diario, no remunerado, de su programa *Cuba en vivo y en directo*, que transmite hacia Cuba por onda corta todos los días La Voz del Cid, programa que es el pionero –se inició en 1988– en transmitir hacia la isla las voces de los disidentes residentes en el país. No tengo duda alguna de que tanto la condena al gobierno cubano hecha por la Comisión de Derechos Humanos en Ginebra, como la propagación del movimiento disidente en Cuba se ha debido en buena parte a este trabajo incesante de difusión de Ariel y Teté.

A ambos los abrazo y felicito por esta culminación de tanto esfuerzo desinteresado, de tanto amor a Cuba, de tanto desengaño, que no anuló la esperanza. El libro de Ariel es una prueba más de que a pesar de nosotros mismos, sigue valiendo la pena soñar y disentir.

27 de enero de 1994

EL GRITO (DE MUNCH, NO DE BAIRE)

Tengo en mente la obra maestra de Edvard Munch. No sólo porque ha sido robada del Museo Nacional de Oslo y me he enfrentado de nuevo con ese rostro que siempre me impresionó tanto. Es *El grito* silencioso y desesperado de Munch el que acude a mí hoy, 24 de febrero.

Y así como se me aparece involuntario una y otra vez, una y otra vez se entrecruzan en mi mente, como espectros, los acontecimientos simultáneos a esta patética celebración de lucha por la libertad de los cubanos.

En Washington, miles de exiliados acuden hoy a una manifestación frente al Congreso para apoyar el mantenimiento del embargo contra Cuba.

En Cuba cunden la desnutrición, el hambre y las enfermedades. Miles de personas mueren por falta de medicinas y atención médica.

En Miami, miles de cubanos preparan su viaje a Cuba para ver a sus familiares. Unos 1,300 exiliados viajan todas las semanas a la isla. Hay decenas de miles en listas de espera.

En Ginebra se acaba de iniciar otra vez la sesión sobre Cuba de la Comisión de Derechos Humanos de Naciones Unidas. De nuevo se denuncian las violaciones, el terror, las torturas, las muertes de presos políticos, de más opositores, de más balseros. Cuba lo negará todo otra vez e impedirá la visita de un investigador. Naciones Unidas, de nuevo, no hará nada.

Un diálogo sin precedentes entre obispos de Cuba y del exilio se ralizó en Mérida la semana pasada. Presentes estaban, de Cuba: Jaime Ortega, Pedro Meurice y Emilio Aranguren. Del exilio: Monseñor Agustín Román, Eduardo Boza Masvidal y Enrique San Pedro. Se discutieron asuntos importantes, como la relación de los católicos exiliados con la Iglesia en Cuba, la ayuda humanitaria a la isla a través de Caritas y el tema del embargo. En Miami, monseñor Román en representación de la Iglesia Católica del exilio, ha expresado con anterioridad su apoyo a la pastoral de los obispos cubanos *El amor todo lo espera*. ¿Apoya la Iglesia del exilio –después de *su* diálogo eclesiástico– el diálogo sin exclusiones, como piden los obispos cubanos, y el levantamiento del embargo?

La Fundación Nacional Cubano Americana no apoya la marcha a favor del embargo de Unidad Cubana, porque las organizaciones se escindieron, después de la otra escisión, la de la Junta Patriótica y la Unidad Cubana. Por otra parte, si Jorge Mas Canosa hijo comienza a hacer negocios con China (Jorge Mas Canosa padre niega que esto se esté llevando a cabo), la Ley Torriceli sería violada por quienes la promovieron, pero no sólo eso: China es uno de los mayores exportadores a Cuba. ¿Irían a parar a Cuba –ironía de ironías– productos hechos por la empresa de Mas Canosa en China? (La pregunta la hizo Francisco González Aruca en su programa radial *Ayer en Miami* esta semana.)

Ya empiezan a aparecer listas fatasmas de los supuestos invitados al "diálogo" de La Habana que se celebrará en abril. Esta semana, Margarita Ruiz, conocida locutora de un programa de La Cubanísima, hizo pública la suya, que según dice, obtuvo por medio de una fuente "secreta" fuera de Miami. Para sorpresa mía, ¡yo estaba incluida!

A continuación quiero narrar la trayectoria de un suceso que me sacudió esta semana y que ha sido para mí una gran enseñanza. Caí en una trampa que nadie me puso, me la puse yo.

Le agradezco al productor de programas de la estación de radio CMQ, Ernesto Ríos, su llamada hace unos días a la redacción del periódico para informarme, alarmado, que mi nombre estaba en la lista de los invitados al "diálogo". Me comunicó que estaba invitada al programa *Micrófono Abierto* de Tomás García Fusté para desmentirlo. Accedí, sería la segunda vez que estaría compartiendo con ellos –Ríos y Fusté– en un programa. Lamentablemente no pude ir. Me comuniqué con Ríos más tarde y me preguntó si, ya que no había podido asistir, quería grabar por teléfono un corto mensaje desmintiendo que hubiese sido invitada. Así lo hice. Después de identificarme dije que había sido la primera sorprendida de estar en esa lista, y que no pensaba asistir aunque fuera verdad que estuviera invitada a La Habana. Pero que con placer iría a un diálogo en mi país si era para lograr su democratización, si no excluía a nadie, incluyendo a los disidentes, y si se liberaba a los presos políticos.

Así fue que me integré, siquiera momentáneamente, a la gran farsa. No escuché a los otros exiliados que habían hecho una grabación similar a la mía. A mí misma me escuché sólo una vez, y fue suficiente. *Yo* le estaba aclarando a una audiencia imaginaria que no estaba incluida en una lista imaginaria para participar en un diálogo imaginario. ¿Quién se libra de no ser actor alguna vez en nuestro teatro vernáculo?

Te recuerdo, Munch, en tu 50 aniversario, desde este otro rincón del absurdo cotidiano.

24 de febrero de 1994

UN SOFISMA FALLIDO

El señor Félix Cruz-Alvarez está ofendido. Por alguna razón se sintió aludido cuando leyó en mi columna *El libro de Ariel* mi critica al *establishment* terrorista que le puso una bomba en la casa a Ariel Hidalgo. También se sintió aludido cuando usé el adjetivo "escoria" para calificar a esa "horda radial miamense que acusó a Gustavo Arcos cuando convocó a un encuentro nacional" para resolver la crisis cubana.

Si no fuera porque el sofisma es diáfano, creería que es su confesada intransigencia la que le impide a Cruz-Alvarez leer un texto bien claro. El profesor de filosofía sabe bien qué es un sofisma: el razonamiento incorrecto formulado con conciencia de su falsedad. Félix Cruz-Alvarez falsea malévolamente mis palabras cuando en su artículo *¿Somos terroristas y escoria?* publicado ayer miércoles, dice que yo le adjudiqué esos dos apelativos a todo el sector del exilio que se opone al diálogo y a la reconciliación nacional. Hay que tener mucho cuidado con los adjetivos, como bien dice, y no inferir que un periodista es "libelista", "mentiroso" o "ignorante" por haber escrito lo que *no* ha escrito. Remito a los lectores a mi columna publicada el 27 de enero.

Es increíble que el profesor de español, en su reacción desmesurada, diga que yo llamé terroristas a los combatientes anticomunistas de 1959 a 1965. ¿Dónde leyó eso en mi artículo? No le he negado nunca el valor a esos cubanos que dieron su vida por la libertad de Cuba, pero tampoco tengo por qué negarles valor ni validez a la disidencia u oposición –es lo mismo, aunque algunos ahora insistan absurdamente en distanciarse de las palabras "disidencia" o "disidentes"–, que hoy combaten la dictadura por medios pacíficos. El señor Cruz-Alvarez tergiversa mis palabras y se remonta a la historia de un exilio del cual formo parte; a ese sector que empezó "limpiando pisos y cargando bultos" y por cuyo esfuerzo "se fueron abriendo las puertas de Miami" pertenecemos yo y mi familia, porque llegamos aquí hace 32 años. Pero me río de los que creen tener una especie de acumulado y porque llegaron antes, se consideran inmaculados.

Cruz-Alvarez tergiversa mis palabras cuando dice que le llamo escoria y *establishment* terrorista a los que "dejaron atrás muertos ante el paredón, miles de presos políticos, años de lucha clandestina y guerrillera en las más adversas circunstancias, todo eso antes de que aparecieran la UMAP y la disidencia". Yo también dejé atrás un familiar fusilado en 1959, y un hermano que sufrió años de presidio político por participar en la lucha clandestina anticastrista. Pero no por eso desprecio a los que después fueron encarcelados en los campos de la UMAP o los que ahora integran la disidencia.

Si a Félix Cruz-Alvarez le ofende tanto la irresponsabilidad en el uso de los adjetivos ("la responsabilidad en el uso de los adjetivos tiene que estar asentada sobre la verdad histórica", dice en su artículo), ¿por qué no lo he visto ofenderse cuando algunos "periodistas" que llevan 35 años enriqueciéndose con la industria anticastrista –que no les conviene que caiga con la caída de Castro– se han ensañado llamándonos a mí y a muchos otros cubanos que opinamos diferente "castristas" y "comunistas"?

Ignoro si los polacos, los checos, los rusos, los húngaros exiliados antes de la caída del comunismo se dedicaron con tanto esmero a desacreditar y a dividir a los disidentes como lo ha hecho ese sector del exilio cubano compuesto por los terroristas verbales de turno, y de siempre, que habitan nuestro entorno. "Para que el sol de la libertad brille en los campos y plazas de Cuba tiene que haber primero una alborada en cada uno de nuestros corazones", dice Ariel Hidalgo. Con dolor admito que cada día se me hace más difícil creer en esa "revolución de la conciencia" a que hace referencia el autor de *Disidencia. ¿Segunda revolución cubana?*, y que Vaclav Havel llama "la revolución existencial" en su maravilloso *Living in Truth*. Más me acerco a creer en las amargas palabras que el poeta Joseph Brodsky le dirige a Havel en una carta reciente publicada en *The Post-Communist Nightmare. An Exchange*. Insto a que la lean, es una obra maestra. También lo es el discurso de Havel que provocó la carta (*The Post-Communist Nightmare*, *The New York Review of Books*, 27 de mayo de 1993). Nos viene tan bien este intercambio entre los pensadores ruso y checo acerca de las pesadillas comunistas y poscomunista. Los cubanos estamos todavía en la primera, nos falta adentrarnos en la segunda.

El poeta ruso no está errado. ¿Alborada en el corazón humano? El hombre es malo, por naturaleza peligroso, y su corazón, vulgar. Es la literatura y el arte lo único que puede redimirlo, dice Brodsky. Yo no estoy tan segura. Conozco a tantos cultos literatos vanos.

10 de febrero de 1994

LA HORA DEL DESHIELO

No ha habido una contraorden. Las palabras que hace unos meses Ulises Rosales del Toro, jefe del Estado Mayor de las Fuerzas Armadas de Cuba, grabó en un video e hizo que escucharan todos los oficiales siguen vigentes: "Los que eleven su voz en señal de protesta no son parte del pueblo". Las indicaciones son claras, precisas: cuando comiencen las manifestaciones en contra del gobierno, el deber es disparar. ¿Está esto en la agenda a discutir a partir de mañana en el Palacio de Convenciones de La Habana? No, porque la orden del general no es negociable.

Tampoco lo es la psiquis de Fidel Castro. Las condiciones están dadas para que opte por la matanza, como hizo en octubre de 1962 cuando le insistió a Krushev que lanzara los misiles nucleares contra Estados Unidos. Podría no hacerlo, por supuesto, una mente demencial suele ser impredecible, pero dada su trayectoria necrófaga y su actual acorralamiento, final e ineludible, que ordene la matanza es mucho más probable que una fuga en un avión como Batista o la convocatoria a elecciones y la entrega del poder. Queda otra opción tan probable como la primera: que le impidan llevar a cabo la hecatombe por medio de un golpe de estado o su asesinato. Al cierre de esta edición, no se ha podido confirmar si es cierto el rumor que nos tiene a todos en vilo: ¿Hubo un atentado contra Castro?

En estos momentos de deshielo no sé por qué pienso en el peligro inmenso que corre la población cubana.

Quien dude por un instante cuán vivo está en Fidel Castro el impulso apocalíptico, cuán viva su voluntad de morir y matar a todos los cubanos antes que rendirse, le recomiendo que lea *Cuba on the Brink. Castro, the Misile Crisis, and the Soviet Collapse*, de James G. Blight, Bruce J. Allyn y David A. Welch. El libro es un análisis espeluznante sobre lo cerca que estuvo la humanidad de una guerra nuclear en 1962 durante la Crisis de Octubre. "Castro sugirió que para evitar que nuestros misiles nucleares fueran destruidos, deberíamos lanzar un ataque preventivo contra Estados Unidos. Cuando leí esto yo y los otros nos miramos, y se nos hizo claro que Fidel no había comprendido nuestros propósitos": Este es un fragmento de las memorias de Krushev citadas en la obra. Las ponencias de los protagonistas de la Crisis de Octubre, de analistas políticos y académicos que participaron en la conferencia que se celebró en La Habana en enero de 1992; la correspondencia entre Krushev y Castro durante aquellos días, y sobre todo el comentario de Castro en esta conferencia de que ahora, igual que entonces, lanzaría los misiles hacia acá, no nos deja lugar a dudas de que hay motivos muy serios para temer e imaginar lo inimaginable. ¿Está consciente Estados Unidos del peligro que corre incluso la Florida?

Ya no cuenta con ojivas nucleares en su territorio, pero ¿no posee un formidable Centro de Ingeniería Genética y Biotecnología donde se llevan a cabo desde hace años actividades secretas que ni los mismos rusos pueden explicar? Hay fuertes indicios de que Cuba cuenta con armas bactereológicas y químicas. ¿No está parte del territorio cubano preparado con túneles para hacinar a la población? ¿Por qué tantos túneles también debajo de hoteles? Estas no son conjeturas, son hechos.

También lo es la paralización inminente del país si en un tiempo corto no se halla una solución a la crisis energética, algo poco probable. A medida que se van paralizando las termoeléctricas, la generación de energía llevará a ser tan baja que impedirá el funcionamiento normal de la red nacional energética, de acuerdo con declaraciones de un funcionario técnico dentro del país. La energía que producen los ingenios se utiliza hace tiempo sólo para la zafra, y muchos están inoperantes. Por otra parte, en caso de que se consigan piezas rusas y checas para arreglar las termoeléctricas, algo difícil, el arreglo sería limitado y temporal. El alto contenido de azufre en el petróleo que se procesa en Cuba continuaría dañando las plantas, que además carecen de mantenimiento. En Camagüey y otras provincias ya se reportan apagones hasta de 48 horas seguidas. El descontento de la población es creciente y explosivo.

Es en este contexto que se inicia mañana la conferencia La Nación y la Emigración. Quisiera pensar que los resultados serán afortunados. El momento sin duda lo es en Miami. Jorge Mas Canosa no ha criticado a quienes acuden al llamado diálogo, tan repudiado y atacado por el líder de la Fundación Nacional Cubano Americana hasta ahora; este hecho y su reciente acercamiento a Jesse Jackson marcan un cambio en su proyección de tradicional intransigencia. Una movida política brillante y admirable. El influyente comentarista radial Tomás García

Fusté se pronuncia abiertamente a favor de la pluralidad de ideas y el respeto a quienes opinen diferente. Fusté incluso compartió hace días el micrófono con Francisco Aruca, algo insólito hasta hace apenas unos meses. En el exilio se arraiga la conciencia de democracia y tolerancia, del debate necesario sin el insulto y la calumnia. Esta conciencia será uno de los bagajes más importante que podamos llevar de regreso a Cuba los exiliados.

Quisiera pensar que en este callejón sin salida, en este jaque mate inexorable a Fidel Castro, todavía hay espacio y tiempo para que se cumplan las palabras con que termina el *Tercer Documento de Cambio Cubano. ¿ Por qué vamos a La Habana?*. "No dilatemos la obra que al cierre del siglo XX le aguarda a varias generaciones de cubanos. Para que la tregua de abril, en apariencia frágil y efímera, sea el comienzo de una verdad generosa: la verdad de que Cuba puede vivir de nuevo".

Recordaremos este abril.

21 de abril de 1994

EL ULTIMO TRASPIE

Que nadie se llame a engaño, la conferencia de La Habana no fue para que los exiliados invitados ejercieran presión en Washington para levantar el embargo contra Cuba. La súbita marcha atrás de la dolarización decretada esta semana es prueba de que Fidel Castro no quiere el levantamiento del embargo. Lo que el dictador quiere es el inmovilismo actual de Washington y del exilio, porque cualquier cambio de política aquí sería un cambio de política allá, y es precisamente nuestra parálisis lo que le asegura su estancia en el poder. Que un pueblo se muera de hambre y de enfermedades, algo que ya sucede en Cuba, no amenaza a ninguna dictadura, ejemplos sobran en Africa, Asia y América Latina. A la jerarquía gubernamental y sus familiares no les faltan alimentos magníficos ni la mejor atención médica, y para ellos con eso basta si se tiene un eficiente aparato de represión. Y Cuba se encarga bien de eso: los integrantes de las Brigadas de Respuesta Rápida van con su familia a comedores especiales donde disfrutan de buenos platos de comida a la que el pueblo no tiene acceso. El poder y los privilegios que el gobierno le ha ido quitando a las fuerzas armadas se los ha dado a quienes lo protegen del que comienza a ser el verdadero peligro ahora: el pueblo. De ahí el fortalecimiento de los cuerpos represivos de la policía política y la Seguridad del Estado.

Cierto, si los conservadores de Cuba y del exilio se hubiesen puesto de acuerdo para impedir todo diálogo no les hubierse salido tan bien. Ha sido un éxito espectacular, aunque fugaz, para Fidel Castro, también para los que aquí se oponen ferozmente a cualquier negociación que conduzca a la democratización y la reconciliación. Pero el verdadero objetivo de la conferencia La Nación y la Emigración –demostrar ante el mundo que Cuba se reunía con la "oposición" y el exilio y se encaminaba hacia un cambio para así dar una imagen internacional de apertura– fue quizá el logro mayor para Castro. La prensa española y latinoamericana han cubierto la conferencia tal y como lo quería La Habana. Por eso lo más urgente en estos momentos es desmentir al gobierno cubano. Los disidentes en la isla y las organizaciones del exilio deben de inmediato desmontar el andamiaje propagandístico que han ideado los antirreformistas en la isla. Dejar saber que ningún disidente fue invitado ni ningún grupo de oposición del exilio asistió, aunque sin duda hubo cubanoamericanos, algunos de ellos académicos, que merecen nuestro respeto por el debate serio que intentaron abrir en la reunión. Pero de ahí no pasó. El encuentro nacional no se ha llevado a cabo, por eso es imperioso insistir en él.

Es hora de que los cubanos de la llamada "línea dura" perfilen una estrategia realista y la lleven a cabo. Otra que no sea acusar a los que proponemos la negociación y el diálogo que busque la democratización de la patria por vía negociada.

La idea de una guerra que libre a Cuba de tanto dolor, de tanta miseria, es válida. Pero, ¿dónde están las decenas de miles de soldados jóvenes del exilio que se necesitan para una invasión? ¿Dónde las armas, los tanques, los barcos, los aviones, los misiles, imprescindibles para la guerra? Ya que no cuentan con ejército ni armamentos, yo les sugiero que por lo menos inicien un intenso cabildeo en Washington para que los norteamericanos invadan la isla, si eso es lo que quieren. Un desembarco de *marines* tipo Somalia, un ataque aéreo computarizado tipo Tormenta del Desierto –le podrían llamar Tormenta en el Trópico– rendiría a Cuba en cuestión de días. Por supuesto, algunos de nuestros guerreros de micrófono deben estar dispuestos en Miami a enfrentar uno o más ataques aéreos de Cuba, isla que no está en Africa o Asia, sino muy cerca. La sangría será inmensa, inmenso el número de muertos. Por suerte, creo que las posibilidades de una invasión norteamericana a Cuba son muy remotas.

Sin embargo, los que han estado aguardando pacientes en el exilio por el estallido de la olla de presión en la isla puede que ahora estén cerca de presenciarlo.

La marcha atrás a la dolarización no debe sorprender. Fidel Castro siempre ha sido errático –recordemos sólo el cordón de La Habana, la Zafra de los 10 millones, el permiso de entrada en el 79 a "la comunidad cubana en el exterior", que le resultó peligrosísima y duró poco, como la dolarización–, pero siempre ha sabido salir victorioso de sus malos pasos. Creo que no está vez.

La ofensiva lanzada esta semana contra el mercado negro –la válvula de escape de la olla– y la confiscación de los "bienes malhabidos" de los empresarios por cuenta propia, conocidos como "macetas" —personas que han acumulado algún dinero y propiedades con ese comercio ilegal, cuya palabra se cree proviene de "mazo" o "fajo" de billetes–, podría ser, junto con la congelación de las cuentas de ahorro, la emisión de pesos convertibles para sustituir el dólar, el impuesto a la propiedad (viviendas) y el aumento de los precios de electricidad, teléfono y transporte público, la chispa que encienda la llama múltiple. En Polonia fueron medidas económicas, principalmente el aumento en el precio de la carne, lo que provocó el derrumbe final del gobierno polaco.

Y es que los pueblos soportan la injusticia y el desprecio de sus déspotas sólo hasta un día. Fidel Castro, el hombre que más ha despreciado a los cubanos, ha dado un "impopular" paso. Yo creo que más que un paso, ha sido un tremebundo traspié. Acaso el último.

5 de mayo de 1994

LA DECLARACION DE PRINCIPIOS
DE ELENA CRUZ VARELA

Quiero divulgarlo, quiero hacerme eco de esta mujer valiosa y valiente que admiro, y quiero como hermana. Desgraciada es su vida, dolorosa, desolada, vida que debería ser luz y canto. Pero lo es, lo será, aunque la inmediatez y la mezquindad de su medio la condene a la oscuridad y el silencio.

Mañana 25 de marzo hará 10 meses que María Elena Cruz Varela salió de la cárcel. Ha sido un tiempo duro, imborrable para la poeta que pasó 18 meses en presidio político. Si algún día se escribe la historia espiritual de Cuba, que –ya lo dije alguna vez– espero alguien algún día escriba, ella deberá figurar como uno de los espíritus más excepcionales que ha dado esa miserable isla.

Quien haya leído *Mi declaración de principios (Carta a Fidel Castro)* y sepa apreciar su grandeza, sabe a lo que me refiero. Es un documento de una entereza moral e intelectual pocas veces igualado en un país dominado por el absolutismo totalitario y la bajeza.

El 15 de noviembre de 1990, una mujer que se dedicaba a hacer versos en el silencio de su pequeño apartamento en La Habana, decidió cambiar el rumbo de su vida para que cambiara el rumbo de su país: decidió ser libre para conjurar la libertad de su patria. Y así, tomó una hoja de papel en blanco y, sin saberlo, realizó lo que Nadine Gordimer, la escritora sudafricana premio Nobel de literatura 1991, calificó como "el gesto esencial", ese acto de responsabilidad civil imprescindible que todo escritor de conciencia debe realizar en algún instante de su vida. En su hora decisiva, María Elena Cruz Varela, poeta premiada por la Revolución, escribió esta carta dirigida a Fidel Castro. Por considerarla histórica e ignorada, sobre todo por los cubanos de adentro y de afuera, es que reproduzco aquí algunos fragmentos:

"Señor Presidente del Consejo de Estado:

"Como ser individual, racional y acostumbrado al pensamiento, me niego rotundamente, con la palabra, única arma de que dispongo, a formar parte de un 'sistema cerrado de imposibilidades', subordinado a un ideologismo primitivo minado de antítesis, donde se maneja el sustantivo muerte con más frecuencia que su antónimo vida, y lo mismo con guerra y paz, odio y amor.

"No comprendo esa terminología consignera. Me niego, en un mundo de alternativas donde tengo derecho a mi criterio, a unirme al coro, plagado de esa doble moral (esa epidemia terrible) que proclama: 'donde sea, como sea y para lo que sea...' ¿Qué significa eso? No lo sé. Escapa al razonamiento.

"Es inadmisible que una nación, a no ser en un alarmante estado de deterioro, coree de modo irracional su propio exterminio.

"Se me ocurren otras variantes más lícitas, más humanitarias, que la del rebaño hundiéndose en el mar al compás de las notas del flautista. ¿De qué sirve esa *incondicionalidad* si no indica más que una masa amorfa, enajenada, capaz de negar la esencia misma de sus orígenes? ¿Es eso lo único que se le puede ofrecer a este pueblo?

"No estoy de acuerdo, señor Presidente. No estoy de acuerdo con el desorden establecido en mi país. No puedo estarlo con frases tan desafortunadas como: *'Fidel es nuestro papá; Fidel es el papá de todos los cubanos; estar con Fidel es estar con la Patria'*.

"Se impone la reflexión, la búsqueda de soluciones humanistas. Treinta y un años en estado de emergencia, psicosis de guerra, batalla por la sobrevivencia, es demasiado tiempo. Estamos agotados, *estresados* por la carencia de perspectivas inmediatas.

"¿Adónde vamos? No lo sé. Creo que no lo sabe nadie. Pero sé que se puede, se debe, evitar la catástrofe. No se pueden exigir mayores sacrificios sin dar nada a cambio. No se puede permitir que nuestro pueblo, ese concepto manejado con paternalismo rayano en la humillación, continúe diciendo sí de una manera mecánica, si no se le han ofrecido otras prerrogativas.

"Por la responsabilidad adquirida de escribir libros que están leídos y juzgados por otros, por mi condición de intelectual, me siento responsable del papel que me corresponde en mi momento histórico. Mi posición es: No, no estoy de acuerdo. Basta de experimentar con la vida de millones de seres humanos.

"Esta es mi declaración de principios".

Recuerdo perfectamente cuando a la redacción empezaron a llegar los cables de prensa y las llamadas de los activistas de derechos humanos informando sobre el acto de repudio contra María Elena Cruz Varela: "tumbaron la puerta abajo", "destrozaron su apartamento", "la arrastraron por las escaleras del edificio", "le metieron los poemas en la boca y se los hicieron tragar, a golpes", "la patearon", "cómo la humillaron e insultaron", "le sangraba la boca..." Fue un día de noviembre de 1991. "Una epopeya sangrienta... terrible... quizá lo que no perdone", le dijo María Elena la semana pasada a un periodista del periódico español *ABC* que la entrevistó en La Habana.

En este tiempo que aprendió a contar, como todo preso, hora a hora, día a día, fue sometida a tortura física (cuatro meses bajo una intensa luz, día y noche, con ocho lámparas a menos de un metro de la cabeza constantemente encendidas, lo que le provocó una hernia y una disfunción progresiva de la vista), y sicológica (estuvo encerrada todo el tiempo con presas comunes, muchas de ellas asesinas), se enfermó (padece de neuropatía periférica, una enfermedad irreversible que deja secuelas, sus riñones están afectados), y algo resucitada, porque puede de nuevo escribir, ha descubierto una Cuba cambiada, distinta.

"Si hay que definir la situación actual, podemos decir que es un réquiem... Para percibir esto hay que estar aquí adentro. Por eso demando mi necesidad como cubana de permanecer en mi país, y la posibilidad de quedarme sin hacer concesiones, aunque tampoco buscando la manera de caer en la cárcel".

El gobierno cubano ha intentado que María Elena Cruz Varela abandone el país, como lo han hecho tantos otros activistas y disidentes. Hace falta mucha valentía, mucha integridad, mucho espíritu inquebrantable y mucho amor a Cuba para decir *no*. María Elena, enferma y sola, se quedó.

24 de marzo de 1994

DESAFIAR EL HORROR

La dicha absoluta nos elude siempre. Cuando uno es feliz, inmensamente feliz, nunca lo es del todo, siempre queda algún resquicio por donde se cuela algo: la duda, un miedo, alguna angustia. Pero cuando se sufre, se sufre totalmente, sin resquicios ni respiro.

Es la ira la que nos salva, o creemos que nos salva, del abismo profundo de nuestro propio corazón desgarrado. Es el mecanismo de defensa que utilizamos para lidiar con el dolor. A un nivel inconsciente, creemos que la ira nos libera, nos resarce cuando llega el cíclico estallido, la ocasional víctima propiciatoria para vaciar el resentimiento asentado de años. Pero el resentimiento no se vacía. Sólo se aplaca hasta una nueva ocasión, que no suele demorar, porque es en la expresión de rabia donde sentimos sanar la herida. Ilusión vana, la herida no sana, se agranda.

¿Hay alguna forma de calibrar el dolor? ¿De expresarlo, de transmitir con exactitud su vivencia profunda? ¿Existe la manera de medir la pena, compararla, cotizarla? ¿Quién sufre más en circunstancias similares? Me he preguntado esto hoy, cuando veo y escucho a algunas mujeres que padecieron años de prisión en Cuba esgrimir su propio dolor para juzgar el de María Elena Cruz Varela. Una mujer que como ellas tuvo la valentía poco común de desafiar el horror cara a cara es digna de nuestro más alto respeto y no de las acusaciones de las que ha sido objeto. María Elena vuelve a Cuba porque tiene un hijo, pero también porque considera una obligación moral de los cubanos no seguir abandonando el país.

Ante el dolor del pueblo cubano, hiela el alma ver y oír la "toma de posición" que constantemente anuncian o exigen algunos –y algunas– de nuestros admirables locutores y patriotas. ¿Qué trascendencia tiene "tomar una posición" en el exilio cuando los cubanos se están muriendo de hambre y enfermedades y el país se hunde en la más absoluta de las ruinas? Si no fuera porque el presidio político cubano ocupa un lugar querido en mi corazón, ignoraba el pedido. Yo no tengo porqué aclarar posición ninguna, porque cambiaría, dudaría, me contradiría. Sólo quiero, y por eso oro todos mis días, que Cuba sea libre y democrática. ¿Qué tiene que ver una estrategia política con mi espíritu?

Pero para evitar malentendidos remito las ex-presas que me han criticado, a mi reportaje –el más amplio que ha realizado este periódico sobre el tema– *La larga noche. Mujeres en el presidio político cubano*, publicado en *El Nuevo Herald* el 10 de marzo de 1991. Lo pueden solicitar en cualquier biblioteca, y las insto a que lo lean, porque ahí se encuentran los testimonios de seis mujeres que lo padecieron: Georgina Cid, encarcelada en 1961, quien cumplió 18 años de prisión; Luisa Pérez, en 1960, 11 años de presidio; Ofelia Duque, a quien le fusilaron el esposo y cumplió 15 años a partir de 1961; América Quesada, 14 años, cayó presa en 1964; Hilda Felipe, encarcelada en 1968, cumplió 13 meses y Lidia Gónzalez, presa en 1989, cumplió 8 meses. Todas sufrieron el infierno que son las cárceles castristas –algunas pasaron en esas mazmorras los mejores años de su juventud– por defender lo que hoy defiende María Elena Cruz Varela: la libertad, la dignidad y el respeto a los derechos humanos y la democracia en nuestro país.

¿Debemos valorar a unas más que a otras de acuerdo con el año en que fueron enviadas o sacadas del presidio? ¿Quién es más heroica, la que hizo sabotaje, la que transportó armas, la que imprimió un volante clandestino o la que escribió una carta a Fidel Castro exigiéndole su dimisión?

A mis ojos, todas son heroínas, todas ocupan un lugar cimero en la historia de Cuba. Todas, incluyendo a las que me escribieron criticándome por mi defensa de María Elena. Para ellas mi más profundo respeto por lo que dieron de su vida, algo que no he hecho yo, por la libertad de la patria.

Quiero citar las palabras de Georgina Cid, encarcelada a los 24 años, y a quien le fusilaron a un hermano estando en presidio: "Yo no puedo llevar mi sufrimiento personal a la solución del problema de Cuba. Ese problema nunca se va a solucionar así, con la violencia, con rencor, con odio. Hay que pasar tabla rasa sobre todo. Buscar una solución pacífica. Yo no digo que perdone todo, yo digo que entierro mi dolor, paso por arriba de él, porque Cuba vale más que mi dolor".

Comprendo la ira de las presas, ha sido mucho lo sufrido. Pero no deben verterla sobre esta poeta, tan heroica, tan vulnerable como ellas. Si acaso, viértanla sobre todos aquellos que aquí, en este exilio de tanta toma de posición y tanta arenga, apenas les han prestado oídos. Una justicia mayor, terrible, se encargará, así lo creo, de los asesinos y carceleros.

19 de mayo de 1994

LA RUINA Y LOS ARQUITECTOS

Esa noche del 7 de julio en el Salón Graham Center de la Universidad Internacional de la Florida recordé las palabras que Manuel Moreno Fraginals había pronunciado en otro salón de conferencias hacía solo unos días. Había dicho el gran historiador cubano: "Tenemos por delante una tarea tremendamente dura, más dura que la lucha anticolonial, que es la de reconstruir un país. No a partir de una ruina de la guerra, sino a partir de la ruina humana sobre el país".

Fue una señal, una especie de presagio afortunado que fueran dos arquitectos, uno exiliado hace más de 30 años y otro de la generación de los 80 educado en la isla, de visita en Miami, en quienes vi la esperanza de Cuba y la fuerza de mi fe.

Nunca percibí tan clara la posibilidad de un nuevo futuro para mi país como esa noche frente a estos dos hombres que sin hacer referencia a la política, atentos solo a la arquitectura y a su inmenso amor al patrimonio nacional, expresaron su mutua admiración y respeto y señalaron el camino de la reconstrucción sobre la ruina, la ruina física y humana de Cuba.

Con emoción, Nicolás J. Quintana nos presentó esa noche a Eduardo Luis Rodríguez, que ofreció una conferencia (auspiciada por el Instituto de Investigaciones Cubanas) acompañada de diapositivas sobre la arquitectura cubana del siglo XX. Rodríguez llevó a cabo una labor investigativa extraordinaria para rescatar la verdadera historia: visitó y fotografió los edificios y las casas diseñadas por los arquitectos exiliados y hurgó en archivos y almacenes de planos y permisos para reconstruir toda una época de la arquitectura cubana que la revolución había intentado enterrar, como ha hecho con escritores, pintores, artistas y demás creadores que salieron al exilio. Inútilmente, porque esa obra resurge hoy ante las nuevas generaciones, que vuelven al pasado en busca del patrimonio y la cultura que les fue negada.

"Eduardo forma parte de nuestro sentir profesional", expresó Quintana. "Es nuestro cordón umbilical con la patria. Al desenterrarnos históricamente ha proyectado un rayo de justicia, luz y esperanza en nuestro espíritu... No todo está perdido. Se ha establecido, en un plano libre e intelectual, un puente generacional que, saltando 30 años de aislamiento y soledad mutua, nos une de nuevo. Al fin y al cabo, todos somos cubanos..."

La última diapositiva que nos mostró Rodríguez fue una vista de La Habana en penumbras, pero con un tenue rayo de luz que anunciaba un nuevo día. Lo que nos dijo entonces debió serle claro a todo el que haya tenido oídos para escuchar y ojos para ver: "Ojalá que juntos algún día, los arquitectos del exilio y de Cuba podamos reconstruir la ciudad de La Habana, que todavía es salvable".

Es lamentable que a pesar de su valentía algunas personas al final de la conferencia comenzaran a acusarlo porque volvía para Cuba. Rodríguez ya de regresó a La Habana y aquella noche hizo una crítica obvia al sistema, mostrándonos el esplendor de una arquitectura previa a la revolución en la cual se recocijó con sus descripciones, y descartó como erradas las concepciones estéticas marxistas y los juicios sobre el pasado que la revolución les quiso inculcar a él y a su generación; habló del fracaso del gobierno en el campo arquitectónico y de la rebeldía de los jóvenes arquitectos, de los que vimos diapositivas de exposiciones muy críticas del régimen. Pero acaso lo que más me emocionó fue escuchar su celebración y reverencia a los arquitectos de la generación del 50, casi toda exiliada. Fue afortunado que así como algunos lo atacaron injustamente, otros tantos se levantaran para defenderlo. En su conferencia *Cuba en los albores del siglo XXI*, auspiciada por el Instituto de Estudios Cubanos (IEC), Moreno Fraginals se preguntaba si esos albores no los estaremos viendo ya, como en los amaneceres, que se ve la luz antes que salga el sol.

El florecimiento de encuentros y debates inteligentes, serios y respetuosos entre cubanos del exilio, y del exilio y de la isla, podría ser esa luz de los albores de una nueva era. Si Cuba ha de salvarse ha de ser por la cultura.

La interpretación que en el reciente ciclo de conferencias del IEC hizo Rafael Rojas sobre los movimientos revolucionarios cubanos; la mitología feminista cubana presentada por Madeline Cámara; las reflexiones sobre la transición política en Cuba de Carmelo Mesa Lago y Enrique Baloyra y el análisis de las relaciones raciales en Cuba y el exilio de Alejandro de la Fuente, son ejemplos de una meditación sobre nuestro ser, nuestra cultura y nuestra problemática muy necesaria. Rechazo el monolitismo que comparten la izquierda y la derecha radical. Nunca había estado en un congreso del IEC, fui invitada como parte de la prensa y pude apreciar un debate amplio y enriquecedor después de las conferencias.

En el Union Cultural Center escuchamos un análisis original y muy inteligente de Enrique Patterson sobre la cuestión racial en Cuba, Y Jesús Díaz disertó sobre las *Dieciséis notas sobre el desequilibrio cubano*. La Peña del Pensamiento Cubano hace poco presentó a María Elena Cruz Varela. En FIU, oímos a María Luisa Lobo en su *Baracoa, ciudad primada: imágenes de su arquitectura y costumbres*. Y la lista se extendería si incluimos aquí algunas tertulias y reuniones en casa privadas donde los invitados, casi todos artistas e intelectuales, se cuentan por decenas y se puede apreciar la necesidad profunda de comunicación entre los cubanos.

Creo en la necesidad de estos encuentros, de escucharnos mutuamente los de allá, los de acá. Creo que en Miami se está dando el preludio de ese encuentro mayor que nos aguarda dentro de poco en Cuba, donde todos, todos, tendremos cabida. Ese preludio es el fundamento, la base de nuestro futuro democrático, libre. Y visto de esta manera, bien podemos decir que a todos nos toca la enorme responsabilidad de ser arquitectos de la reconstrucción de la patria.

14 de julio de 1994

LA INMUNDICIA DE LOS HEROES

> *"¿Cómo fue que vinimos a parar a este callejón sin salida, sin vislumbres, rodeado de muerte?"*
>
> José Lezama Lima

No se disguste Luque, el que quiso ser héroe y no lo fue, si hablo de él. Soy su lectora, y como escritor, que eso sí es, debiera aceptar mi crítica. Crítico cortante que es y gustador de polémicas, intuyo que la aceptará. *Yo, el mejor de todos*, la biografía que acaba de publicar sobre Ernesto Ché Guevara, me resultó fascinante, pero no por lo que dice del Ché, sino por lo que revela de sí mismo Roberto Luque Escalona.

Soy amante de la autobiografía, ese género literario donde el autor se hace personaje para interpretarse a sí mismo y a su verdad: es en la verdad sobre uno mismo y en la necesidad de narrarla, donde yace la razón de ser de la autobiografía. Ejemplos maravillosos del género: *Speak, Memory*, de Vladimir Nabokov; *The Autobiography of Alice B.Toklas*, de Gertrude Stein; *Recuerdos, Sueños, Pensamientos*, de Carl Gustav Jung; las *Confesiones*, de San Agustín, y las de Jean Jacques Rousseau; *Antes que Anochezca*, de Reinaldo Arenas, y algunas otras. Decía Cocteau que cada línea que escribimos, cada borrón, cada tachadura, "componen nuestro autorretrato y nos denuncian". Luque no ha escrito su autobiografía, pero debería. En sus dos obras publicadas, *Fidel: el juicio de la historia* (conocida también como *Los niños y el tigre*), México, 1989, y *Yo, el mejor de todos. Biografía no autorizada del Ché Guevara*, Miami, 1994, el narrador omnisciente es derribado a cada instante con el yo del autor que se impone desafiante, adolorido, frustrado: Luque reflexiona sobre su vida, se lamenta, se explica, se interpreta. Los desafios que lanza a Fidel Castro y la revolución se escuchan como gritos: son los gritos de un hombre silenciado, atrapado, aplastado por la maquinaria totalitaria, pero que se sabe libre, inmensamente libre, irreverentemente libre ante la hoja de papel en blanco. Su escritura es su venganza y su redención.

Dos frustraciones marcan la vida de Luque. La primera es no haber sido héroe de la revolución, la segunda, no haberse ido antes del país. "Pobre del que no se contradiga por lo menos dos veces al día", decía Unamuno. Luque, como Unamuno, es un hombre de contradicciones. Tan grandes quizá como la valentía y la honestidad transparentes en sus obras. Para realizar los "actos autobiográficos", como diría la crítica literaria Elizabeth W. Bruss, hay que ser valiente, y Luque los realiza constantemente. Pero acaso más valiente es haber escrito estos libros estando en Cuba. El primero –*Fidel: el juicio de la historia*– fue publicado en México estando él todavía en La Habana. El escritor se exilió en 1992, a los 56 años.

A esa edad tuvo que trabajar, confiesa "como peón de la construcción, limpiador de fachadas, camarero y guardia de seguridad en el aeropuerto". A los 21 años Luque quería ser un guerrillero heroico, y no pudo. Jesús Suárez Gayol, por quien profesó un gran rencor hasta hace poco, lo dejó esperando en México cuando se fue para Cuba en 1958 a unirse a los rebeldes alzados contra la dictadura batistiana. "En México, sin pasaporte, con una ficha policial esperándome en el Departamento de Investigaciones de Batista... En aquellos tiempos, de haber tenido la oportunidad, hubiese intentado convertir en polvo a Jesús Suárez Gayol. Treinta años después (1988) al escribir *Los niños y el tigre*, aún me referí a él con rencor y lo hice porque todavía quedaban en mi mente restos de una idea absolutamente absurda: el atolondrado muchacho camagüeyano –pensaba yo– me había cerrado la puerta que daba acceso al heroísmo". Esto lo dice en la biografía del Ché, a quien admiraba y detesta, cuando se arrepiente de su viejo rencor y se pregunta cuál habría sido su destino si no lo hubieran dejado varado en México: "¿Morir en Cuba, luchando contra una tiranía, para que mis huesos sirvieran de pedestal a otra peor? ¿Sobrevivir a la lucha, llegar a general y a ministro para ser, ante todo y sobre todo un sombrío burócrata de Fidel Castro? Creo que llegó la hora de hacer las paces con Jesús Suárez Gayol, muerto en Bolivia el 10 de abril de 1967".

Es muy significativo que la biografía del Ché la titule *Yo, el mejor de todos*, y la narre en tercera persona excepto cuando aparece él, el autor, Roberto Luque Escalona. ¿Quiso ser Luque el Ché? El objetivo del libro es, dice, "destruir el mito del Ché Guevara, uno de los personajes más nefastos de nuestra historia y el más injustamente idealizado". Creo que dice la verdad: su objetivo consciente es ese, pero acaso haya habido otro inconsciente: matar el ideal heroico que llevaba dentro, y que se encarnó en la figura del Ché.

Luque se lamenta de no haberse ido antes de Cuba. "Me negué a prostituirme, y mi primer libro y mi primer artículo aparecieron cuando ya había cumplido los 53 años", dice en una de sus columnas publicadas en *El Nuevo Herald* (*Polemizando con Montaner*, 5 de mayo). "La vida de Carlos Alberto Montaner y la mía han sido muy distintas. Cuando ambos éramos jóvenes, él era más sensato. Emigró. Hoy, en la cincuentena, es un hombre plenamente moderno. Yo, en cambio, a pesar de mis dos libros escritos y de cientos de libros leídos y de las habilidades de 'comunicador' que algunos me atribuyen, soy un hombre del Tercer Mundo, esa región inhóspita y tenebrosa en la que Fidel sembró a Cuba, conmigo dentro".

El epígrafe de Lezama que encabeza este artículo lo tomé de Luque: él lo cita en sus dos obras. El desasosiego y la tristeza de Lezama, y de Luque, es la de todos nosotros. ¿Cómo fue que vinimos a parar a esto? ¿Qué nos pasó? ¿Tendremos salvación?

"El daño espiritual causado a los cubanos, a su comportamiento, a su manera de ser, es el mayor crimen de la revolución. En responsabilidad por ese crimen sólo Fidel Castro supera a Ernesto Guevara", dice Luque en su libro.

Qué dolorosamente ciertas estas palabras. La inmundicia humana que engendró la mala semilla totalitaria está por todas partes: en los que hundieron el carguero, en los que gritan, golpean, escupen en los actos de repudio, en los carceleros, en el repulsivo Roberto Robaina y tantos de su generación que repitieron a diario el estribillo "Seremos como el Ché", y lo fueron.

28 de julio de 1994

LAS AGUAS

Es la hora de la sangre y las arcas. De los muertos y la esperanza. Los cuchillos, las ráfagas. Es la hora del diluvio, de las olas y las llamas. El rugido de las aguas lo dice, lo dice el aire asfixiante de la noche. De esta noche insomne en que cierro los ojos y veo el cerro, y subo, y me acerco, mis pies sangrando, mis manos ardiendo y por dentro este miedo. ¿Nadie? ¿Nadie en el templo? Ir al Cobre. Peregrinar al santuario bajo la luz de nuestra llama y de velas encendidas. Zarpar de Miami a Santiago, llevar con nosotros gasolina, alimentos, medicinas. Y allí unirnos a nuestros hermanos y peregrinar, peregrinar al santuario de la Caridad. ¿Que otra cosa si no significa esa búsqueda de un reencuentro a la luz de la fe, de la esperanza y del amor cristiano? Un símbolo, un signo de transfiguración necesitamos. Demostrar nuestra pertenencia fundamental, nuestra fidelidad esencial y solidaridad fraterna hacia el pueblo, como quiere CRECED (Comunidades de Reflexión Eclesial Cubana en la Diáspora) significa ayudar a nuestros hermanos de la isla con nuestra presencia, estableciendo vasos comunicantes urgentes, y también acudir al encuentro, unirnos en el dolor, orar con ellos, porque *El amor todo lo espera.* ¿Qué mejor celebración del aniversario de la pastoral que ésta?

Recoger esa idea que está en el aire desde hace tiempo, peregrinar al Cobre, y darle fuerza, eso pensé. Salir de Miami hacia Cuba, la vía inversa, la necesaria, la mas urgente, la vía de la Virgen, del amor de Cristo. Pero el abismo se cierne y la matanza es indetenible.

"Desapareceremos con honor, y ellos también desaparecerán, pero sin honor", dijo Fidel Castro en Bogotá hace tres noches. Del hundimiento del carguero 13 de Marzo, del fracaso absoluto de la zafra, de la hambruna, del desastre, de la deserción y fuga masiva de la población, de los disturbios crecientes, de la revuelta inminente, del acorralamiento final se salvará ante el mundo y ante sí mismo con la inmolación. Su inmolación y la de todo el pueblo cubano.

Acusar a Estados Unidos y provocar una invasión. Atacar suelo norteamericano, volar Miami, hundir Miami, que estalle Miami si es posible antes de diciembre, en anticipación a la celebración de la Cumbre de las Américas. ¿Alguien imaginó su mansedumbre? ¿Una cumbre de todos los presidentes latinoamericanos en Miami y el libertador de toda América fuera? "Yo no recuerdo a ninguno de los libertadores de este hemisferio que haya abandonado el campo de batalla antes de conquistar la independencia de nuestros países... Los revolucionarios no abandonan el campo de batalla, no se jubilan", dijo el lunes el lunático. Y en La Habana, horas antes: "Morir junto al pueblo". Seres como Adolfo Hitler, Joseph Stalin, Saddam Hussein, poseen una lógica interna diabólica y la cumplen. Es la lógica del mal encarnado. El festín de Fidel Castro termina, pero será la apoteosis, su apoteosis del mal.

Y se bañarán los campos de sangre, y la tierra, y las palmas, los valles y ríos serán testigos del sacrificio, de la matanza.

Oremos por la misericordia de Dios.

11 de agosto de 1994

LA GUERRA

Estados Unidos debe imponer un bloqueo naval a Cuba de inmediato y darle un ultimátum a Fidel Castro para que abandone el poder. De no cumplirlo, algo muy probable, debe entonces invadir la isla. No hay otra opción, porque el dictador cubano ya optó: no va a negociar nada y no va a abandonar el poder. Castro se sabe perdido y busca la guerra que más ha ahelado en su vida. Para él ya es hora, para Estados Unidos también.

Sólo dos cosas podrían detener esta guerra: que Estados Unidos levante el embargo sin pedir a cambio la democratización de Cuba, algo impensable, o que en la isla eliminen del panorama a Fidel Castro y se sienten a negociar con el gobierno de Clinton y el exilio cubano la transición pacífica hacia la democratización del país.

Hoy tiendo a pensar que aunque la actual política norteamericana hacia Cuba parece ser errática e improvisada, no lo es. Cierto que el certero golpe de Castro anunciado en su aparición televisiva hace dos semanas –no detener la salida de los cubanos a no ser por el secuestro de embarcaciones– cogió a todos por sorpresa y no lo tomaron en cuenta. Un alarde, un *bluff*, se pensó. Se equivocaron, el loco habló en serio, en lugar de una amenaza, fue un hecho: a los pocos días, se constató que se había iniciado un éxodo masivo de cubanos hacia la Florida permitido y alentado por el gobierno. Y aunque la abyecta decisión de interceptar balseros para llevarlos a Guántanamo o encarcelarlos en Krome fue súbita, y su lógica absurda, el cambio radical de la política inmigratoria hacia los cubanos, la posible opción de un bloqueo planteada por el secretario de la Presidencia León Panetta y el secretario de la Defensa, William Perry, y la declaración hecha ayer por Perry en la rueda de prensa celebrada en la Casa Blanca de que los cubanos serán detenidos hasta que sean repatriados a una Cuba libre, y que hay una "nueva política hacia Cuba", parece insertarse en una nueva "doctrina" de intervencionismo. No hay que descartar, por supuesto, el intempestivo descubrimiento por parte de la inteligencia norteamericana de algún plan macabro de Castro, algo muy posible.

Según Gerald B. Hellman, Steven R. Radner y Jeanne Kirpatrick, estudiosos de la política, esta nueva doctrina consiste en la legitimidad de intervenir militarmente en un país con el objetivo de restaurar su democracia y proteger la paz y la seguridad internacional. Terminada la Guerra Fría y colapsado el comunismo –fenómeno de tan inmensa trascendencia mundial que ha sido comparado con la caída del Imperio Romano y las migraciones bárbaras–, una nueva visión de la política, la economía y las sociedades globales ha ido emergiendo con fuerza: la soberanía nacional es un concepto caduco, existen "estados fracasados" cuyas caraterísticas son la represión, el conflicto civil, la pobreza y la consecuente emigración masiva de sus habitantes. Esta emigración masiva se considera como una amenaza a la paz y la estabilidad de sus países vecinos, y de ahí la legitimidad de la intervención armada. El "estado fracasado" puede ser de izquierda o de derecha –Haití o Cuba–, no importa, la tábula rasa poscomunista no diferencia, porque obsoletos también van quedando conceptos tales como conservador-liberal e izquierda-derecha. A esta nueva visión política pertenece el actual Presidente de Estados Unidos.

Tal se diría que es el mismo viejo perro intervencionista norteamericano con diferente collar. Las únicas y no poco importantes diferencias, es que ahora Estados Unidos solicita el permiso de Naciones Unidas –como hizo en un gesto sin precedentes en el caso de Haití– para intervenir, y combate a un enemigo que no es el comunismo: son los inmigrantes.

Me doy cuenta, no sin asombro, cuán ingenuos fuimos los exiliados, los que abogamos por el diálogo y los que se opusieron a él. La única diferencia entre ambos fue que los primeros intentamos la transición pacífica hacia la democracia en la isla a través de la negociación y el diálogo entre cubanos; los segundos querían lo mismo, pero por medio del diálogo y la negociación entre el gobierno de Cuba y Estados Unidos, amparándose en la Ley Torricelli. Ambos cometimos el inmenso error de suponer que Fidel Castro dialogaría, negociaría abandonar el poder por el levantamiento del embargo, su coartada para justificar su fracaso. Ya sabe que Estados Unidos no va a levantarlo si no se va del poder. Viendo que se le viene abajo, quiere la guerra. ¿O acaso creyó que la emigración masiva de cubanos era su ficha de negociación para que los norteamericanos le levantaran el embargo sin pedir nada a cambio? Ya ha de saber que erró. Es otro traspie después de su fatal marcha atrás a la dolarización.

Estados Unidos ha actuado inhumanamente al negarle el asilo político a los cubanos. El cerco que le ha tendido a los cubanos sólo se justifica si es para derrocar rápidamente al gobierno comunista. Que este país vaya a prolongar –como ha hecho insensiblemente con Haití– un bloqueo para provocar el estallido social interno y una guerra civil, resulta intolerable. Quiero pensar que ese "tiempo indefinido" por el cual se está hacinando a los cubanos en Guantánamo, en Krome y próximamente en los países que acepten a éstos desesperados, abatidos, pobres seres, es el tiempo corto que durará la liberación de la isla.

25 de agosto de 1994

A PUERTA CERRADA

Casi siempre que se suscita el tema racial entre cubanos me viene a la mente una mañana asombrosa en la sala de redacción de este periódico en que recibí una llamada memorable. Era de Manuel Antonio de Varona, presidente de la Junta Patriótica, la organización anticastrista más prestigiosa del exilio, y ex senador y primer ministro de Cuba antes de la revolución. Era reportera entonces, y esa mañana había salido en el periódico un artículo mío (*Los otros cubanos*, 11 de noviembre de 1990) sobre el racismo en el exilio. Yo no pude imaginar que aquellas entrevistas a cubanos negros que denunciaban la discriminación que sufrían en Miami principalmente por parte de sus compatriotas blancos fueran a molestar así. La llamada de Varona fue muy reveladora. Después de expresarme sus dudas y reservas acerca del tema, me preguntó súbitamente: "Ven acá, chica, ¿Y tú por qué te metiste en ese problema?" Intenté reír con él, no pude, y le contesté lo que estoy segura no esperaba en su jocosidad: porque el tema me tocaba muy de cerca, tan cerca como mi piel.

Dos veces más he abordado el racismo cubano en mis escritos, en ambas he escuchado la misma objeción grotesca a que se toque ese tema: que crea divisionismo en el exilio, que le hace daño a la causa de Cuba, que Fidel Castro lo utiliza para sus propios fines, que no es el momento de hablar de eso –curiosamente nunca es el momento apropiado–, que primero hay que liberar la patria, y después ya habrá tiempo de hablar de esas cosas, etcétera.

Ese mismo razonamiento hipócrita es el que he escuchado ante la publicación de varios artículos de autores negros cubanos. Por supuesto, no ha faltado la justificación clásica lista siempre a brotar de los labios del racista: el negro que habla de discriminación es un resentido, un acomplejado. Ergo: que se calle.

En estos tiempos de impotencia y desasosiego que vivimos los cubanos, lanzados al fondo de nuestro propio abismo, carentes por completo de razones para la esperanza, se podrá de nuevo argüir que no es el momento para hablar de discriminación entre nosotros. Cómo hacerlo, si estamos siendo hoy más discriminados que los haitianos, que es ya decir, por el gobierno de Estados Unidos.

Como a una tabla de salvación en medio del océano tengo que asirme a la poca ilusión que todavía me sostiene de que la nación cubana tiene salvación. Y sé que no hay salvación posible si no nos miramos por dentro para intentar superar parte de nuestra miseria. Somos hoy los mendigos y parias que todo un continente rechaza, los hacinados en campos de detención en cuya defensa no se ha alzado ni una sola voz anglo ni afroamericana ni latinoamericana. El gobernador Lawton Chiles ha cobrado estatura de héroe entre millones de norteamericanos. Estamos a solas: nosotros con nosotros mismos. A puerta cerrada, como diría Sartre. Y acaso es un buen ensayo para ese infierno ("el infierno son los otros", postuló allí el filósofo francés) postotalitario que nos aguarda. Pero que nos desprecien y discriminen otros no es lo más doloroso.

Recuerdo mi ira ante la burla y la discriminación que muchos exiliados "históricos" expresaban por los llegados por el Mariel en 1980. Fue después de eso que caí en cuenta de la existencia de esa especie de exigencia de limpieza de sangre que se había alojado en el registro mental del exilio: a más tiempo exiliado más vales. El diminutivo inventado entonces lo dijo todo: marielitos.

Para mí los cubanos del Mariel fueron la sangre que nos renovó, la que nos sacudió haciéndonos ver una realidad inexistente en la mítica miamense, la que nos mostró la Cuba real, concreta y desgarradora, no la de sueños falsos y nostalgias. Qué lejos estaba entonces de imaginar que un día llegaría en que muchos de esos marielitos despreciarían a los balseros como una vez los despreciaron a ellos. Trato de comprender el retorcido razonamiento que muchos exiliados –llegados en diferentes épocas– urden para justificar el encierro de los cubanos en Guantánamo, no lo logro. En su búsqueda de limpieza de sangre al llegar al exilio –similares a aquellos cristianos viejos de que nos hablaba Cervantes–, muchos asumen una postura que por algún tiempo fue inexplicable para mí. Ya no.

Hoy envidio a los haitianos. Por lo menos en su país ya desembarcaron los *marines*. Sé que William Perry desea la invasión a Cuba. Ojalá. Quizá de esa forma nos protejan un tiempo de nosotros mismos. Es mi dicotomía cubanoamericana. Qué viva la intervención americana.

22 de septiembre de 1994

LA OFENSIVA FINAL

Agosto de 1993: El Parlamento Latinoamericano crea una Comisión Especial para estudiar la situación de Cuba y buscar una solución pacífica que conduzca a la democracia. Dicha comisión planea visitar la isla con el objetivo de mediar entre el gobierno y la oposición. El gobierno cubano rechaza el pedido. La comisión del Parlatino no puede visitar Cuba.

● Diciembre de 1993: Una delegación del Parlamento Europeo visita La Habana con la intención de observar la situación de los derechos humanos. El presidente de la Comisión, Fernando Suárez, se marcha asegurando que jamás regresará a Cuba "mientras las cosas permanezcan allí como las he dejado". La reunión que se llevó a cabo entre la Comisión y representantes del gobierno cubano fracasa por completo.

● Enero de 1994: Ricardo Alarcón, presidente de la Asamblea Nacional del Poder Popular, de visita urgente en el Parlamento Europeo, se queja porque ese organismo se niega a negociar un acuerdo de cooperación. Cuba es el único país de América Latina que no tiene dicho acuerdo con la Unión Europea, debido a que ésta lo condiciona al respeto de los derechos humanos y el pluripartidismo.

● Febrero: La Comisión de Derechos Humanos de Naciones Unidas condena en Ginebra a Cuba por atentar contra las libertades de palabra y de asociación y prorroga por un año la designación de un relator especial para que investigue la situación de los derechos humanos en la isla.

● Marzo: La Comisión de Derechos Humanos de Naciones Unidas condena en Ginebra a Cuba por atentar contra las libertades de palabra y de asociación y prorroga por un año la designación de un relator especial para que investigue la situación de los derechos humanos en la isla.

● Septiembre: España insiste en que el gobierno cubano debe llevar a cabo conversaciones con la oposición. Cuba accede a reunirse con Alfredo Durán, Ramón Cernuda y Eloy Guitíerrez Menoyo, exiliados que favorecen el diálogo y el levantamiento del embargo, pero asimismo un proceso de transición pacífica hacia la democracia. El régimen cubano se niega a reunirse con la oposición interna y otros importantes grupos de oposición del exilio.

● El Grupo de Río, reunido en Rio de Janeiro, hace pública una declaración en la que insta al gobierno cubano a dar pasos concretos hacia la democracia. "Para evitar un mayor sufrimiento del pueblo hermano, es indispensable una transición pacífica hacia un régimen democrático y pluralista en Cuba, que respete los derechos humanos y la libertad de opinión. Los jefes de Estado y de Gobierno consideran que, en este momento crítico, pueden y deben encaminar un diálogo constructivo con Cuba, que contribuya al proceso interno de democratización del país hermano. En ese contexto, reiteran la necesidad de que se levante el embargo a Cuba", dice entre otras cosas el documento hecho público el 10 de septiembre. El Grupo de Rio está compuesto por Argentina, Brasil, Chile, Colombia, Venezuela, México, Perú y Uruguay.

● Oscar Arias, premio Nóbel de la Paz y ex presidente de Costa Rica, constante promotor de la necesidad de un diálogo entre los cubanos que conduzca a la transición política negociada, dice en una entrevista transmitida este fin de semana por el Canal 23 que todos sus esfuerzos, así como el de un considerable número de presidentes latinoamericanos que le han pedido en privado a Fidel Castro que efectúe cambios en la isla, han fracasado. Arias dijo que todas las veces que se ha reunido con Castro le ha dejado saber su preocupación por la crisis nacional, y lo ha urgido a realizar la apertura pluralista, pero la "tozudez" de Castro le hace pensar que todo intento ya es inútil.

● Esta semana, Cuba e Irán impidieron que la Comisión de Derechos Humanos de Naciones Unidas llevara a cabo una reforma para aumentar su eficiencia. La comisión intentaba agilizar su forma de trabajo porque ha sido criticada por reaccionar con lentitud ante los conflictos internacionales. Cuba no ha permitido la entrada al país del relator especial de dicha comisión para investigar las violaciones de derechos humanos.

● Previo a todas estas peticiones de cambio por parte de la comunidad internacional, tanto la Iglesia Católica cubana como numerosos miembros de la oposición interna en Cuba han solicitado un diálogo con el gobierno. La única respuesta que han obtenido ha sido la represión más brutal.

● La corresponsal para América Latina y el director de la revista *U. S. News and World Report*, Linda Robinson y Mortimer B. Zuckerman, entrevistaron para la edición del 26 de septiembre de dicha publicación a Fidel Castro. Al preguntarle sobre los prospectos de una liberación política, Castro respondió: "Este país solo puede ser gobernado por la revolución... Nada que tenga que ver con la soberanía del país puede ser negociado... Estamos preparados... para pelear".

Es en este contexto de absoluta intransigencia del gobierno castrista, de la inflexible determinación de Castro a permanecer en el poder contra todo pedido de la oposición interna, del exilio y de la comunidad internacional, que se debe ver la actual iniciativa de "reformas" que el regimen simula en estos momentos en que está en sesión la Asamblea General de Naciones Unidas y se está llevando a cabo una ofensiva –la final– para el levantamiento unilateral del embargo. El respeto al acuerdo migratorio con Estados Unidos, la reinstauración de los Mercados Libres Campesinos –una farsa tan bien montada que no han faltado camarógrafos filmando a cubanos "felices" comprando y llenando sus bolsas de comestibles; ya el vídeo llegó a Miami–, y el actual diálogo con exiliados, son tres pasos que Cuba ha dado para aparentar reformas.

Si se reúnen por segunda vez con el ministro Roberto Robaina, espero que Durán, Cernuda y Menoyo, hombres que han demostrado estar comprometidos con la democratización de Cuba, le exijan al gobierno de Fidel Castro que en el próximo diálogo estén incluidos representantes de la oposición interna y de otras organizaciones del exilio que han sido excluidos; que se libere a todos los presos políticos; que se instaure la libertad de prensa, de expresión y de asociación, y que se fije una fecha para elecciones bajo la supreviSión de Naciones Unidas.

Sólo si logran esto merecerá el actual diálogo respecto y no desprecio.

29 de septiembre de 1994

SER CUBANOAMERICANA

Siempre me decían que jurar por la bandera no era nada, un acto simbólico que no te cambia, un papel que te dan y nada más. Y cuántas puertas no se abren al decir: soy americana. Así y todo me demoré 24 años en hacerme ciudadana, y es posible que todavía no lo fuera si no llega a ser por el preciado pasaporte. No querer renunciar a mi ciudadanía cubana habiéndome ido de Cuba a los 13 años y sin posibilidad alguna de regresar en plena guerra fría, le pareció siempre a la gente tonto, cuando no irracional. Pero yo me aferraba a aquella idea –admito que algo anormal– del cada vez más mítico regreso a mis orígenes; aunque la lógica dictara otra cosa, mi corazón se negaba a serle infiel a aquella isla. Pero el corazón cambia con el tiempo, ¿o no?, y así fue que una mañana de 1986, rodeada de cientos de personas de muchas nacionalidades, de pie en el Dade County Auditorium, levanté la mano derecha y con la mirada puesta en la bandera de las 50 estrellas, juré amar y defender a Estados Unidos contra cualquier invasor, y renunciar sin reservas a mi nación. Y como los actos simbólicos sí son muy importantes, cuando baje la mano era y no era la misma.

Por supuesto que no fue a partir de ese momento que empecé a preocuparme por los problemas de este país; ni a sentirme alarmada o ilusionada por la elección de tal o cual presidente; la aprobación o no de una ley o una enmienda constitucional –cómo olvidar a Reagan y el Equal Rights Ammendment–; o el nombramiento de alguien a la Corte Suprema. Ciertamente no se inició en ese instante mi profunda admiración por el proceso de la lucha por los derechos civiles o mi rechazo raigal a la guerra de Vietnam.

Cuando pienso en los años sesenta renace para mí Manhattan: el parque del River Drive a la salida de la escuela, el sonido del *subway*, las noches frías caminando por Broadway *uptown*, Amsterdam, Columbus, el Village; los domingos de primavera, guitarra, pintura y fiesta en Washington Square o el Parque Central. Era también la pasión por los Beatles, Chet Baker, Dina Washington, Billie Holiday. Y de ahí el salto afortunado que me permitió ya al final de la adolescencia regresar al español: Río Piedras, la Universidad de Puerto Rico, el Viejo San Juan, los versos de Palés Matos, las inolvidables Navidades puertorriqueñas y el verdor y las montañas de esa isla que tanto llegué a amar. Así que cuando juré por la bandera norteamericana en Miami, a donde me mudé en 1981, ya los *blues* y la saludable irreverencia que da criarse en la democracia plena estaban en mí.

En fin, el día de mi nueva ciudadanía nada fue nuevo en mí, todo ya estaba. Sin embargo, a partir de entonces sí se hicieron posible dos cosas que han sido importantes: votar y servir de jurado.

Este año por primera vez en mi vida fui convocada para juzgar a un ciudadano acusado de cometer un crimen. Era asesinato, la sentencia podía ser capital. Pasé cinco agónicos días en una corte de Dade junto a otras 13 personas en un jurado integrado por hispanos, norteamericanos blancos y negros, filipinos y haitianos. Y aunque fue una experiencia impresionante —hay que vivirlo para saber lo que hablo— de la que ojalá hubiese podido prescindir pero la que no evadí, una sensación de alivio, pero más de orgullo sentí cuando la jueza, ya emitido el veredicto y el reo retirado, se acercó a cada uno de nosotros y nos entregó un certificado de agradecimiento por haber cumplido con nuestro deber ciudadano. Algo similar, pero mucho más jovial, experimenté cuando salí de la urna después de haber emitido mi voto por el que sería el nuevo presidente: Bill Clinton. Sé que soy pasto de los cínicos, esa plaga que se propaga como un virus por Estados Unidos y algunos círculos de cubanos tarados educados en el totalitarismo, pero a mí qué me importa, me considero afortunada porque sigo teniendo fe en los logros de la responsabilidad civil.

Pertenezco a esa gran masa norteamericana que lanzó un felicísimo ¡al fin! aquel histórico día de noviembre de 1992 en que después de 12 años fueron derrotados los republicanos. Bill y Hillary, ambos de mi generación, llegaban a la Casa Blanca y para mí, como para tantos de mis coetáneos, se abría una nueva era en la política de Estados Unidos: más mujeres, negros e hispanos al poder, servicio de salud para todos, guerra sin cuartel al *lobby* de la industria médica —la rapiña de las compañías de seguro, farmacéuticas, hospitales, médicos—, de la nefasta y hoy afortunadamente frenada National Rifle Association; más atención a los niños de este país, a la educación, al analfabetismo galopante, al crimen y la violencia rampante, en otras palabras: más justicia, más equidad, más bondad y menos indiferencia por parte de los congresistas y el Presidente de esta nación en crisis.

Y a pesar de los inmensos obstáculos –el inefable Bob Dole se destaca entre ellos–, todo iba más o menos bien, porque como tantos otros ciudadanos creía que en esta hora de intento de cambios profundos en la conciencia nacional con la que se habían comprometido Bill Clinton, Hillary Rodham y Al Gore, era de esperar una cruenta guerra en el Congreso por parte de los partidarios del *status quo*.

Pero llegó el 5 de agosto y la revuelta en el Malecón, el 13 de julio y el hundimiento del remolcador 13 de Marzo, y la genial coartada del Malabarista del Mal, que en horas cambio la política migratoria norteamericana y trastocó en dolor y en furia mi admiración hacia Bill Clinton. En noviembre, como muchos cubanos demócratas de Miami, no votaré por Jeb Bush, pero menos por Lawton Chiles.

Los campamentos de detención de Guantánamo y de Panamá y la cárcel de Krome me sacaron de mi equivocación: el corazón no cambia. Uno será siempre lo que fue en la infancia.

20 de octubre de 1994

CARTA A JAIME ORTEGA ALAMINO

Quiero felicitarlo, comunicarle mi alegría inmensa y mi esperanza ante su nombramiento, un honor para la Iglesia Católica cubana y para nuestra nación. Dice Juan Pablo II en ese precioso libro que ahora leo, *Cruzando el umbral de la esperanza*, que la oración es una búsqueda de Dios, pero también es revelación de Dios.

A mí no me cabe duda de que ésta ha sido una revelación: que en la hora más oscura y temible de Cuba usted haya sido llamado para dirigir una Iglesia que como llama de amor se alce a iluminarnos y sembrar en nuestra alma la semilla del perdón y el amor para renacer como pueblo de Dios.

Tantas veces me he preguntado por qué, por qué Cuba, por qué tanto tiempo este sufrimiento y esta injusticia que no parecen tener fin. ¿Qué espíritu maligno sopló sobre esa isla?

¿Hemos sido peores que otros pueblos de América, que tanto mal nos merecemos y por tanto tiempo? "El escándalo de la cruz sigue siendo la clave para la interpretación del gran misterio del sufrimiento", dice Juan Pablo II. "Cristo crucificado es una prueba de la solidaridad de Dios con el hombre que sufre. Dios se pone de parte del hombre. Lo hace de manera radical: 'Se humilló a sí mismo asumiendo la condición de siervo, haciéndose obediente hasta la muerte y muerte de cruz' ". (Filipenses 2,7-8).

Ante este enigma devastador, sólo queda bajar la cabeza, postrarse en la tierra y orar. Y es tanto ya y tan largo el dolor del pueblo cubano, que como bien dijo usted, "el solo nombre de la Patria es una oración, una súplica". Yo confío, confió en Dios, porque ha escuchado esa plegaria llamada Cuba y lo ha elegido a usted para una labor muy difícil y necesaria: evangelizar en las entrañas del ateísmo comunista, enfrentarse a uno de los gobiernos más despiadados que haya conocido la humanidad y que más ha perseguido a la Iglesia Católica, denunciar la injusticia, la represión, el peligro inminente en que vive el pueblo cubano.

Ahora, escúcheme padre, que necesito perdón; la misericordia, el amor incondicional de Dios se manifieste a través de usted, tal y como si estuviera mirándolo de frente o arrodillada escondiendo mi cara en un confesionario. Yo, que he abogado siempre por el diálogo, la transición pacífica, el perdón y la reconciliación, pedí violencia, pedí sangre, pedí muerte. Deseé el mal con toda mi alma, deseé la guerra. Fue en los días aquellos que todos siempre recordaremos, porque forman parte ya de nuestra memoria colectiva, en que miles de balseros se lanzaron al mar soñando con llegar aquí, y muy pocos lo lograron; la mayoría fue interceptada por los guardacostas norteamericanos y encerrada en campos de detención; miles se ahogaron o fueron despedazados por los tiburones. Una nueva maniobra del hombre que más ha odiado a los cubanos y a Cuba, el hombre que representa lo más repulsivo y malvado a que puede llegar un ser humano: encarnación viva del Maligno.

"No tengáis miedo", nos pide una y otra vez su Santidad Juan Pablo II en *Cruzando el umbral de la esperanza*. "Todas las veces que Cristo exhorta a 'no tener miedo' se refiere tanto a Dios como al hombre. Quiere decir: No tengáis miedo de Dios, que, según los filósofos, es el Absoluto trascendente; no tengáis miedo de decir, ¡Padre!"

Y yo digo: ¡Padre, acaba ya con la desgracia del pueblo cubano. Pon fin a este dolor! No, no alzaré el rostro ni cuestionaré Tu justicia divina. ¿Quién soy yo para cuestionarte a Ti? Sólo te pido como una hija le pide a un padre: ¡Abba, libera mi patria!

En estos días de meditación por su nombramiento como cardenal, he estado releyendo el extraordinario documento final del Encuentro Nacional Eclesial Cubano, ENEC, celebrado en La Habana en 1986. Me siento unida en la fe y en "la solidaridad en el amor" de todos los que participaron en ese evento, en que los objetivos allí expuestos se puedan realizar. En parte, ya se están realizando. En Cuba hay un asombroso renacer de la fe, una búsqueda de Dios, de lo espiritual, que se puede palpar; es el signo de los tiempos de cara al tercer milenio; es la obra de ustedes, los religiosos y las religiosas que permanecieron –permanecen– firme en su fe a pesar del terror, firme en su obra evangelizadora, fraterna, de caridad, es decir, de amor, a pesar del acoso y los enormes obstáculos de todos estos años Pero sí, hay mucho que hacer. Y es por eso que quiero referirme ahora a la labor de las mujeres –quienes componen más del 70 por ciento de las personas consagradas– en la Iglesia Católica.

Cito el documento final del ENEC: "Con gozo constatamos el apoyo que las mujeres brindan a las diferentes tareas de la comunidad cristiana: ministros extraordinarios de la Eucaristía y de la Palabra, testimonio evangelizador, catequistas, atención a enfermos, dedicación en el mantenimiento de los templos... Sin embargo, la mujer aún no ha encontrado en la Iglesia un espacio proporcionado (al) reconocimiento de su dignidad e igualdad fundamental... Aún tienen que llegar a poder alcanzar... posiciones de liderazgo, toma de decisiones y organización". Ahora que su voz será escuchada y su voto será importante en el Vaticano, donde no hay una sola mujer, defienda estas palabras y difunda la necesidad urgente que tiene la Iglesia de oír a las mujeres y darles cargos de importancia. En Cuba, en Roma, en el mundo, la Iglesia Católica necesita del talento y la inteligencia de la mujer.

Sé que no tengo que pedirle por Cuba. Usted ha afrontado peligros grandes, ha sido valiente. Venga a Miami y dénos la dicha de poder conocerlo, escucharlo y compartir con usted la Eucaristía. Usted y Cuba están en mis oraciones. Que la Caridad del Cobre y el amor de Cristo lo acompañen siempre.

17 de noviembre de 1994

UNA MANO A LOS NUESTROS

¿Será para aprender algo que la vida nos lanza a estos precipicios? La vida no, Dios. Y acaso sea aprender a ser menos soberbios, más compasivos, más fraternos. Los cubanos nos hallamos en el peor momento de nuestra historia: la patria en ruinas, el exilio solo, más solo que nunca, el alma yerta ante tanta indiferencia, tanta injusticia, tanta desesperanza. Contamos con nosotros mismos, nadie más. Como en 1895, pero peor, moral, política y económicamente peor.

Que a los cien años del inicio de la guerra mambisa, de la muerte de José Martí y la hora en que Antonio Maceo cobró dimensiones de héroe nos veamos así, en esta miseria, no puede ser casual ni en vano. Algo tiene, algo debe salir, como un fruto maduro de nuestro espíritu, de todo este dolor y este desasosiego.

Una prueba más, de tantas que hemos tenido que atravesar en estos largos años de destierro, se nos presenta ahora. Y es una de las más grandes que nos ha tocado, porque nos va en ello nuestra dignidad ante los ojos no sólo de Estados Unidos, del mundo, y es traer a los cubanos detenidos en Guantánamo, ahora que el Departamento de Justicia y de Inmigración han aprobado el proyecto del Comité *Ad Hoc* para la Crisis Cubana que se inicia en la semana del 24 de febrero, triste e irónicamente en coincidencia con el centenario del Grito de Baire, que dio comienzo a la Guerra de Independencia cubana.

Si apenas queda ya ningún balsero en Krome ni en Port Elizabeth, Nueva Jersey, si hasta la fecha alrededor de 4,600 cubanos detenidos en Guantánamo y Panamá han podido venir a Estados Unidos, se lo debemos a este Comité *Ad Hoc* que no ha cesado de trabajar desde septiembre del 94 para lograr la liberación de niños, ancianos y enfermos. Ahora el comité da inicio a la Operación Angel (nombrada así en recuerdo de la Operación Pedro Pan, que trajo a más de 14,000 niños de Cuba al principio de la revolución, y también como una especie de metáfora: cada balsero podrá sentirse protegido durante los primeros tiempos del exilio hasta que se abra camino).

Ya a estas alturas la mayoría de los cubanos con familiares en Guantánamo han de saber en qué consiste el plan, porque se ha estado divulgando desde hace días; no obstante, helo aquí de nuevo:

● Todo cubano detenido en Guantánamo que tenga un patrocinador podrá entrar a Estados Unidos si el Departamento de Justicia y el Servicio de Inmigración lo aprueban. Para ser aprobado, el patrocinador deberá: 1. Demostrar que cuenta con los medios económicos (trabajo o una entrada fija) para darle techo, comida y ropa a la persona o personas reclamadas. 2. Pagar por adelantado tres meses de seguro médico, que se estima que no excederá los $70 mensuales, o un año con mayores descuentos. No se rechazará a nadie por alguna enfermedad preexistente. El nombre de la compañía se dará a conocer en los próximos días. 3. Presentar una carta de oferta de trabajo para por lo menos una de las personas reclamadas.

● La Asociación de Escuelas Privadas Bilingües, BIPRISA, y la Arquidiócesis de Miami se han incorporado al comité para proveer educación a miles de niños en escuelas privadas. "Estamos diseñando la forma en que la Iglesia va a responder a estos hermanos que llegan, vamos a ayudar a los nuestros", dice el padre José Pablo Nickse, que cree que en las parroquias también se podrán establecer centros educativos. La Arquidiócesis de Miami dará a conocer su plan para la educación de los niños la semana entrante.

● Si el familiar del balsero no tiene los medios económicos necesarios, puede reclamar a la persona o personas a través de un copatrocinador.

● Los balseros que no tengan familias en el exilio no se quedarán presos en Guantánamo. El Comité *Ad Hoc* se encargará de buscarles patrocinadores para que puedan venir y sufragará los gastos.

● Se les buscará empleos a los nuevos exiliados a través de bancos que tendrán listas de oferta y demanda de trabajos.

La pregunta inevitable: ¿Cómo se va a coordinar semejante volumen de trabajo para brindarle todos esos servicios a más de 30,000 personas que estarán llegando a un promedio de 530 semanales? La respuesta me la dio Lombardo Pérez, miembro del Comité *Ad Hoc*, director del Programa Exodo y uno de los directores de la Fundación Nacional Cubano Americana: "Exodo nos estrenó bien en esto, recuerda que trajimos a más de 10,000 cubanos de terceros países y se les dio servicios similares", explica Lombardo Pérez. "Contamos con muchos voluntarios, familiares de los directores y miembros de la Fundación, y jóvenes de Misión Martí. Muchos han estado trabajando hasta más de 60 horas semanales. La operación Angel es un proyecto fruto del amor del pueblo cubano hacia la reunificación familiar. Todos los exiliados hemos sufrido eso".

No quiero dejar de mencionar a otros miembros de este admirable programa que han estado trabajando sin descanso para hacer una realidad lo que hace apenas unos meses vimos como algo imposible: José Basulto, fundador de Hermanos al Rescate; César Odio, administrador de la Ciudad de Miami; Pepe Hernández y Jorge Mas Canosa, directores de la Fundación Nacional Cubano Americana; Clara María Del Valle, directora del Fondo de Ayuda al Exodo Cubano, Armando Codina, de Codina Group, Roberto Suárez, editor El *Nuevo Herald*; Demetrio Pérez, de BIPRISA, Miguel Angel Tudela, presidente de los Municipios de Cuba en el Exilio, Josefina Carbonell del Little Havana Activities Center, Andrés Vargas Gómez, de Unidad Cubana, Roberto Rodríguez Aragón, de la Junta Patriótica, Cristina Cuervo, de la Alianza de Jóvenes Cubanos, Nelson Díaz, de la Junta Escolar de Dade y otros.

Felicito a estos cubanos que han unido esfuerzos para darle una mano en este momento histórico a nuestros hermanos en Guantánamo. Es uno de los instantes más importantes que ha vivido el exilio: salvar de la desesperación y la humillación más atroces a miles de seres humanos, entre ellos niños y ancianos, que han sufrido ya lo indecible, rechazados por todos, incluyendo los países de América Latina que nos cerró las puertas en los meses aciagos del verano pasado; demostrarle a este país y al mundo que aunque desterrados, contamos con los medios para hacernos cargo de los nuestros; y algo muy importante: dejarle saber a Fidel Castro que esta vez no se va a salir con la suya: los balseros van a venir y no serán carga pública.

Para que esta operación tenga éxito hace falta solo voluntad, voluntarios... y dinero. El exilio los tiene. La campaña de recaudación de fondos para el Comité *Ad Hoc* comenzará la semana que viene. Es la hora de dar y dar mucho: trabajo voluntario y fondos para nuestros hermanos de Guantánamo.

10 de febrero de 1995

INTINERARIO DE UNA PEREGRINA

Si hay una sed, tiene que haber una fuente, la sed sería absurda sin la fuente. Antes de la sed, ya existía la fuente. Si palpita en mí el ansia de los trascendente, el Trascendente tiene que existir, existe mucho antes de mis ansias, aunque nadie haya visto su rostro... Escuchando a Ignacio Larranaga, sacerdote capuchino, hablar de la fe, pienso por primera vez que a lo mejor mi destino es quedarme desterrada para toda la vida. Andar errante, peregrina soñando siempre con una tierra añorada a la cual acaso no llegaré jamás. Cuánta nostalgia y espera, cuán incierto y anhelante es el camino del desterrado. Por algo Yavé lo elige para expresar la oscura ruta de la fe. Moisés no pisó nunca la Tierra Prometida.

Un poco a tientas, otras conducida por esa mano oculta que de pronto aparece para rescatarnos o guiarnos, me voy abriendo paso por la espesura del bosque. No pocos obstáculos, muchas trampas, tantas hienas. Y entonces allí, súbito en la inescrutable, inmensa noche, el rayo de luz que nos penetra y posee con fuerza. Buscar a Dios entre tinieblas, cada paso a oscuras, en silencio. Presentirlo sin verlo. Y amarlo, amarlo sin diques ni dudas, toda certeza de que le pertenezco, toda de El.

Dentro de muy pocos días se inicia una travesía que para los cristianos tiene un hondo significado. Es, junto al adviento y la Navidad, el periodo más importante del año. La cuaresma, esos 40 días que conducen a la muerte y resurrección de Cristo, comienza el 1ro. de marzo, Miércoles de Ceniza. Y quiero invitarlos a compartir lo que me imagino sea una de las experiencias más enriquecedoras y hermosas a que podamos tener acceso en estos días de meditación. Se trata de Taizé, que este año nos visita por primera vez.

Taizé es una comunidad cristiana ecuménica –católicos y protestantes juntos– formada por más de 80 hombres de unas 20 naciones que residen en la aldea de Taizé, en Francia (tengo entendido que se ha formado otra comunidad ecuménica de mujeres también por allí), y se ha convertido en lugar de encuentro para miles de hombres y mujeres de todo el mundo. Los visitantes pueden permanecer una semana, no más. para así dar cabida a los nuevos visitantes que van llegando, y participan tres veces al día, con el toque de campanas, en los cantos de los hermanos de la comunidad. La oración común, que consta de cantos, salmos, lecturas bíblicas y silencio, está hecha de forma que todos puedan participar, aunque hablen diferentes idiomas. Esto se logra por medio de la musicalización de textos cortos bíblicos o palabras, especies de mantras, de la antigua tradición cristiana. Los cantos compuestos por Taizé se han difundido por el mundo entero y se han traducido a muchos idiomas. Aquí en Miami los podemos conseguir en casetes, y recomiendo uno precioso en español, *Cantos de Taize*, que contiene versos de San Juan de la Cruz y Teresa de Jesús.

Algo más quisiera compartir en estos días, y son algunas enseñanzas que han llegado a mí, bien por medio de una intensa búsqueda o como un regalo. Se trata de libros, unos grandes, otros pequeños, todos valiosos. Ya los he leído o estoy leyendo, algunos los releeré siempre, en inglés o en español. Les incluyo el nombre de la casa editorial, pero puenden estar publicados por otra que desconozco. He aquí, pues, una breve lista de obras que recomiendo como parte del equipaje para estos 40 días de peregrinaje:

La Biblia, me gusta la de Jerusalén que viene ya en letra grande.
La nube del no-saber y *el libro de la orientación particular.* Anónimo inglés del siglo XVI (Ediciones Paulinas). *Muéstrame tu rostro* y *El pobre de Nazaret*, de Ignacio Larrañaga (Paulinas); *La mística cristiana y el porvenir del hombre*, Claude Tresmontand (Herder); *Open Mind, Open Heart–The Contemplative Dimension of the Gospel*, de Thomas Keating (Element); *Maestro Eckhart, Obras escogidas*, (Edicomunicación); *Cruzando el umbral de la esperanza*, Juan Pablo II; *Spiritual Pilgrims, Carl Jung and Teresa of Avila;* John Welch (Paulist Press)*; Historia de Cristo,* Giovanni Papini; *New Seeds of Contemplation, The Sign of Jonas* o cualquiera de Thomas Merton; *Decisión Liberadora (Los ejercicios de San Ignacio en su dimensión actual)*, Ladislaus Boros (Herder); *El castillo interior, Camino de perfección, Libro de la vida*, Teresa de Jesús; *Subida al Monte Carmelo, Noche oscura, Llama de amor viva* y *Cántico espiritual*, San Juan de la Cruz; *Francisco de Asís* , Emilia Pardo Bazán y *Episcopado Latinoamericano: Conferencias Generales de Río de Janeiro, Medellín, Puebla y Santo Domingo. Documentos Pastorales.*

Por supuesto, leer todo esto toma mucho, mucho tiempo; he ofrecido títulos y autores para iniciar un viaje. Aunque en realidad basta con cerrar los ojos y repetir los versos de Santa Teresa de Jesús:

Nada te turbe, nada te espante, todo pasa. Dios no se muda; la paciencia todo lo alcanza. Quien a Dios tiene nada le falta: Sólo Dios basta.

Los canta también Taizé.

23 de febrero de 1995

OTOÑO Y MELANCOLIA

Es tiempo de cosecha, no debería sentirme así. ¿O es esto la madurez? Ser vulnerable y quebradizo, ¿adónde se fue tu fuerza? ¿Aquella certeza, aquel anhelo, aquel ardor? Todo es viento y penumbra. El aguacero, es el aguacero, que no es tiempo de sequía, no eso. Mira el árbol, allí hallarás cobija, si te paras debajo te sentirás protegida. Se pregunta por qué darán las ramas esa sensación. ¿Debajo de quién o de qué se cobijarán ellas? Hay brisa, y un leve sentido de seguridad, de tierra firme, de dicha. La felicidad ha de ser así, como un refugio, como un árbol inmenso debajo del cual habitas y nada ni nadie puede quebrarte ni abandonarte.

Sin saber bien lo que hacía tanteó la vida, se midió, sacó su pequeña espada y se inició en la esgrima. Amó. ¡Ay! Entonces cuántos sueños, cuánta búsqueda, cuánta entrega ilusa. Pero ahí no comienza la historia, comienza antes, antes incluso de su partida de la isla maldita. Acaso todo se inicia en una infancia feliz que le fue arrebatada de golpe, cuando ya se había engendrado en ella un cierto gusto inútil por la luna, la soledad y el galope. Acaso fue después, cuando se reconoció, por fin, en un cuadro de Víctor Manuel. Oye el danzón, el bolero, el tambor, deja que se revele la selva que llevas dentro. Así es, eso fue, y también el ciervo herido que buscó en el monte amparo.

Cuando llega el preludio de otoño, todo debería ser más claro. ¿Por qué se quiere asentar la congoja? ¿Por qué el miedo desnudo, sin ropajes de rebeldía o indolencia? ¿Por qué la carne viva, así sin abrigo? Quizá haya más fuerza en la desnudez, sin escudo, desarmada. Así habrá que adentrarse en esta nueva batalla.

Busca tu mantra o tu palabra sagrada. Um, Abba.

Cierra los ojos y llama. Cierra los ojos y flota, flota como un barquito ligero sobre las aguas. Así llegarás y nadie te detendrá.

¿Deambular por templos? Lo hizo, en silencio, cuando solo la rodeaban las llamas de los cirios y el olor a incienso. A solas, a ver si daba con aquello que llamaban paz, centro de uno mismo, salvación.

Nació en un país que hoy se muere de miseria. Hay odio, hay asco y los cuchillos oxidados se afilan, no han dejado de afilarse. Viene el degüello.

Si por lo menos hubiese podido extinguir esa nacionalidad que la persigue como una sombra. Pero la sombra no es ésa, la sombra es otra. En la escisión se ve claro, la doble identidad no es tal, una es siempre más leve, como superpuesta, la verdadera yace adentro. ¿Cuáles, las señas de identidad? La oscilación es una de ellas, el desarraigo otra.

Hojas muertas en el patio, en las calles por las que camina con sus audífonos puestos. La acompaña Satie, Taizé, sones. Depende del día. Es algo voluble. No en el amar, ama: las noches heladas, el olor a leña encendida, octubre, mayo, los domingos, el alba, a Martí, a Emerson, a Antonio Machado. Ahora descubrió a Karl Rahner. Algo tarde. O quizá no. Las cosas llegan a su tiempo, no antes. Ahora acude a los templos llenos y comprende muchas cosas, por ejemplo, que el trigo crece junto a la cizaña.

Sueña con un regreso, un paisaje, un cielo. Aunque en la devastada isla no quede patrimonio nacional, porque todo lo habrá saqueado la raza de víboras, aunque no se reconozca en el reencuentro, todo le resulte ajeno, aunque apenas queden años y fuerzas, regresará. Ese es el sueño. Hay otros, muy pocos ya en este tiempo de cosecha en el que todo, para su asombro, vuelve a empezar.

6 de octubre de 1994

ENTRE LA VIDA Y LA MUERTE

Tendida en la hierba, bajo la sombra y el aroma de los pinos, hechizada ante la sobrecogedora presencia de la primavera, intenté describir la experiencia, inútilmente. ¿Qué son las palabras ante semejante estallido de vida? La naturaleza se rebela ante todo amago de dominio, de humano doblez. Y el lenguaje, tan pobre, no podrá jamás apresar su portento, su majestad absoluta.

Aquí no reverenciamos los cambios de estaciones, porque apenas los hay. Pero allá en el norte, donde estuve en mi primer retiro religioso de Semana Santa, experiencia extraordinaria, toda reverencia resulta tímida, tan poca. Fui testigo en los campos y colinas de Kentucky, de los cerezos en flor y los ciclamores, de las diminutas, pero imponentes violetas que por la verde pradera se regaban, y mis pies buscaban no pisar; violetas silvestres, como mi alma, que andaba a la deriva, ebria de dicha ante tanta maravilla, regalo de Dios. Los árboles, que de lejos vi secos y muertos, con qué fuerza florecían a borbotones en sus tallos. Sólo había que acercarse y presenciar el milagro. Yo los vi, los toqué. Y escuché el trinar de pájaros preciosos, algunos de pecho y pico amarillo, otros rojos o anaranjados, y los había más comunes, entre grises y ocre, lindos, y gorrioncillos que volaban con feliz certeza algo más lento que los grandes, así que pude recrearme en el cómico batir de sus alitas, que los llevaba de uno a otro lugar. Todos los días me acerqué al lago para mirar el reflejo de los troncos y las ramas en sus aguas, y los patos, que impávidos y meditativos flotaban sin rumbo aparente. Varias veces me adentré en el bosque buscando los ciervos que me dijeron merodeaban por allí, pero no los vi: los ciervos son astutos y rápidos, yo lenta, algo torpe, recién llegada de un mundo que nada tiene que ver con aquello, en todo caso, lo contrario. Contemporánea de la cultura de la muerte y de la miseria del espíritu, de pronto me hallaba inmersa en un mundo que cantaba a la creación y la vida. He nacido de nuevo.

De vuelta en el desierto de cemento, como llamó a Miami la gran Lydia Cabrera, me enfrento de nuevo a la barbarie. Ahora los representantes de las naciones del mundo se hallan reunidos en un foro urgente para ver cómo impiden que los hombres se aniquilen en un holocausto nuclear. La conferencia que se celebra en Naciones Unidas es para prorrogar el Tratado de No Proliferación Nuclear (TNP) suscrito por 178 países hace 25 años. "La reducción y destrucción de todas las armas nucleares y los medios para fabricarlas debe ser la gran causa común de la humanidad", dijo el secretario general de Naciones Unidas, Boutros Boutros Ghali, al abrir la conferencia el lunes.

Sea por accidente, por ataques terroristas, por una declarada guerra nuclear, o quién sabe si por la propagación de armas bacteriológicas y químicas, todo indica que la autoaniquilación es ya el destino irrevocable de la humanidad.

Los poseedores de los grandes arsenales nucleares son Estados Unidos, Rusia, Francia, Gran Bretana y China, pero Israel, India y Pakistán tienen ya armas atómicas o los medios para tenerlas. El trasiego de material y tecnología nuclear se propaga como una bacteria mortal contagiosa por el aire. Irán e Iraq viven obsesionados con destruir a Estados Unidos, están decididos a tener la bomba y la tendrán; Rusia les está vendiendo y asesorando en todo lo que necesitan para fabricarla. Las ojivas de los misiles que comanda Saddam Hussein están cargadas de gérmenes causantes de las más temibles plagas.

Si por los mares del mundo navegan submarinos con torpedos atómicos y barcos de carga nucleares, y en sus profundidades -como es el caso del Mar de Japón- se depositan toneladas de tanques con desechos radiactivos que podrían filtrarse; si ninguna de las potencias sabe qué va a hacer con sus desechos nucleares ahora que se ha sabido el peligro que corren de explosión si se entierran; si en las entrañas de las inestables Rusia, Ucrania, China están enterrados miles de misiles; si de acuerdo con estudios muy bien fundamentados más del 50 por ciento de las centrales nucleares presentan un peligro por las fisuras a nivel de las cubas de los reactores; si los terroristas están amenazando con atacar centrales nucleares y están obteniendo material de ese tipo para la fabricación de armas; si como advirtió Andrei Sajarov, cada vez que se detona una prueba nuclear, miles de virus, muchos de ellos mutados, quedan en el aire, y causa enfermedades; si como dijo Robert McNamara, miembro del Washington Council on Non-Proliferation, "se puede predecir con confianza que la combinación de la falibilidad humana y las armas nucleares llevará inevitablemente a la destrucción nuclear"; si, en fin, la compra y venta de material nuclear y biológico están tan difundidos que se hace imposible controlarlas, ¿alguien cree con honradez que la reunión de Naciones Unidas impida la debacle?

Quisiera tanto no verlo, poder pensar otra cosa, pero no. A conciencia lo digo: estamos abocados a la catástrofe, a estas alturas, sólo un milagro podría salvarnos.

20 de abril de 1995

FIN DEL EXILIO

"A partir de estos momentos, todo emigrante cubano interceptado en alta mar será devuelto a Cuba".

Janet Reno, 2 de mayo de 1995

Viendo, escuchando a Janet Reno y a Ricardo Alarcón anunciar el comunicado desde La Habana y Washington al mediodía de este memorable 2 de mayo, me vinieron a la mente imágenes, recuerdos, sueños aparentemente inconexos, que debieron ser muy significativos, *flash backs* involuntarios que alguna necesidad quisieron llenar. Sería liberar la carga subconsciente que lleva uno por dentro y que de pronto es detonada por un acontecimiento para aliviar o evitar algo, un dolor profundo, una caída más, y entonces se agolpan todas esas cosas que ya no son, ya no existen, fueron, ahora son el súbito viaje interior a ese misterioso prodigio que es la psiquis humana (en la mitología griega, Psiquis es la personificación del alma, y es representada por una mariposa o una joven con alas de mariposa en vuelo). Como obedezco a una necesidad mayor, en un momento mayor, dejo fluir el subconsciente, mariposa en vuelo.

El Agua

Mi padre se acerca a las costas de Estados Unidos, viene en su yate, es 1960. Mi madre zarpa de La Habana junto a cientos de personas, es el último barco que salió de Cuba, aquél de la Cruz Roja que fue a llevar medicinas y trajo personas. Es julio de 1963. Los encierran bajo cubierta para evitar problemas: miles de familiares se hallan en la costa para decir un último adiós a sus seres queridos, pero no ven a nadie, le dicen adiós al barco. Cuando salen a proa, la isla se ve lejana. Ninguno de mis padres regresó a Cuba, ambos están muertos.

El Aire

Estoy en el aeropuerto, a través de los cristales veo a mi madre, que nos tira besos a mi hermana y a mí, sé que trata en vano de sonreír, de no llorar. Es de noche, estoy sola en el Hotel Havana Riviera, víspera del viaje, 2 de abril de 1962. Los mayores se han ido a festejar un rato. Camino por el cuarto sola desconcertada, siento una angustia nueva. Descorro las cortinas y veo el Malecón habanero. Me siento en una esquina de la cama, el nudo en la garganta se desata, no recuerdo haber llorado nunca más así. La miliciana nos lleva a un cuarto y nos hace desnudar y vaciar las carteras. El avión despega. Mi primer vuelo. Algo se rompe por dentro, irreemplazable para siempre. El avión es como una matriz. ¿Naceré de nuevo? Los niños balseros le temen a la noche y al mar, nosotros al aire.

El Fuego

Son los pasillos de la facultad de Huanidades de la Universidad de Puerto Rico. Es Nilita Vientós Gastón dándonos un curso de Virginia Woolf o Henry James, o Arcadio Díaz Quiñones hablándonos de Borges. Es Boquerón a pleno sol. El el viejo San Juan de noche, con amigos y guitarra, resaca y bohemia. Es una fogata de madrugada una noche de San Juan, bañándonos en el mar. Es el Village un domingo de verano. Es una Nochebuena en Miami con toda la familia sentada en el patio, alrededor de la mesa. Es el rumbo perdido, el dolor, la ansiedad, buscando ciega y sedienta el amor donde no era. Es seguir a Tomas Merton y a Ignacio de Loyola, que señalaron el camino.

La Tierra

El carro nos viene a buscar. Mi casa está llena de tíos y primos y vecinos. Cuando me voy a montar, abuela me vuelve a abrazar, me pone un rosario en la mano "para que te acompañe siempre". El carro echa a andar, miro a través del cristal hacia atrás. Esa imagen se quedará grabada para siempre en mi memoria. El viaje de Pinar del Río a La

Habana es maravilloso, como siempre. Desde mi ventanilla me recreo con el paisaje, esplendoroso, grandes tramos de carretera se recorren bajo las tupidas ramas de árboles que se entrelazan, un túnel hecho de follaje. La tierra es una excursión a Soroa. Son las vacaciones escolares, tres meses de verano en la casa playera en Puerto Esperanza. Es detenerse en el Valle de Viñales y respirar profundo mientras los ojos recorren la maravilla.

La tierra es este dolor inmenso, esta impotencia, este desgarramiento ante tanta injusticia, pero también es la esperanza, es saber que a pesar de todo, a pesar de todo, habrá regreso, y un nuevo comienzo.

4 de mayo de 1995.

EN EL SILENCIO

Fui a Conyers, ese pueblo de Georgia a donde acuden miles de personas todos los meses para ver a la Virgen y escuchar los testimonios de Nancy Fowler, la mujer que dice oír mensajes de la Madre de Dios y verla. En mí ha ido creciendo el interés por las apariciones que se han estado sucediendo en este siglo y que ahora, a su final, parecen intensificarse por todas partes. El hecho de que se reporten tantas visiones marianas es prueba de un anhelo que habita en millones de personas que no se puede ignorar.

Yo no vi a la Virgen. Pero me impresionaron los ojos y la mirada de Nancy Fowler. Creo que decía la verdad, *su* verdad: lo que ella veía y oía. Sí sentí algo, como una energía o fuerza difícil de describir en el salón donde tienen lugar las visiones de Nancy. Puede que haya sido por la cantidad de personas que han entrado y entran allí a orar. En él me habría quedado mucho rato, pero el autobús me aguardaba para ir al otro lugar que era, en realidad, el principal motivo de mi viaje a Conyers.

Se trata de un monasterio que está a pocas millas, donde residen unos 55 o 60 monjes trapenses, que viven en silencio y llevan una vida muy austera, basada en la orden benedictina del siglo VI, pero reformada para hacerla aún más estricta, primero por los cistercienses en el año 1098 en Citeaux —del latín, Cistercium—, en Borgoña; y después en el siglo XVII, por Armand de Rancé en la Abadía de La Trappe, en Francia.

Sabía de antemano que me iba a hacer mucho bien ese retiro de tres días de silencio, sin nada que hacer, *nada*, excepto "escuchar los movimientos del alma", como diría Ignacio de Loyola; caminar por el campo entre los árboles o la ribera del lago, sentarme a leer en la hierba, el cuarto o la biblioteca permanecer largo rato en el espacio sagrado de aquel templo asombroso donde como en ningún otro lugar sentí la presencia misteriosa del Padre, Abbá. Templo inmenso sin imágenes, desierto, con un solo cirio siempre ardiendo en el centro; arriba, un crucifijo, y detrás, el tabernáculo; a lo largo de la nave, el coro que ocupan varias veces al día los monjes. Sabía también que me encantaría participar en la Oficio Divino o Liturgia de las Horas, para escucharlos en la madrugada, antes del amanecer, al mediodía o la llegada de la noche. Una cosa es oír los *Cantos Gregorianos* en magníficas grabaciones, y otra es ver y oír a los monjes cantando los salmos durante Vigilias, Laudes, Vísperas y Completas. La experiencia es inefablemente sobrecogedora.

Un lugar en medio de montañas, fuera de "la civilización", sin televisión, sin radio, sin periódicos. Sólo un teléfono público en todo el monasterio. Una buena biblioteca disponible las 24 horas. Jardines, fuentes, bancos debajo de la sombra de los árboles, un invernadero de *bonsais*, un huerto. Y los días, como gotas de rocío cayendo sobre mí, renovándome: *¡Dios mío, tú eres mi Dios/ Con ansias te busco, tengo sed de ti/ mi ser entero te desea/ cual tierra seca, sedienta, sin vida.*

Llegué un jueves al Monasterio del Espíritu Santo en Conyers, me fui el domingo. Por 30 dólares diarios, el peregrino recibe: alojamiento en un cuarto privado y desayuno, almuerzo y comida vegetariana, abundante y riquísima. Además ¡cuánta naturaleza a nuestro alcance, qué paisaje!

Fuera por unos días de la Corporación que nos da el sustento, gracias a Dios, pero que nos consume; libre del agobio, del apuro, de la carencia absoluta de tiempo, qué delicia que a uno le preparen y le sirvan la comida diaria. Que no haya nada que hacer, sólo *ser*, como la luna, los pájaros, las hojas. Fundirse con ellos en el silencio.

Sabía que sería feliz allí y lo fui. Pero lo que no sabía era que había tanta gente en la misma búsqueda que yo. Eso me reafirmó. Se está a solas y en silencio, pero tan acompañado. El domingo cuando me iba, no cabía un alma más en el comedor, todas las mesas y sillas estaban llenas: hombres y mujeres, viejos y jóvenes habían estado llegando desde el viernes con sus mochilas y pequeños equipajes para hospedarse. Indagué un poco. Supe entonces que en los últimos tiempos, en algunos de estos lugares no se da abasto por la cantidad de gente que va llegando; y hay que hacer reservaciones con tiempo. Curioso, los monjes huyen del mundo y ahora el mundo huye hacia ellos.

Termino con una oración de Tomas Merton, un monje trapense que empiezo a leer; vivió en el monasterio de Getsemaní, en Kentucky, el más antiguo de esa orden aquí:

"Mi Dios, no tengo idea de adónde voy. No veo el camino delante de mí. No puedo saber con certeza dónde terminará. Ni tampoco me conozco a mí misma, y el hecho de que crea que estoy siguiendo tu voluntad no significa que en realidad lo esté haciendo. Pero creo que el deseo de complacerte te complace. Y espero tener ese deseo en todas las cosas que hago. Espero no hacer nada aparte de ese deseo. Y sé que si hago esto me guiarás por el camino adecuado, aunque yo no sepa nada de él. Por tanto, confiaré en ti siempre, aunque parezca estar perdida y a la sombra de la muerte. No temeré, porque siempre estás conmigo, y nunca dejarás que enfrente mis peligros a solas".

Julio 8 de 1995

RUBLEV Y YO

Mi contacto con la obra de Andrey Rublev data de hace 12 años. Andaba yo entonces por Manhattan, cumpliendo el ritual del peregrino en la gran urbe que una vez fue mi ciudad: Soho y diversión, museo, teatros, dispersión. Inmersión también en búsquedas invocadas con incienso chino y música New Age. Era la era de la bruma, la religión vacua del *peace of mind*.

Ese día del –llamémosle– descubrimiento inicial, caminando a la ribera del Hudson, y luego por los salones de Naciones Unidas, me topé de pronto con una tienda de *souvenirs* muy linda, llena de objetos raros de otros paises. Mis ojos se detuvieron ante un icono. *La Trinidad*, de Rublev.

Qué exactamente me atrajo tanto, qué me cautivó así de esa pequeña reproducción de una obra de arte, lo podría descifrar sólo en términos de simple placer estético. Empatía, le llaman los filósofos. Esta obra del monje medieval ruso es de una belleza imposible de describir. ¿Fue el esplendor del zafiro? ¿Fueron las túnicas y sus pliegues, los rostros, las manos? ¿Fue la armonía perfecta de los tres ángeles? Sin duda todo esto. Pero años después descubriría que era mucho más. Lo compré y me lo llevé. Y comenzó su andanza conmigo, colocado siempre en un lugar privilegiado de la casa, como objeto de arte de una gran belleza.

Un día feliz, como un tesoro, hace relativamente poco, mis ojos lo vieron de pronto. Era el descubrimiento definitivo de la revelación de Rublev: mis ojos fueron los de él, ojos no de la carne, sino de la fe. Comprendí súbitamente que a ese banquete de Amor abundante de la Trinidad estaba yo invitada. En la mesa hay un puesto vacío, a la espera.

No hay obra que alcance a reflejar el misterio inefable de la Trinidad como este icono considerado por la Iglesia Ortodoxa rusa como de revelación divina, es decir, una imagen simbólica inspirada por Dios mismo. Es la transparencia del Espíritu de Dios, el color es luz, la línea movimiento, movimiento que anima a toda la obra para atraernos a ella, invitándonos a la mesa a comer del Cordero que yace en el cáliz milagroso. El misterio trinitario se revela como esa Vida superabundante de Amor infinito que habita en los Tres y que está reflejado en la copa mayor formada por los ángeles, y como Amor otorgado en la copa que descansa en la mesa.

Los iconos no son creados para analizarlos ni apreciarlos como obras de arte, son para mirarlos y dejar que te miren en silencio, en el silencio interior de la contemplación. Porque en el silencio, él habla.

Andrei Rublev nació entre 1360-70 y murió en 1430. Se hizo monje ya entrado en la madurez, después de peregrinar por Rusia entre guerras y miseria humana, sufrir escarnio, incomprensión y envidia de pintores mediocres.

La conversión abrupta de muchos místicos, en la tradición católica, es por lo general el resultado de un largo período de inquietudes, incertidumbres y tensiones del espíritu. Es un abrupto reconocimiento de una realidad en la que todas las cosas son creadas de nuevo, y a partir de ese momento la vida del místico comienza. La conversión tiene tres características: un sentido de liberación y victoria, la convicción de la cercanía de Dios y un amor profundo a Dios.

1ro. de febrero de 1996

COLOQUIO DE LOS NO NACIDOS

El llamado a la conciencia nacional es éste: quien hace o se hace un aborto es asesino. Si establecer gradaciones de lo horrendo fuera posible, entonces los llamados "abortos de nacimiento parcial" lo son más, porque se realizan en estado de gestación avanzado. Consisten en halar al feto por las piernas hasta que sale por la vagina –por eso nace parcialmente el bebé–, se le hace una incisión en el cráneo, todavía en el útero, y se le extrae el cerebro, succionándolo para que la cabeza colapse y pueda salir del cuerpo de la madre.

Con el fin de que el Congreso anule el veto presidencial al proyecto de ley que prohibía estos abortos de nacimiento parcial, hoy a las 2 de la tarde los obispos católicos de Estados Unidos y miles de laicos se congregarán en los jardines del Capitolio en Washington para llevar a cabo una Vigilia de Oración. Mañana los católicos de toda la nación están llamados a guardar un día de oración y ayuno como sacrificio y súplica para que los congresistas anulen el veto presidencial. Porque creo que la vida comienza en el momento de la concepción, la columna que sigue, publicada en julio de 1992, tiene tanta vigencia ahora como entonces.

¿Qué ruido es ese? ¿Quién anda ahí?

Es tu madre que te quiere destrozar. No la llames, no te quiere, te va a expulsar de su vientre. Pero tranquilo, pequeño. Todo pasará pronto. Por favor, no te espantes. Estás haciendo tu entrada al mundo de los seres abortados. Es un mundo muy poblado, y debo adelantarte, privilegiado.

¡Oh! ¡Qué dolor! Me están haciendo pedazos con una cucharita... ¡Ah! ¡Para qué me concibieron! ¿Para esto?

No huyas más de la espátula ni sufras inútilmente cuestionándote cosas sobre los humanos. Ellos son más infelices que tú, créeme. Ellos nacen y mueren. Y en ese corto trayecto que atraviesan entre una y otra, lo que predomina siempre son los errores que cometen, sus lamentos interminables y una que otra chispa de lo que llaman dicha. Tú en cambio, no conocerás esas zozobras. De la concepción y la gestación pasas a la eternidad. En nosotros queda abolida la diferencia entre muerte y vida, porque nunca nacimos, y por tanto, nunca morimos. No fuimos alumbrados, pero la luz será siempre nuestro natural ámbito.

Ha cesado el dolor. Pero siento que sigo siendo. Soy, existo. Sé perfectamente cuándo fui concebido. En ese instante, el eco distante de una gran explosión se repitió en mí, a partir de ese momento empecé a ser. Ahora sólo queda mi corazón allá, que se niega a dejar de latir en aquel vientre.

Para ayudarte en tu trance te explicaré todo. Aunque debo confesarte que me preocupa que todavía lata tu corazón. Ya deberías haber hecho tu tránsito, porque todos tus trozos están en la cubeta. Desde aquí veo al médico retirar los instrumentos del lado de la que iba a ser tu madre, que se ve desfallecida todavía con las piernas abiertas y bastante sangre. Sin duda, algo extraño ha sucedido. Supongo que más adelante bote tu corazón. Lo que no me explico es cómo sigue palpitando... Te han abortado utilizando un método muy antiguo y común, que es el raspado. Dilatan el útero e introducen por la vagina instrumentos afilados para ir raspándolo. Si todavía eres embrión, sales como un coágulo grande. Si eres feto, como fue tu caso, entonces te van arrancando a pedazos. También está la succión, que se realiza por medio de un tubo plástico con una aspiradora en la punta, y te van aspirando, como basura. De nada le sirve al feto moverse, huir, tratando de esconderse del vacuum cleaner por todo el vientre. Siempre te traga. Hay otros métodos, claro, como las pastillas que provocan el aborto rápido, o inyectar el pecho del bebé para parar su corazón y después tratar de inducir el parto. Si esto falla, dilatan más, lo agarran con unas tenazas y empiezan a darle vueltas. La cabeza quedará atrapada en la parte baja del útero. Le introducen entonces un tubito por la cabeza para sacarle el líquido y reducírsela, así sale fácil. Por supuesto, hay millones de mujeres que tratan de abortar sin recurrir al médico porque no tienen dinero, porque es ilegal o por ignorancia. Toman todo tipo de brebajes, se duchan con cuanto líquido te puedas imaginar, desde amoniaco hasta detergentes de lavar la ropa. Si no, recurren a algo que creen más seguro: introducirse instrumentos cortantes para sacarse el embrión o feto: se meten agujas de tejer, alambres de percheros, objetos de vidrio, muchas veces hasta se perforan ellas mismas el útero. Otras veces se tiran de mesas, de sillas, dan brincos.

Abominable, todo lo que me dices es abominable. ¿Están conscientes los bien nacidos de que lo sentimos todo?

Muchos lo saben, pero no les importa. Otros tienen dudas, pero tratan de limpiar su conciencia insistiendo en que no somos personas, por tanto no es un crimen lo que cometen. En su reducido mundo, dominado por una de las facultades más limitantes que poseen, la razón, alcanzan a ver muy poco. Además, confrontan el grave problema del olvido.

Sé ya. Cuando se nace, todo se olvida. ¿Es por eso que andan tan perdidos?

No podría decirte, tendría que haber nacido. Después de milenios siguen igual. Aunque su ciencia los ha perdido aun más que cuando danzaban alrededor del fuego. Insisten en buscar y conocer sólo su mundo exterior. Cuando son paridos, se oscurece su memoria ancestral y milenaria, fuente de todos los símbolos primordiales, herencia de la humanidad impresa en su inconsciente colectivo.

En su olvido, ¿olvidan también que el alma no nace cuando nacen ellos, sino mucho antes? ¿Que el misterio se aloja en el embrión desde que éste empieza a flotar en el líquido amniótico?

Parece que no pueden vivir sabiendo. No toleran el peso del misterio.

Entonces, ¿son inocentes, no tienen culpa de habernos abortado?

No, no son inocentes, eso es otra cosa que se pierde en la vida, la inocencia. Es quizá lo más terrible de todo. Pero no debemos juzgarlos. Nunca debemos juzgar a nadie. Cada ser humano es un universo, y aunque cada paso que da queda en la memoria del tiempo, es víctima de sus circunstancias.

Pero, ¿por qué no evitan el embarazo?
Tus preguntas me indican que todavía no has entrado en este mundo. ¿Cómo anda tu corazón?

Ya va dejando de latir. Está al expulsarlo, pensará que era un coágulo rezagado.

12 de septiembre de 1996

CARTA A JOSE CONRADO

"Necesitamos de alguien que nos diga: 'No tengan miedo'. Necesitamos creer en alguien que no nos engañe, que nos transmita el coraje de vivir y nos permita vivir en fidelidad con nuestra conciencia, y de luchar por aquello en lo que creemos. Necesitamos alguien que nos convoque en nombre del amor. Vivimos prisioneros del pasado, de nuestros odios y de nuestros miedos, desconfiando los unos de los otros: los de la isla de los del exilio, los del exilio de los de la isla, y en la isla unos de otros. Necesitamos de alguien que nos mire a los ojos y nos diga: 'Levántate y echa a andar'"

José Conrado Rodríguez

Se pierde el exilio conocer en una dimensión más amplia y profunda su pensamiento y su sentir al no poder ver completa la entrevista que le hizo José Alfonso Almora en Salamanca. El epígrafe que utilizo para empezar esta carta lo tomo de ella. Pude ver el vídeo sin cortes, y es lamentable que el Canal 23 no conceda el espacio -menos de 30 minutos- para ponerla en su mejor horario. Estamos tan necesitados de palabras como las suyas, de una visión así, que nos enseñe a ver y a oír en una clave distinta. Son tantos los ciegos y los sordos allá y aquí.

Pero ya los frutos se recogen de la siembra ardua de la Iglesia cubana de allá y de acá. El exilio respondió masivamente, en un gesto sin precedentes, al llamado de Caritas para ayudar a los damnificados por el huracán Lili en la isla. Uno a uno los cubanos hicieron su aporte individual. En sólo siete días se recogió una cantidad asombrosa: 300,000 libras de alimentos y medicinas. Supera la donada en estos días por la Unión Europea, México y Canadá. Nuestra ayuda llegó a Cuba antes que ninguna otra y fue la mayor. Y esto es precisamente lo que el gobierno cubano necesita ocultar. Poniéndole trabas a la entrega, intentando diluir nuestro envío con lo que va llegando de otros países. Por eso el rabioso editorial del Granma enfatiza que la ayuda de Miami fue "insignificante". Esto cobra más significación aún si se tiene en cuenta que todo provino de los bolsillos del exilio, no hubo donación del gobierno de la Florida ni de Washington.

¿Vemos nosotros, aquí, José Conrado, y ellos allá, hasta dónde pueden movernos las palabras, su inmenso poder de transformación? Muchas veces pienso que no, pero gestos como éstos me prueban que sí. Al llamado de aquella hermosa pastoral, *El amor todo lo espera*, espontáneamente, multitudinariamente un día respondimos: Sí, el amor todo lo puede. Y se derribó nuestro muro, peor que el de Berlín, porque se cimentó en el espíritu con desconfianza y odio. La trascendencia de este acto no la debemos ignorar jamás. Ciertamente no lo ignora el alarmado gobierno cubano.

"La malicia ha encontrado en la timidez -dijo el padre Félix Varela-, un agente eficiente para adormecer al pueblo cubano, promoviendo intereses del actual gobierno, cuyo término quiere alejarse todo lo posible, aunque pocos dudan de su proximidad. El pecado político casi universal en la isla ha sido el de la indiferencia. Todos han creído que con pensar en sus intereses y familias han hecho cuanto deben. ¡Qué fértil en peligro es el recurso del miedo! Ningún gobierno tiene derechos. Lo tiene, sí, el pueblo para variarlo cuando él se convierta en medio de la ruina en vez de serlo de prosperidad".

Estas palabras de Varela las citó usted hace poco en su parroquia de Contramaestre. Las cito yo porque me dan una medida más de su dolor, y de su obra constructora, lenta y fiel, en medio de la ruina, la desidia, el caos. "No tengan miedo", nos dice una y otra vez Jesús en los evangelios. "No tengan miedo", nos repite Juan Pablo II en ese maravilloso libro que es *Cruzando el umbral del a esperanza*. Hasta hace poco, le hubiese preguntado: pero ¿cómo, José Conrado, cómo librarnos de ese miedo paralizante, "recurso fértil" de los gobernantes? Hoy lo sé: sólo con fe.

Habrá oído hablar ya de los que aquí se opusieron ferozmente al envío de ayuda humanitaria a nuestros hermanos en la isla. Intentaron intimidar, amenazaron incluso con bombas de nuevo, pero no lo lograron. El miedo aquí ha sido quebrado. La llamada fue de Cristo, y con El, ¿temer a quién?

Ignore a los miopes o malévolos que en Miami han manipulado su discurso de profunda ética cristiana para convertirlo en levadura mala de una mala política. Venga a Miami y comparta con nosotros también su palabra, háblenos aquí como lo hizo allá. Somos una misma nación fragmentada. Como la mayoría de los cubanos, anhelo la visita del Papa a la patria. Como usted, lo sé testigo de la esperanza, un hombre que encarna los valores del Espíritu en nuestro tiempo.

Hace años, cuando me iniciaba como columnista de estas páginas, escribí un artículo que titulé *Acude Wojtyla*. Hoy al fin está cerca su visita. Hay motivos para celebrar. Venga en diciembre a Miami, y celebremos juntos esta Navidad.

7 de noviembre de 1996.

MERTON EN CUBA

Con una necesidad que lejos de saciarse crece, he estado en los últimos dos años leyendo libros de teología, de espiritualidad, oración, vidas de santas y santos y todo lo que siento que me acerca a Dios y ayuda a conocer más, a la Iglesia Católica. Las horas que le puedo dedicar a la lectura son pocas, y no diarias, por tanto, puede haber momentos en que tengo varios libros empezados y en ninguno avanzo como quisiera. No abundan los que abrimos y nos poseen con una fuerza mayor a abandonarlo todo, a leerlos sin parar, como con una fiebre, y entonces se duerme menos en la noche y se le roban minutos a la vigilia para acabarlos.

Así me pasó ahora con la autobiografía de Tomas Merton, *La montaña de los siete círculos* (*The Seven Storey Mountain*). Hace tiempo cito, y seguiré citando, al monje trapense, porque es uno de mis maestros. Lo primero que leí de él fue *The Silent Life*. Después le siguió un número considerable de obras cortas maravillosas dedicadas a la vida contemplativa, entre ellas *Zen and the Birds of Appetite,* una colección de ensayos sobre budismo y lo que el autor llama "la nueva conciencia religiosa", en el que lamenta los prejuicios católicos contra otras religiones, a pesar de que el Concilio Vaticano II estableció la necesidad del diálogo interreligioso. En la década del 60, adelantándose a su era, Merton insta a los católicos a cobrar conciencia de que los cristianos tienen mucho que aprender del hinduismo y del budismo, especialmente del Budismo Zen. En ese mismo libro tiene un precioso ensayo sobre el misticismo sufí, cristiano y budista. El verano pasado, durante unas vacaciones que hice en tren por Estados Unidos, leí dos obras más de él : *The Sign of Jonas* y *Conjectures of a Guilty Bystander*. La semana pasada tomé de mi biblioteca, donde había estado aguardándome por casi tres años, *The Seven Storey Mountain*.

Que la vida y la obra de Merton me tocaban de una forma inusitada ya se me había rebelado. Su deambular por las iglesias de Europa, su búsqueda interior, su conversión, cuánto significado tienen. Mi acercamiento a Merton, el signo que es para mí, culmina con este libro, donde el autor traza magistralmente la trayectoria de su vida convulsa y de incesante peregrinaje, que a su vez culmina con su entrada al monasterio trapense de Getsemaní, en Kentucky.

Fue en la iglesia de San Francisco en La Habana, donde Merton tuvo en 1940 su primera experiencia mística. Allí, dice, vio la luz, una luz indescriptible. Comenzó en el momento de la consagración, cuando el sacerdote levantó la hostia; seguidamente oyó a unos estudiantes que se hallaban sentados al frente en la iglesia pronunciar las palabras: "Creo en Dios", y se inició la secuencia que era a la vez sincronía: triunfo que a la vez es luz, luz que a la vez es voz y estallido en éxtasis ante lo que ya supo era la manifestación de Dios. Y entonces sintió el gozo, la paz, la felicidad que tanto buscaba.

En el proceso de conversión que vivió Merton, el viaje a Cuba fue decisivo. La Virgen de la Caridad le concedió lo que le había pedido en su viaje al Santuario del Cobre: que le permitiera entrar al sacerdocio.

Cito las palabras con que Merton termina su autobiografía, son palabras que escucha de Dios.

"Te daré lo que deseas. Te llevaré hacia la soledad. Te conduciré por un camino que te será imposible comprender, porque quiero que sea la forma más rápida. Por tanto, todas las cosas que te rodean estarán armadas contra ti, para negarte, para herirte, para causarte dolor, y por eso, para reducirte a la soledad. Por su enemistad, pronto te dejarán solo. Te echarán fuera, y te desecharán y te rechazarán, y estarás solo. Todo lo que toques te quemará, y retirarás la mano adolorido hasta que te hayas retirado completo de todas las cosas. Entonces estarás solo.

"Todo lo que pueda desearse te secará, y quedarás cauterizado, y huirás herido hacia la soledad. Todo gozo creado te llegará, pero sólo como dolor, y morirás a todo gozo, y te dejarán solo. Todas las cosas buenas que la gente ama y desea y buscan, llegarán a ti, pero sólo como asesinos para cortarte del mundo y de sus ocupaciones. Serás halagado, y será como ser quemado en la brasa. Serás amado, y el amor matará tu corazón y te llevará al desierto. Tendrás dones, y te quebrarán con su carga. Tendrás placeres de oración y te enfermarán y huirás de ellos. Y cuando hayas sido halagado un poquito y amado un poquito, te quitaré los dones y todo el amor y toda el halago y seras olvidado por completo, y abandonado, y no serás nada, una cosa muerta, rechazada. Y en ese día empezarás a poseer la soledad que tanto has anhelado. Y tu soledad dará frutos inmensos en las almas de hombres que nunca verás en la tierra. No preguntes cuándo será o dónde será o cómo será: En la cima de una montaña o en una cárcel, en un desierto o en un campo de concentración, en un hospital o en Getsemaní, no importa. Así que no me preguntes, porque no te lo voy a decir. No lo sabrás hasta que no estés allí. Pero probarás la verdadera soledad de mi angustia y de mi pobreza, y te conduciré a las cumbres de mi gozo y morirás en Mí, y encontrarás todas las cosas en Mi misericordia, que te ha creado para este fin: para que puedas ser el hermano de Dios y aprendas a conocer el Cristo de los hombres quemados".

Merton murió electrocutado en Bangkok, en 1968, donde estaba dando una conferencia sobre ecumenismo. Su tumba en el Monasterio de Getsemaní es un lugar de peregrinación para miles de personas de diferentes creencias.

13 de marzo de 1997

OSWALDO PAYA: UN LLAMADO A LA CONCIENCIA

Llegamos a la ermita casi al alba. Como siempre a esa hora allí, cielo y mar se confundían en una claridad que más que luz irradiaba paz. "Caramba caramba, Oswaldo Payá en Miami", dije mientras caminábamos rumbo al mar sobre la hierba, húmeda del rocío. "Y yo, tantas veces que he estado parado en el Malecón mirando para acá, diciéndome: allá, al otro lado, están mis hermanos..."

A este hermano mío, hermano de fe, de lucha, de esperanza, lo conozco hace ya muchos años, desde que empecé a escribir sobre él y su valiente y lúcida labor al frente del Movimiento Cristiano Liberación. El gobierno cubano le permitió venir súbitamente por una enfermedad de su hijo, hoy fuera de peligro después de recibir tratamiento en un hospital de Miami. Sentados ahora en el muro de la Ermita de la Caridad, conversamos:

–**Dime, ¿qué impresión te llevas del exilio?**

–*He visto en Miami tanto trabajo hermoso. Y me ha conmovido lo duro que tiene que haber sido. Yo vengo de mi Habana, llena de problemas, pero también de calor, de pueblo, y me digo, ellos tuvieron que venir aquí y hacer este Miami. Observo que hay una reserva de buena voluntad, una potencialidad de amor que muchas personas no han encontrado donde depositarlo.*

–**Se vio en aquel acto sin precedentes, cuando el exilio se volcó enviando alimentos y medicinas a Cuba a raíz del huracán Lili. Fue, te diría, una cumbre nuestra.**

–*Sí, eso en materia de campañas. Pero hablo de algo más sencillo, más personal. Me he encontrado tanta calidad humana. Y sin embargo, es importante recordar que las cosas deben estar en función de las personas, no las personas en función de las cosas. Puede haber mucho dinero y muchos bienes materiales, pero cuidado, no sea que las cosas vivan y no nosotros. Aquí hay que rescatar un poco la vida, y una forma es buscando tiempo para compartir con la familia y los amigos.*

–**No hay tiempo para nada. Es el sistema, que te traga.**

–*Hay incoherencias, tanto aquí como allá. Vemos por ejemplo que una persona sale de Cuba a buscar mejor suerte y deja su familia allá, y viene aquí y se desvive por enviarle cosas a su esposa y sus hijos, pero no es consecuente ni leal con esa esposa y esos hijos. Ha perdido lo fundamental. Más vale que no le mandara tantos dólares, pero que mantuviera la fidelidad a su esposa, porque eso es sagrado. Este exilio debe ir al rescate de la familia y de la amistad.*

–¿Qué esperas de la visita del Papa a Cuba?

–*Nos plantea un desafío a cada católico. Una revisión de vida. ¿Hasta qué punto te tomas en serio tu condición de católico? Tenemos que ser consecuentes. De nada serviría todo el andamiaje que se monte, todas las pretensiones si no logramos esto: identificarnos como hermanos.*

Todos somos cubanos, todos somos hermanos.

La visita de Juan Pablo II es un llamado a la conciencia. El Papa simboliza la universalidad de la Iglesia. El nos trae un signo de amor y de paz de esa Iglesia universal de la que somos parte el pueblo cubano, tanto el que esta allá como el que esta aquí.

–**Necesitamos tanto confiar. Se habla mucho de reconciliación, pero, ¿cómo? ¿Cómo dar el salto de la suspicacia a la confianza, del odio y la revancha ciega al amor?**

–*La regla de oro está en la caridad. No por gusto nuestra isla está marcada con el signo de la Caridad. La solución no está tanto en transmitir conceptos ni ideas, cosa importante y que no excluyo, pero más urgente es salir en busca del otro. Cuando uno se sale de sí mismo para encontrar a Jesús en el otro, todo cambia.*

Los cubanos, tanto dentro como fuera, nos hemos creado una coraza protectora de simulación, de vanidad y soberbia, de mecanismos de defensa y sospechas, que no nos deja desarrollarnos en una vida plena y libre.

–**¿Sabes? Por mucho tiempo y un poco a tientas, yo busqué una ética en mis columnas periodísticas, la inmensa mayoría escritas con el corazón en Cuba. Se denuncia la injusticia, se promueve la paz, la no violencia, se busca una verdad. Y vi que la única verdad es Cristo, y la única ética, una ética cristiana.**

–*El modelo de verdad está en Cristo. "Amaos los unos a los otros como yo os he amado", dijo. Para mí, Jesucristo no es un concepto, es alguien que me acompaña siempre. Tenemos que vernos siempre en el prójimo, y decirnos: este hombre es tan hijo de Dios como yo, aunque sea mi enemigo, aunque tenga más que yo, aunque me haya ofendido.*

Esta es la base de la conducta que yo quiero seguir.
—**Imposible errar.**
—*Imposible. Podremos fracasar según las leyes de este mundo, según el reino de este mundo, que no es ni siquiera el más real, porque el reino de este mundo ignora a Dios y Dios es una realidad que está ahí, presente. Nunca nos vamos a equivocar cuando actuemos con amor y digamos: lo que voy a hacer es en dirección de promover a mi prójimo, a perdonar y ser perdonado.*
—**Aquí vienen miles de exiliados, Oswaldo, a orar frente el mar que da a Cuba. ¿Cómo es tu vida de oración, de comunicación con Dios?**
—*Me presento ante Dios de la forma más indigente, en la indefensión total, pero también en la confianza total.*

10 de abril de 1997

INVITADOS AL BANQUETE

¿A qué va el Santo Padre a Cuba?, pregunta el *Mensaje de los Obispos Católicos de Cuba con motivo de la visita del Papa Juan Pablo II*. "Viene" dice el documento "a anunciarnos a Jesucristo, y con toda propiedad podrá decirnos las mismas palabras de San Juan Bautista: "Detrás de mí viene alguien que es más que yo" –Jn. 1,27–. Ante este acontecimiento feliz que se avecina, parte de la nación cubana en el exilio se apresta a regresar a Cuba para estar junto a Juan Pablo II y sus hermanos de la isla.

"Me gustaría mucho estar allí, pero hay que esperar a ver cómo va a ser el proceso", dice monseñor Eduardo Boza Masvidal, obispo cubano que fue desterrado por el gobierno en 1961 junto a más de 100 religiosos católicos. "Para nuestro pueblo son muy importantes sus palabras de aliento y esperanza". Boza, que no conoce la soberbia y sabe perdonar, volvió a Cuba en 1987, y recuerda con satisfacción su viaje y las muestras de agradecimiento que recibió de la Iglesia cubana: "El contacto personal es insustituible. Somos una Iglesia, y eso nos hace sentir unidos".

"Nosotros estamos tratando de conseguir un crucero para todos los cubanos que quieran ir", explica el padre Thomas Wenski, director de Caridades Católicas de la Arquidiócesis de Miami. "He hablado con funcionarios del gobierno estadounidense y me han dicho que eso podría ser una posibilidad". De acuerdo con Wenski, un crucero anclado en La Habana les permitiría a muchos cubanos que le han expresado su interés en ir a Cuba cuando vaya el Papa, poder hacerlo sin tener que gastar dólares en territorio nacional. El padre Wenski opina que si otras diócesis, como la de Boston, presidida por el cardenal Edward Lowe, y la de Nueva York, por el cardenal John O'Connor, están preparando su viaje a Cuba, Miami no tiene por qué quedarse atrás.

Signos de unidad muy necesarios están dando los católicos de la isla y del exilio que, como la lámpara o la levadura evangélicas, se alzan sobre sí mismos anteponiendo su fe a toda política, a toda ideología, al sufrimiento, al resentimiento. Y es así como debe ser, porque, ¿no se predica la reconcilión nacional? Corresponde más que nada entonces al pueblo de Dios, la Iglesia Católica –de allá y de acá–, ser ejemplo de esa prédica.

Yo espero con alegría la llegada del mes de enero de 1998 para regresar de nuevo a Cuba. Y cuando en el altar Karol Wojtyla levante el pan y el vino y nos convide el banquete con estas palabras: "Dichosos los invitados a la cena del Señor", sabré de nuevo cuán inmensamente dichosos en verdad somos todos, sentados a la mesa del abrazo y el amor fraternos, con mis hermanos de allá, con el Papa allá, que nos anuncia la inminencia del Reino, la Patria verdadera.

8 de mayo de 1997

¿POR QUE PERDONAR?

El sicólogo norteamericano Robert Enright propuso en una charla que dio en Serbia, que la crisis social en la antigua Yugoslavia podría resolverse creando programas de educación sobre el perdón. En sus conferencias recuerda el gesto de Nelson Mandela durante su inauguración como primer presidente negro de Sudáfrica, cuando invitó a su carcelero a sentarse en uno de los bancos reservados para gente importante.

Enright acaba de fundar junto a otros colegas el Instituto Internacional del Perdón, entre cuyos miembros honorarios se halla el arzobispo Desmond Tutu. El instituto aspira a crear conciencia global sobre la necesidad del perdón, como la hay de la justicia, la paz y los derechos humanos.

El sicólogo, en una entrevista que le hizo Michael Farrel, editor del *National Catholic Reporter*, afirma que "la investigación reciente ha demostrado que las personas que han sido profunda e injustamente heridas pueden sanar emocionalmente perdonando a su ofensor". ("¿Quieres ser feliz un instante? Véngate. ¿Quieres ser feliz toda la vida? Perdona", dijo Henry Lacordaire, fraile dominico).

A la pregunta de por qué está tan en boga el tema del perdón —aparece ahora insistentemente en revistas, simposios, libros— Enright se limita a mencionar una palabra: cólera. La cólera que permea la sociedad actual y que estalla en cualquier momento en cualquier parte: el trabajo, la familia, la radio, la autopista, el supermercado, las escuelas.

¿Y el mandato religioso? "¿Maestro, cuantas veces he de perdonar a mi hermano? ¿Siete veces?", le pregunta un discípulo a Jesús, a lo que respondió el Maestro: ¿Siete veces no, setenta veces siete". La venganza, el escarnio, la difamación: he ahí uno de los placeres supremos reservados al hombre o la mujer a quien alguien ha difamado, ha insultado, ha herido con una ofensa. Quien cede ante la tentación de la revancha sólo logra hacerse daño a sí mismo. Perdonar sana, ofender hiere también a quien ofende. Pero hay seres que jamás dejarán de ofender, tan dañados están, su razón de ser es lanzar estocadas, como si así se liberaran de la afilada espada que llevan dentro clavada; su hábitat es el estiércol y su razón de ser es chapotear en el lodo, manchar a otros. Nada más lejos de ellos que el sentimiento de culpa, el examen de conciencia, el anhelo de Dios. ¿Por qué sucede esto?

"Perdonar es un don. No podemos amar ni perdonar si no tenemos la gracia de Dios. Quien vomita fuego, es porque dentro tiene el mal y se mueve en esa área siempre", dice el padre Eusebio Gómez, quien junto a Jesús Lázaro ofrecerá una serie de charlas tituladas *La salud y el perdón* en el Centro de Espiritualidad del Monte Carmelo el 19 de julio. "Para perdonar hay que creer en la bondad de la gente, el perdón es un proceso que conlleva reconocer la ofensa y la herida, y querer perdonar, pero necesito quererlo de verdad, pedir la fuerza a Dios y esperar", explica Gómez.

Siquiatras y religiosos coinciden en la importancia del perdón para la salud mental y física del ofendido. "Decimos: quiero perdonar, pero, ¿cómo? Orar, desmantelar la ofensa, Dios nos ayuda", dice Jesús Lázaro. "El perdón no es olvido, no hay que olvidar ni se puede a veces, pero sí mirar con compasión a quien nos hirió, tener en cuenta sus limitaciones. Y siempre recordar que para perdonar necesitamos la ayuda de Dios, porque humanamente no podemos".

Todo insulto de un supuesto adversario es una nueva oportunidad de crecimiento interior, una gracia que nos envía Dios, porque al perdonar somos canales de su misericordia, pero además, como dice la oración que Jesus nos enseñó, somos por él perdonados. Si rabiamos por una ofensa, si planeamos vengarnos por un insulto, si el odio se aloja en el alma, si difamamos al prójimo porque queremos hacerle daño o porque nos difamó, el Adversario –eso significa la palabra Satanás– habrá ganado la batalla arrastrándonos a un mal mayor.

5 de junio de 1997

LA PROMESA CUMPLIDA

Primero fue la noticia, apenas creíble. Después las imágenes y el repique esplendoroso de las campanas de la catedral anunciando la misa al aire libre ante miles de cubanos en la histórica plaza, el domingo 29 de junio, día de San Pedro y San Pablo. Y no sólo los que estaban allí presenciaron la realización de la promesa, para muchos milagro, el pueblo de Cuba entero lo supo a través de la radio, lo leyó en el periódico Granma, lo vio a través de la televisión en un *spot* de un minuto. Un minuto después de casi cuatro décadas de ausencia y de prohibiciones, de persecución de cristianos, de afanoso e inútil intento de desterrar a Dios del corazón de los cubanos.

"Esa Iglesia, que nace de la fe en Cristo Salvador, fue fundada para siempre. La promesa de Jesús habría de mantenerse: "El poder del infierno no la derrotará", dijo el cardenal cubano Jaime Ortega frente a la multitud que lo escuchaba en silencio. Tres veces en su homilía hizo referencia a la promesa, constatada este histórico domingo. Parafraseando el evangelio, el prelado cubano logró establecer un paralelismo entre la Iglesia de los primeros cristianos y la Iglesia cubana desde que Fidel Castro llegó al poder.

Parafraseo ahora yo su lectura del evangelio aplicada a Cuba: "¿Quién dice la gente que soy yo?" le pregunta Jesús a Pedro. La respuesta, que se apoya en los comentarios y razonamientos de la gente incrédula que intenta de alguna forma explicarse el fenómeno inexplicable, escandaloso de Jesús, es la respuesta misma que le escuchamos hoy a letrados, historiadores, periodistas, idólatras, comunistas, investigadores, encuestadores: "Unos dicen que eres un profeta, que eres un sabio, un iluminado, un luchador por los derechos del hombre, un revolucionario... " , le contesta el apóstol. Y entonces Jesús le pregunta: "¿Y tú, quién dices tú que soy yo?" "Tú eres el Mesías, el Hijo de Dios vivo", le dice Pedro. Y Jesús le contesta: "Y tú eres Pedro, Y sobre esta piedra edificaré mi Iglesia, y las fuerzas del mal, no la derrotarán".

A este intercambio de palabras *fundacionales* entre el Maestro y el discípulo, le llamó el Arzobispo de La Habana un "diálogo que implica a todos los seres humanos, incluyéndonos a nosotros, los que estamos ahora aquí". ¿Qué quiso decir con esto? Que la comprensión del *ser* de la Iglesia, antes y ahora, sólo se da en el ámbito de la fe. El descubrimiento de la naturaleza íntima de la Iglesia, de su fuerza constitutiva, está en estrecha relación con la fe en Cristo. Por eso, aunque haya sufrido y sufra ataques extremos, revoluciones devastadoras, "persecuciones abiertas o larvadas", errores cometidos por los mismos cristianos, a pesar de todo eso, se mantiene en pie la palabra infalible de Jesucristo: El mal no derrotará a la Iglesia. Prueba: sus 2,000 años de existencia.

Escuchemos hablar desde el mismo epicentro del totalitarismo ateo a un cardenal ferozmente criticado por un ignorante sector del exilio cubano. Rememora el prelado el martirio de Pedro y Pablo: "Pablo, sereno ante la muerte, porque está seguro de haber cumplido su parte en el gran proyecto de Dios. Pedro... un pobre galileo desconocido, que muere mártir en Roma y destrona espiritual y culturalmente a todos los césares... Esa es la historia de nuestro origen... una cadena de martirio hasta nuestros días, y algunos milagros patentes, otros no tan visibles, pero no menos grandes. Amor, entrega, servicio, con miserias y pecados, y una promesa que se cumple siempre: *El infierno no derrotará a la Iglesia*".

¿Habrá quien dude de la carga profética que en aquella plaza tenían las palabras de un emocionado Jaime Ortega Alamino?

Ese mismo domingo, aquí en Miami, apareció en este periódico una encuesta, otra más, sobre los cubanoamericanos. Ante la pregunta ¿qué efecto tendrá la visita del Papa en Cuba?, la mayoría según el sondeo, dijo que "ninguna diferencia". Pero mientras aquí se leía y comentaba la encuesta versada en política, economía y migración, allá en la Plaza de la Catedral de La Habana, se oía la voz de un religioso: "Las respuestas que sirven para establecer estadísticas de opinión no valen para el Reino de Dios. Las mayorías matemáticas no determinan lo que es la verdad ni lo que es el bien... La respuesta no puede ser masificada, ni periodística, sino personal, y en ella le va a uno la vida". Es la diferencia entre lo que decía la gente sobre Jesús, y lo que respondió Pedro cuando habló desde lo más profundo de su corazón. Cuestión de fe.

Jesús es el Hijo de Dios y Juan Pablo II, mensajero de la verdad y la esperanza, como decían los cartelones de miles de jóvenes cubanos en la plaza de la catedral habanera. El heredero de Pedro, visitará la nación cubana –por eso oramos–, y su presencia y sus palabras serán de una importancia imposible de calcular, por una sola verdad: es la fe que arde en el corazón de cada cubana y cada cubano creyente, allá y aquí en el exilio. Esa fe nos revela que el que viene, es en nombre del Señor. "Esta misa es el signo de algo nuevo que desde el anuncio de la visita del Papa empezó a vislumbrarse".

Dentro de muy poco, la imagen de la Virgen de la Caridad visitará parroquias por toda la isla. Sin triunfalismos absurdos ni esperando milagros, aunque creo en ellos, es necesario que ese exilio "católico" que critica a la Iglesia cubana, y ese otro sector también del exilio que hace planes para "ir a evangelizar cuando llegue el momento apropiado", recuerde que sin recursos, utilizando "biblias furtivas", compartiendo el pan en las casas, con un escasísimo número de sacerdotes y religiosas, sin acceso a ningún medio de comunicación, perseguida por el régimen, textualmente viviendo la experiencia de los primeros cristianos, las catacumbas, esa Iglesia no sólo sobrevivió estos terribles años, creció, se fortificó con lo único que se necesita: un puñado de hombres y mujeres llenos de fe, y ahí está hoy, como prueba fehaciente, una vez más, de que la promesa cristiana no falla.

3 de julio de 1997

EN GRACIA ABUNDANTE

Me adelanto a esa fecha culmen del calendario norteamericano en que, sentados en derredor de una mesa con nuestra gente entrañable, reflexionamos brevemente sobre los dones otorgados y damos gracias a Dios. El que viva en clave raigalmente cristiana, dará gracias no sólo por los dones, también por el dolor, porque sabrá que el sufrimiento es fecundo, que el dolor puede ser la puerta hacia la plenitud. Que el escándalo de la Cruz sigue siendo el signo de interpretación del gran misterio del sufrimiento humano. Me adelanto pues, por siete días exactos, a la gran fiesta de *Thanksgiving,* ya parte de mi cultura cubanoamericana, y desde este exilio de 35 años doy gracias.

Podría hacer una lista larga -todo lo que cabe decir sobre el amor, la salud, la fe, los familiares muertos y los vivos, los amigos y enemigos, la naturaleza, los sueños, la música, ciertos libros y conversaciones, algunos baches maestros-, pero son dos los acontecimientos excepcionales por los que en 1997 doy gracias muy especiales: uno tiene que ver con Cuba, el otro con la espiritualidad.

Las espléndidas fotos que tomó José Goitia, de Canadian Press, de la misa celebrada al aire libre el domingo frente a la iglesia de los Padres Pasionistas de La Víbora, en La Habana, nos confirma que un viento nuevo sacude esa tierra; es ése que derriba baales y cambia el corazón de los hombres, el que sopla cuando quiere y donde quiere sin que sepamos dónde ni por qué; ése que a su vez es la fuente "que sale al encuentro del sediento", como le llama Kierkegaard a Dios.

Una de las fotos apareció publicada el lunes en las primeras planas de *The Miami Herald* y *El Nuevo Herald*. Otra la reproduzco aquí desde un ángulo diferente para que se vea que la multitud fue aún mayor: todas las calles que convergen en la iglesia estaban llenas; entre 6,000 y 8,000 cubanos acudieron a la llamada, llamada que en Cuba cobra mayor dimensión, ya que se hace de boca en boca, como en los tiempos de Jesús, sin periódicos ni radio ni televisión. Esta respuesta masiva es el signo de una transformación, de un desafío, en suma, la irrupción de una nueva conciencia plasmada en la pancarta colgada en la iglesia: "Sin Cristo no hay verdadera liberación". El hallazgo de la devoción y la espiritualidad del Sagrado Corazón de Jesús ha sido una revelación. Ando en los estudios de su origen, su historia, su significado. Me he acercado además a la obra de Magdalena Sofía Barat, fundadora de la Sociedad del Sagrado Corazón, y a la de Dolores Aleixandre, religiosa española de esa orden y extraordinaria escritora -no invitada a la Feria del Libro de Miami-, autora de *Mujeres en la hora undécima, Palabras para la espera, Círculos en el agua . La vida alterada por la Palabra,* que publica la editorial Sal Terrae. Comparto en esta dádiva de gracias adelantadas algo de su talento y su religiosidad, recomendaciones de la Aleixandre a tener muy en cuenta cuando llegue la tentación del individualismo narcisista, el politeísmo esotérico de la nueva era y el paganismo *light* a que nos arrastra "la gran nada" posmoderna:

"Has negociado con tu identidad para adaptarte a los estilos de felicidad que te ofrece Babilonia... Fíate de los caminos extraños que, según el evangelio, dan acceso a la felicidad: la puerta estrecha de la sobriedad de vida; el compartir, como proyecto alternativo al poseer; la gratuidad como fuente de libertad; el agradecimiento como música de fondo de tu memoria. Cultiva esa alegría que será como una zona verde en medio de una ciudad taciturna. Al vencedor yo le daré a beber el vino de bodas de mi banquete y le dare una piedrecita blanca que lleva grabado el secreto de una alegría disidente y con la que se puede jugar el juego de mi Reino: un juego en el que gana el que pierde y en el que encuentra un tesoro el que se queda sin nada".

Gracias doy sobre todo, porque, como a los ciegos que Jesús les devolvió la vista, me permite ver signos, y en medio de la sospecha y el nihilismo consumado de este final de siglo, me apremia a confiar y a esperar.

20 de noviembre de 1997.

HORA DE ORAR

En mi pecho llevo un símbolo, me lo pondré todos los días hasta que el Papa llegue a Cuba. Es una cinta verde con una perla. El verde significa la esperanza, la perla, la verdad. Me la dio un católico mexicano comprometido con la visita de Juan Pablo II a mi país, José Luis García Chagoyán, director de la Oficina Mensajera de la Verdad y la Esperanza, creada por la Comisión Episcopal de Pastoral Social de México, a petición de los obispos cubanos. La idea de este proyecto es difundir el inmenso significado que tiene la visita de Juan Pablo II a Cuba.

En Miami, donde estuvo José Luis de visita para conocer un poco al exilio e informarnos sobre lo que está haciendo su oficina, se sabe ya que el viaje del Papa es importante y todos, o casi todos, lo quieren; muchos lo fueron comprendiendo lentamente, a medida que las sospechas de "componendas" entre Juan Pablo II y Fidel Castro fueron cediendo ante el sentido común, que a veces nos visita. Lo que una gran masa del exilio ignora todavía es el significado eminentemente evangélico del mensaje y el mensajero, de la verdad y la esperanza.

Enfermos hasta el tuétano de política, estrategias, suspicacias y torpezas, los llamados "líderes" del exilio –ésos que firman su nombre al lado del de su empresa, para que se sepa que tienen dinero y poder, y son influyentes– convocan a una conferencia de prensa para emitir un documento –otro más, hubo uno que enviaron al Papa para que destituyera al cardenal Ortega– en contra del barco de peregrinos que irá Cuba para la misa del 25 de enero en La Habana, pobres miopes obsesos. O convocan a una marcha patética en la que el lamentable orador termina gritando "¡Viva Cristo Rey!", después de condenar todo intento de perdón, reconciliación y diálogo. ¿A qué Cristo estarían invocando? Allá son las marchas del Pueblo Combatiente. Aquí las Marchas de Reafirmación Patriótica.

Pero ésa no es toda Cuba, mi amigo José Luis García Chagoyán pudo ver otra, es la Cuba profunda, de una mística que se enraiza. Aquí compartimos una Eucaristía muy hermosa. En efecto, hay otros cubanos, muchos, que oran en silencio, a solas, en pequeñas comunidades o en parroquias, todos con un mismo ruego: que el Papa pueda ir a Cuba.

Muchos, como yo, aguardan el permiso de entrada a mi país para estar junto a mis hermanos en esos días del 21 al 25 de enero.

Junto con el símbolo a usar en la solapa todos estos días, José Luis me hizo entrega de una oración, ambos surgieron de un grupo de mujeres cubanas que residen en México. Algún día se hará la historia de lo vital que ha sido y es para la Iglesia cubana la solidaridad de la Iglesia latinoamericana, tanto en recursos materiales como humanos. Estuve en Colombia, con las hermanas Dominicas de la Presención por dos semanas, y vi que esa solidaridad se concretiza en el envío de misioneras y sacerdotes a la isla a vivir por años en precarias condiciones en campos y ciudades. México también desempeña un papel importante en el apoyo a la Iglesia cubana. ¿Cuánta ayuda han dado los cubanos del exilio, ésos que se oponen al viaje del crucero, a la Iglesia de Cuba?

En cada instancia de los evangelios en que Jesús hace milagros, adjudica a la fe del enfermo su sanación. Los cubanos necesitamos sanación, pero más que nada necesitamos fe. Fe en ese Jesús que está por nacer y que, por primera vez en muchos, muchos años, podremos concelebrar con nuestros hermanos de allá. La Navidad ha vuelto a Cuba. ¿No es eso ya un signo, otro más, un fruto de la visita de ese Papa peregrino que está por llegar? Acaso es también un milagro porque renace la fe en Dios en el pueblo cubano.

18 de diciembre de 1997

IGLESIA, CUBA Y COMPROMISO

Juan Pablo II no necesita peregrinar a las naciones del mundo para que Cristo se haga presente en el corazón de los pueblos. Dios habita dentro de cada uno, somos nosotros quienes lo echamos fuera, o no lo buscamos dentro. Cada persona es libre de optar o no por él; de amarlo o ignorarlo; de seguirlo o darle de lado, así de sencillo: "Quien no está conmigo, está contra mí", dijo. Fundó su Iglesia, que es a la vez visible y espiritual, sociedad jerárquica y Cuerpo Místico de Cristo. Es una, formada por un doble elemento humano y divino. Ahí está su Misterio que sólo la fe puede aceptar. La Iglesia es fruto de salvación y expansión del misterio divino, comunidad de discípulos de Cristo en medio de la humanidad, signo y presencia del Reino. "Sobre esta piedra –le dijo Jesús a Pedro– construiré mi Iglesia, y las fuerzas del mal no la derribarán".

En efecto, el mal que ha acosado a la Iglesia desde afuera y desde adentro desde que fue fundada, no la han podido destruir en 2,000 años de fieras persecuciones y matanzas, corrupciones internas, divisiones y polémicas. "La Iglesia está marcada por el pecado de sus miembros", dice Charles Marie Guillet. "Es la Iglesia de pecadores que siempre tiene necesidad de dejarse convertir y purificar por parte de Dios. Esa, no obstante, es también la Iglesia de los santos, de aquellos que han refractado en su fe y en su amor la luz del Dios vivo".

Sobre la roca de la fe, confesada por San Pedro –"Tú eres el Cristo, el Hijo Dios vivo", le dijo a Jesús– Cristo ha construido su Iglesia. El Papa, sucesor de Pedro, es el principio y fundamento perpetuo y visible de su unidad. El Papa es ante todo, Vicario de Cristo.

"Una visita del Papa es como si Cristo pasara, y por donde Cristo pasa, nada queda igual", dijo el cardenal Jaime Ortega en su homilía de la Misa del Gallo. Citó algunos milagros del evangelio, especialmente el de la mujer que sangraba hacía muchos años y nadie podía curar; al pasar Jesús entre la muchedumbre, la mujer, casi arrastrándose, le tocó el manto. Jesús se volvió y preguntó quién lo había tocado, y la mujer le contestó que había sido ella, para curarse. Cristo le contestó: "Tu fe te ha salvado", y la mujer dejó de sangrar.

Ortega le pidió a los cubanos que llamaran la atención del Papa sobre sus problemas durante su visita. "Agarremos el manto de Cristo, gritemos al cielo", dijo, y de nuevo insistió en no dejarse guiar por el miedo, "sino por el amor".

Cierto, por donde pasa Cristo, nada queda igual. Ese previo encuentro personal necesario para poder seguirlo es lo que el español José María Castillo llama "la experiencia esencial". Es la que se da en el corazón, la íntima, la radical, la decisiva, la que enamora para siempre. Esta mística cristiana, sin embargo, está indisolublemente unida al compromiso social. Y es que la clave de la espiritualidad cristiana es el seguimiento de Jesús. ¿Y qué es seguir a Jesús? Es saberse libre y responsable, abrirse a un destino, afrontar riesgos, no tener miedo, estar dispuestos a seguir el mismo destino que Jesús por amor a la justicia, a la paz, a los hombres.

En su Mensaje por la Jornada Mundial de la Paz, proclamado hoy, 1ro. de enero, Su Santidad Juan Pablo II ha hecho un extraordinario llamado al respeto de los derechos humanos; el mensaje va dirigido a los Jefes de Estado.

Karol Woytila parte dentro de pocos días a Asís a meditar sobre su próximo viaje a Cuba. Allá te esperamos, querido Juan Pablo II.

1ro. de enero de 1998

EL TRIUNFO SOBRE LO INEXORABLE

Por un momento muy breve golpeó la tristeza de nuevo. Fue por la llamada de la Sección de Intereses de Cuba en Washington a mi casa la mañana del lunes 12 de enero, para informarme que mi solicitud de entrada a mi país como peregrina para la visita del Papa había sido denegada. "Eso no quiere decir que no puedas ir después. Es sólo por esta vez", me dijo amable una empleada. Es decir, mientras en Cuba esté el Papa soy *persona non grata*.

El golpe en el pecho, sin embargo, no llegó a ser de piedra, parafraseando a la Akhmatova: *Y cayó la palabra sobre mi pecho, vivo aún del todo...* Pero sí hubo un vacío, un atisbo de desesperanza que, por la inexplicable misericordia de Dios, se desvaneció rápido para dar paso a la alegría imperturbable, a la obstinada esperanza, la misma certeza, la inexpresable dicha que para mí y millones de cubanos significa la inminente llegada de Su Santidad Juan Pablo II a la patria.

Parece que como en este espacio he defendido el derecho de los exiliados a peregrinar a Cuba con motivo de esta visita, y también afirmé que más que un crucero deberían zarpar mucho barcos de exiliados para recibir a Su Santidad, algunas personas pensaron que yo era una de las que iba en el fallido crucero. No es cierto. Hace muchos meses solicité ir con el padre Ramón Fernández Serralta, de la parroquia San Pablo de Tampa. Pero para el caso es lo mismo, si hubiera querido ir en el barco, me lo hubiera impedido "el exilio vertical"; el viaje en avión me lo impidió el gobierno cubano.

Tuve motivos de ira, de tristeza, de frustración fugaz, porque este viaje se trata de una irrepetible, maravillosa experiencia de fe compartida, una celebración única, dándole la bienvenida a ese Mensajero de la Verdad y la Esperanza que todos aguardamos, un motivo grandioso de dar gracias. Por otra parte, el itinerario del grupo de Tampa es precioso.

Tengo motivos para estar muy agradecida al padre Ramón Hernández. Fue él quien propició mi encuentro privado con el cardenal Jaime Ortega en aquella histórica visita que el arzobispo de La Habana hizo a Tampa en febrero del 96. Para mí fue un privilegio conocerlo y poder conversar a solas con este hombre sencillo y audaz que ya hoy ocupa un lugar cimero en la historia de Cuba. Me impresionó su paz, su inteligencia, pero sobre todo su capacidad de escuchar y comprender. Fue en esa oportunidad que le manifesté a Jaime mi deseo de regresar definitivamente a Cuba para trabajar en la Iglesia. Conversamos mucho sobre esto. Me habló de su vida, de cómo pudo haberse quedado fuera cuando se ordenó sacerdote, pero regresó, porque es allá donde esta nuestra labor; me habló de la dura realidad de Cuba, de su profunda preocupación por la emigración de los cubanos, de responsabilidad, de deberes, de derechos. En cuanto a mi petición, recuerdo sus palabras: "Hay dos cómos que vencer. El cómo de la Iglesia lo tienes, allá hay mucho que hacer, pero ¿y el cómo del gobierno? ¿Cómo logramos tu permiso de entrada?".

Ha de tener algún significado dentro de lo que llamo *una espiritualidad del regreso* que el padre Ramón le haya solicitado lo mismo al cardenal y a su antiguo director espiritual, el obispo de Pinar del Río, monseñor José Siro González Bacallao.

Yo confío en que uno de los frutos de la visita del Papa a Cuba sea mayores espacios de libertad para que la Iglesia pueda desarrollar sin trabas su misión religiosa y de servicio a los necesitados. Que se les otorguen más visas a sacerdotes y monjas extranjeros para que trabajen en Cuba, pero también a religiosas, religiosos y laicos cubanos que deseen regresar para realizar una labor apostólica, evangelizadora en suelo cubano. Y porque espero y confío, aguardo tranquila. Es la forma más certera de triunfar sobre lo inexorable. Tan pronto el Santo Padre se vaya de Cuba el 25 de enero, solicito la visa de entrada a mi país de nuevo.

15 de enero de 1998

RESURRECCION

Cuenta Juan Pablo II que fue durante la II Guerra Mundial, cuando trabajaba de obrero en una fábrica, que, sintiéndose poderosamente atraído hacia la devoción mariana, comenzó a cuestionarse si no debería alejarse un poco de ella para centrarse más en Cristo. El joven Wojtyla temió que si su fervor crecía, como sentía que estaba ocurriendo, María podría llegar a ocupar el lugar supremo que le corresponde a Jesús.

La imagen de Nuestra Señora del Perpetuo Socorro ante la cual de niño se detenía a orar en su parroquia de Wadowice, el escapulario carmelita de gran simbolismo que llevaba consigo desde su adolescencia, sus peregrinajes a la ermita de Kalwaria, a la que se llegaba atravesando un Vía Crucis, y muy especialmente el santuario de Nuestra Señora de Jasna Gora, todo formaba parte de una piedad infantil mariana que ahora tomaba un nuevo giro, adulto y algo místico, y meditaba si debería apartarse un poco de ella para hacer de Cristo su centro único.

Entonces llegó a sus manos un libro de San Luis María Grignon de Montfort –en momentos claves de búsqueda religiosa siempre "llega" algo que nos conduce–, que le hizo comprender que la verdadera devoción a la Madre de Dios es Cristocéntrica, hondamente enraizada en el Misterio de la Santísima Trinidad y los misterios de la encarnación y la Redención.

Es por este amor, por esta entrega total a la Virgen, que Juan Pablo II eligió como lema de su papado *Totus Tuus*, "Soy todo tuyo María". Ese lema se hallaba en el altar de la Plaza Antonio Maceo, de Santiago de Cuba, donde el Vicario de Cristo ofició misa y coronó a la Virgen de la Caridad del Cobre, María en su advocación cubana. En la misa de La Habana el Papa rezó el *Angelus* –"Son palabras tan poderosas", dice en un libro Juan Pablo II sobre el rezo del *Angelus*, "expresan la realidad más profunda del aconecimiento más grande en la historia de la humanidad"–, fue el día del viento que él llamó el nuevo Pentecostés para Cuba y los cubanos, viento que precedió a la lluvia en el aeropuerto, y que llamó el nuevo Adviento.

La visita de Juan Pablo II a Cuba está cargada de un significado tan hondo, de una trascendencia nacional y espiritual tan asombrosa que es imposible de calcular en estos momentos. En su alocución del miércoles ante 10,000 peregrinos en Roma, el Sumo Pontífice dijo que su viaje a Cuba le había recordado mucho su viaje a Polonia en 1979, y que había encomendado a todos los cubanos, tanto los de afuera como los de dentro, a la Virgen de la Caridad "para que formen una comunidad cada vez más vivificada por la auténtica libertad, próspera y fraterna... Les deseo a mis hermanos y hermanas de aquella bella isla que los frutos de esta peregrinación sean similares a los frutos de la peregrinación a Polonia en 1979". No olvidemos que Nuestra Señora de Jasna Gora, venerada por los polacos por siglos, es a Polonia lo que la Virgen de la Caridad a Cuba.

Aquí todos pudimos ver y oír muchas maravillas que acontecieron a todo lo largo de nuestra isla durante la visita del Papa. Pero había que estar presente para captar en toda su magnitud y hondura algunos hechos. El padre José Conrado Rodríguez estuvo en Cuba junto al Santo Padre, y de paso por Miami rumbo a España, sostuvo un excepcional encuentro con los cubanos en la Universidad Internacional de la Florida. De sus muchas anécdotas -y brillantes análisis-, retengo una: Se hallaba en la misa de Santiago, de pronto la muchedumbre humana allí concentrada empezó a gritar: "¡No tenemos miedo!" "¡No tenemos miedo!". Lo que me llamó la atención fue como lo describió el padre Jose Conrado: era como el sonido telúrico que precede a un terremoto. Santiaguero como el arzobispo Pedro Meurice, él conoce bien esos ruidos proféticos que brotan de la tierra. "Esto inaugura tiempos nuevos", dijo sobre la visita del Papa a Cuba el padre José Conrado. "Se inició un proceso de liberación interna y colectiva que va a continuar. A partir de este momento, los cubanos recobraron su futuro... Lo que ha ocurrido en Cuba es un auténtico milagro, la resurrección no sólo de la Iglesia Católica, sino la del pueblo cubano".

Eso que trasciende todo entendimiento; eso que no se puede explicar ni hacer que otros entiendan; eso de lo que sólo se puede ser testigo, que lo hace a uno confiar plenamente, abandonarse, desechando toda certeza y seguridad humana, es fe. Tuvimos fe en que Juan Pablo II llegaría a Cuba, la tuvimos también en que Dios le daría salud y fuerza durante su estancia en la patria. Ahora tenemos fe en los frutos de esa visita.

Pero recordemos de nuevo que el Papa nos ha instado a actuar, a no dejar para mañana la construcción de ese futuro libre y digno, que tenemos el deber, la responsabilidad de realizar. Para empezar, recomiendo que hagamos algo: que leamos cada una de las homilías y discursos que Juan Pablo II pronunció en Cuba. Que los interioricemos, que reflexionemos sobre ellos, porque ahí está contenido un proyecto de vida ético que se funda en nuestra raíz católica y que a la vez conforma el único futuro salvifíco de nuestra nación. De ahí que el Papa enfatizara los valores cristianos que impulsaron a Ignacio Agramonte, a Felix Varela, a José Martí, a Mariana Grajales, en suma, a la formación de la nacionalidad cubana.

Urge retomar el rumbo y echar a andar, Juan Pablo II nos enseñó el camino.

29 de enero de 1998

NO TENGAMOS MIEDO

En la medida en que me considero cubana me es imposible no pronunciarme de nuevo en contra del embargo. Digo de nuevo porque ya lo he hecho en otras ocasiones. Para mencionar sólo una, remito a *La piedad del exilio,* artículo publicado el 1ro. de abril de 1993. Me es imposible digo, porque es un asunto de conciencia, y el embargo es, en las palabras de Juan Pablo II, "éticamente inaceptable".

Ese "relativismo moral" al que hizo referencia Su Santidad en más de una ocasión durante su visita a Cuba refiriéndose a la crisis de valores que sacude al mundo actual, se da de forma escalofriante también en el exilio. ¿Cómo no cuestionarse el plan de enviar ayuda humanitaria sin levantar el embargo? No que enviar comida y medicinas esté mal, todo lo contrario, sólo basta recordar el gesto del exilio en respuesta al pedido de Caritas a raíz del huracán Lili, cuando en una espontánea muestra de solidaridad con los damnificados, los cubanos de Miami enviaron gran cantidad de alimentos y medicamentos a la isla. Es la intención -y la intención de las palabras y los actos revela tanto- de los que ahora promueven la ayuda humanitaria la que es lamentable. No es piedad, es estrategia; no es solidaridad, es agenda.

"Diles que no hay patria sin virtud, ni virtud con impiedad", dice el Padre Varela en sus *Cartas a Elpidio.* ¿Y qué es virtud, esa palabra tan en desuso en nuestra desvalorizada sociedad? La virtud, nos dijo Juan Pablo II a los cubanos, es la fuerza interior que impulsa a sacrificarse por amor al bien y que permite a la persona no sólo realizar actos buenos, sino también dar lo mejor de sí misma. El Papa apremia a los cubanos de allá a que no eludan la responsabilidad y el reto de construir una nueva sociedad, libre y digna para todos; a nosotros tambien.

A nosotros nos llama a tender lazos, puentes de comunicación y ayuda, a colaborar desde aquí con el bien de la Nación. Es la llamada a promover los altos valores del espíritu, la edificación de un proyecto ético en nuestro interior, que está en plena sintonía con el llamado que le hizo a los cubanos de la isla en repetidas ocasiones: *no tengan miedo.*

¿Cuál es el miedo nuestro? ¿Por qué oímos y nos regocijamos con lo que el Papa le dijo *a ellos* y no queremos oír ni pronunciar en voz alta lo que nos dijo *a nosotros*? La mayoría del exilio cubano defiende en público el mantenimiento del embargo, pero envía una enorme cantidad de dinero a sus familiares en Cuba. Esta valiosa fuente de divisas supera la que generan las industrias del azúcar y el turismo cubanos. ¿Cómo entender este comportamiento incoherente? Por algo muy elemental y humano: es el amor familiar, que está por encima de toda política. Pero también por un odio enquistado hacia la Patria, a la que confunden con un partido. Las palabras del arzobispo de Santiago de Cuba, monseñor Pedro Meurice, se aplican también a nosotros. En su deseo de gelpear a un dictador y a su gobierno, golpean a un pueblo y a un país que supuestamente aman. Ese rencor hacia Cuba que sienten tantos cubanos que han ido llegando en diferentes épocas, surge del resentimiento de no haberse ido antes, en el peor de los casos; o de un mecanismo de defensa que los justifique por haber abandonado el país, o de un sufrimiento que busca la venganza. Los exiliados cubanos, y muy especialmente los católicos cubanos, deben de inmediato promover el levantamiento del embargo norteamericano a Cuba.

Pero hay algo más, la Casa Blanca debe autorizar los vuelos directos a Cuba sin restricciones. Los cubanos que vivimos en Estados Unidos tenemos el derecho de viajar a nuestro país no sólo una vez al año, como exige la actual regulación norteamericana, sino todas las veces que queramos; y deberíamos viajar mucho a Cuba. Esa es la parte que nos toca hacer: propiciar el acercamiento en lugar del aislamiento, la reconciliación y el respeto en vez de la reconcentración del odio.

Para que Cuba se abra al mundo, que el mundo se abra a Cuba. Estados Unidos tiene que dar el paso: Que se reanuden los vuelos sin restricciones y se levante el embargo.

12 de febrero de 1998

CUARESMA PARA NEOLIBERALES

Jueves, 12 de marzo de 1998. Segunda semana de Cuaresma, ya casi equinoccio de primavera, cuando los días y las noches son iguales en toda la Tierra. ¿Por qué Cuaresma? Porque son cuarenta los días de preparación que nos van conduciendo a la Pasión de Cristo. Nos adentramos en el símbolo, el arquetipo, la realidad primera y última de nuestra vida, fuente y fin, Alfa y Omega. ¿Por qué cuarenta? Porque fueron cuarenta los días que Jesús se retiró a orar a solas en el desierto, y en el desierto cuarenta fueron los años que los judíos anduvieron errantes.

La crucifixión de Cristo ocurre en los días de la Pascua judía. Pascua, del latín *pascha*, del hebreo *pesach*, fiesta que conmemora la liberación del cautiverio judío en Egipto, después que el Angel de la Muerte entró en ese país causando tanto dolor y pavor entre los egipcios, que el faraón, quien despreció y se burló de las advertencias de Moisés, decidió liberarlos. El Angel del Mal entró en Egipto, pero pasó de largo ante las casas de los judíos. Dios les había dicho que como señal al ángel, embarraran sus portales con la sangre de un cordero sacrificado y comido por ellos la noche antes.

La Ultima Cena de Jesús celebra esta comida pascual hebrea. Pero para nosotros los cristianos, Jesús mismo es el Cordero de Dios, cuya sangre derramó para salvarnos. En el día de hoy, jueves de la segunda semana de Cuaresma, millones de católicos de todos los confines del planeta han leído o leerán, han escuchado o escucharán las siguientes palabras sacadas del Evangelio:

Lectura del Evangelio de Lucas: 16: 19-31

"Había un hombre rico, que se vestía con ropa fina y elegante y que todos los días hacía fiestas con mucho lujo. Había también un pobre llamado Lázaro, que estaba lleno de llagas y se sentaba en el suelo a la puerta del rico. Este pobre quería llenarse con lo que caía de la mesa del rico; y hasta los perros se acercaban a lamerle las llagas. Un día el pobre murió, y fue enterrado.

"Y mientras el rico sufría en el lugar adonde van los muertos, levantó los ojos y vio de lejos a Abraham, y a Lázaro con él. Entonces gritó: "¡Padre Abraham, ten lástima de mí! Manda a Lázaro que moje la punta de su dedo en agua y venga a refrescar mi lengua, porque estoy sufriendo mucho en este fuego". Pero Abraham le contestó: "Hijo, acuérdate que a ti te fue muy bien en la vida, y que a Lázaro le fue muy mal. Ahora él recibe consuelo aquí, y tú sufres. Aparte de esto, hay un gran abismo entre nosotros y ustedes; de modo que los que quieren pasar de aquí a allá, no pueden, ni los de allá tampoco pueden pasar a aquí".

"El rico dijo: "Te suplico entonces, padre Abraham, que mandes a Lázaro a la casa de mi padre, donde tengo cinco hermanos, para que les hable y así no vengan ellos también a este lugar de tormento". Abraham dijo: "Ellos ya tienen lo escrito por Moisés y los profetas: ¡que les hagan caso!" El rico contestó: "Si, padre Abraham, pero si un muerto resucita y se les aparece, ellos se convertirán". Pero Abraham le dijo: "Si no quieren hacer caso a Moisés y a los profetas, tampoco creerán aunque resucite un muerto".

No todos, aunque acuden a la iglesia y se llaman cristianos, oyen o leen con atención la Palabra. Son los sordos y los ciegos de las parábolas. Menos aun los no creyentes. Pero como creo en Dios, decido responder por este medio -el mejor para mí, porque la Cuaresma es época de reflexión basada en la Palabra- a las personas que han escrito o llamado a este periódico molestas por mi crítica al neoliberalismo en mi pasada columna, *Insolidaridad neoliberal*, publicada el 26 de febrero.

El neoliberalismo es una ideología económica darwinista que defiende a los ricos y margina y desprecia a los pobres, a quienes culpa, con desfachatez y cinismo innatos, de su condición; es una ideología regida por una sola "ética": la competencia y el individualismo feroz; que ha hecho o quiere hacer del mundo un mercado, del mercado un dios, única razon de ser, y de los seres humanos sólo dos cosas: productores y consumidores, entes carentes de espíritu ni compromiso social.

Libertad no significa neoliberalismo ni democracia capitalismo salvaje. Como ejemplo de democracia y economía social de mercado que admiro, pongo a Alemania. A los cubanos, a punto de cumplir 40 años en el desierto de una isla comunista y el destierro en un país ya casi neoliberal, nos vendría bien estudiar el proceso alemán. Aunque mejor sería volver a las Sagradas Escrituras en estos días cuaresmales. Pero ojo, porque el Evangelio es tan subversivo para comunistas como neoliberales.

12 de marzo de 1998

EPILOGO

Alma de Cristo, santifícame.
Cuerpo de Cristo, sálvame.
Sangre de Cristo, embriágame.
Agua del costado de Cristo, lávame.
Pasión de Cristo, confórtame.
¡Oh buen Jesús!, óyeme.
Dentro de tus llagas escóndeme.
No permitas que me aparte de ti.
Del maligno enemigo defiéndeme.
En la hora de mi muerte llámame.
Y mándame ir a ti.
Para que con tus santos de alabe.
Por los siglos de los siglos. Amén.

O salutáris Hóstia,
Quae caeli pandis óstium:
Bella premunt hostília,
Da robur, fer auxílium.
Uni trinóque Dómino
Sit sempitérna glória,
Qui vitam sine término
Nobis donet in pátria. Amen.

(O, Víctima salvífica,
ábrenos de par en par las puertas del cielo,
que los enemigos arrecian por todas partes;
danos tu fuerza y tu valor.
A Dios Trino
alabanza y gloria por los siglos,
Concédenos una vida sin término,
en nuestra Patria verdadera estar. Amen).

INDICE

LOS DE AQUI Y DE ALLA/ VII
PROLOGO/ XI
CARTA A UNA ESTUDIANTE DE PEKIN/ 3
LOS OJOS DE HAYDEE/ 5
ACUDE, WOJTYLA/ 7
ONDA CORTA/ 10
COMO LA UÑA DE LA CARNE/ 13
EL ULTIMO ACTO/ 15
UNA PROPUESTA EN LA HABANA/ 18
MISERABLE ISLA.../ 21
HERMANO OSWALDO/ 24
LAS REVELACIONES DE RAUL/ 27
CALUMNIA, QUE ALGO QUEDA/ 30
DIALOGO/ 33
DESOBEDIENCIA CIVIL/ 36
ELOGIO DE MIS LOCOS/ 39
LAS PALABRAS DE MAS/ 42
AMERICAS WATCH NOS MIRA/ 45
HABLA LA OPOSICION/ 48
LOS ARBOLES/ 51
A PROPOSITO DE BYRNE/ 53
DESANGRADO SON, CORAZON/ 56
EL PROGRAMA TRANSITORIO/ 59
PEQUEÑAS ALEGRIAS/ 62
LOS PERIODISTAS INDEPENDIENTES DE CUBA/ 64
EN BUSCA DE DULCE MARIA/ 67
CATARSIS COTIDIANA/ 70
GERMINA LA SEMILLA/ 72
DICIEMBRE MEMORABLE/ 75
DOCE DE LA NOCHE/ 78
RACISMO/ 80
CANTANDO EL ESPIRITUAL (Carta a Mario L. Baeza)/ 83
TOMAS SANCHEZ EN MIAMI/ 86
LA PIEDAD DEL EXILIO/ 89
PLACER EN EL REFUGIO/ 92
PARASITOS, SAPOS, ESCORPIONES/ 95

MAESTRA RURAL/ 98
DESPUES DE LA LIBERTAD/ 101
UN POETA EN BUSCA DE DESTINO/ 104
DIVAGACIONES EN UN PENDULO/ 107
SEÑORES PRESIDENTES:/ 109
EL RELAMPAGO EN LA MEMORIA/ 111
AL CALOR DE AGOSTO/ 113
EL *AFFAIR* PRATS/ 116
POR EL CAMBIO/ 119
DERECHA, IZQUIERDA/ 122
HACIA EL ALBA/ 125
EL DIALOGO DE *DIALOGUEROS*/ 127
EL DIA QUE SE TORCIO EL RUMBO/ 130
UNA HISTORIA DEL EXILIO/ 134
PARALITICOS EN EL BUNKER/ 137
LA RABIA NACIONAL/ 140
EL LIBRO DE ARIEL/ 143
EL GRITO (DE MUNCH, NO DE BAIRE)/ 146
UN SOFISMA FALLIDO/ 149
LA HORA DEL DESHIELO/ 152
EL ULTIMO TRASPIE/ 155
LA DECLARACION DE PRINCIPIOS DE MARIA ELENA
CRUZ VARELA/ 158
DESAFIAR EL HORROR/ 161
LA RUINA Y LOS ARQUITECTOS/ 164
LA INMUNDICIA DE LOS HEROES/ 167
LAS AGUAS/ 170
LA GUERRA/ 172
A PUERTA CERRADA/ 175
LA OFENSIVA FINAL/ 178
SER CUBANOAMERICANA/ 181
CARTA A JAIME ORTEGA ALAMINO/ 184
UNA MANO A LOS NUESTROS/ 187
INTINERARIO DE UNA PEREGRINA/ 191
OTOÑO Y MELANCOLIA/ 194
ENTRE LA VIDA Y LA MUERTE/ 196
FIN DEL EXILIO/ 199
EN EL SILENCIO/ 202
RUBLEV Y YO/ 205

COLOQUIO DE LOS NO NACIDOS/ 207
CARTA A JOSE CONRADO/ 210
MERTON EN CUBA/ 213
OSWALDO PAYA: UN LLAMADO A LA CONCIENCIA/ 216
INVITADOS AL BANQUETE/ 219
¿POR QUE PERDONAR?/ 221
LA PROMESA CUMPLIDA/ 223
EN GRACIA ABUNDANTE/ 236
HORA DE ORAR/ 228
IGLESIA, CUBA Y COMPROMISO/ 230
EL TRIUNFO SOBRE LO INEXORABLE/ 232
RESURRECCION/ 234
NO TENGAMOS MIEDO/ 237
CUARESMA PARA NEOLIBERALES/ 239
EPILOGO/ 242

COLECCIÓN FÉLIX VARELA
(Obras de pensamiento cristiano y cubano)

❶ 815-2   MEMORIAS DE JESÚS DE NAZARET, José Paulos
❷ 833-0   CUBA: HISTORIA DE LA EDUCACIÓN CATÓLICA 1582-1961 (2 vols.), Teresa Fernández Soneira
❸ 842-X   EL HABANERO, Félix Varela (con un estudio de José M. Hernández e introducción por Mons. Agustín Román
❹ 867-5   MENSAJERO DE LA PAZ Y LA ESPERANZA (Visita de Su Santidad Juan Pablo II a Cuba)
❺ 871-3   LA SONRISA DISIDENTE (Itinerario de una conversión), Dora Amador

COLECCIÓN ARTE

118-2	EL ARTE EN CUBA (historia del arte en Cuba), Martha de Castro
467-X	ART OF CUBA IN EXILE, José Gómez Sicre
480-7	THE THORNS ARE GREEN MY FRIEND (poesías de Lourdes Gómez Franca / dibujos de Pablo Cano)
525-0	SI TE QUIERES POR EL PICO DIVERTIR, (Historia del pregón musical latinoamericano), Cristóbal Díaz Ayala
564-1	MÚSICA CUBANA PARA PIANO (cuarenta danzas y una contradanza), René Touzet
666-4	EL NIÑO DE GUANO (Poesías de Lourdes Gómez Franca. Dibujos en blanco y negro de Pablo Cano)
703-2	MÚSICA CUBANA (DEL AREYTO A LA NUEVA TROVA), Cristóbal Díaz Ayala
721-0	CUBA CANTA Y BAILA. DISCOGRAFÍA DE LA MÚSICA CUBANA. VOL. I (1898-1925), Cristóbal Díaz Ayala
726-1	POEMARIO, Angel Gaztelu (Ilustrado por Pablo Cano)
753-9	CUBA: ARQUITECTURA Y URBANISMO, Editado por Felipe J. Préstamo y Hernández. Prólogo de Marcos Antonio Ramos
825-X	LAS ANTIGUAS IGLESIAS DE LA HABANA (tiempo, vida y semblante), Manuel Fernández Santalices
836-5	LAS PRIMERAS CIUDADES CUBANAS Y SUS ANTECEDENTES URBANÍSTICOS, Guillermo de Zéndegui
845-4	HABANEROS / PHOTOGRAPHS OF THE PEOPLE OF HAVANA / FOTOGRAFÍAS DE LOS HABANEROS, Kenneth Treister

COLECCIÓN *CUBA Y SUS JUECES*
(libros de historia y política publicados por
EDICIONES UNIVERSAL):

0359-6	CUBA EN 1830, Jorge J. Beato & Miguel F. Garrido
044-5	LA AGRICULTURA CUBANA (1934-1966), Oscar A. Echevarría Salvat
045-3	LA AYUDA CUBANA A LA LUCHA POR LA INDEPENDENCIA NORTEAMERICANA, Eduardo J. Tejera
046-1	CUBA Y LA CASA DE AUSTRIA, Nicasio Silverio Saínz
047-X	CUBA, UNA ISLA QUE CUBRIERON DE SANGRE, Enrique Cazade
048-8	CUBA, CONCIENCIA Y REVOLUCIÓN, Luis Aguilar León
049-6	TRES VIDAS PARALELAS, Nicasio Silverio Saínz
050-X	HISTORIA DE CUBA, Calixto C. Masó
051-8	RAÍCES DEL ALMA CUBANA, Florinda Álzaga
0-6	MÁXIMO GÓMEZ ¿CAUDILLO O DICTADOR? Florencio García Cisneros
118-2	EL ARTE EN CUBA, Martha de Castro
119-0	JALONES DE GLORIA MAMBISA, Juan J.E. Casasús
123-9	HISTORIA DEL PARTIDO COMUNISTA DE CUBA Jorge García Montes y Antonio Alonso Avila
131-X	EN LA CUBA DE CASTRO (APUNTES DE UN TESTIGO) Nicasio Silverio Saínz
1336-2	ANTECEDENTES DESCONOCIDOS DEL 9 DE ABRIL Y LOS PROFETAS DE LA MENTIRA, Ángel Aparicio Laurencio
136-0	EL CASO PADILLA: LITERATURA Y REVOLUCIÓN EN CUBA Lourdes Casal
139-5	JOAQUÍN ALBARRÁN, ENSAYO BIOGRÁFICO, Raoul García
157-3	VIAJANDO POR LA CUBA QUE FUE LIBRE, Josefina Inclán
165-4	VIDAS CUBANAS - CUBAN LIVES.- VOL. I., José Ignacio Lasaga
205-7	VIGENCIA POLÍTICA Y LITERARIA DE MARTÍN MORÚA DELGADO, Aleyda T. Portuondo
205-7	CUBA, TODOS CULPABLES, Raul Acosta Rubio
207-3	MEMORIAS DE UN DESMEMORIADO-LEÑA PARA EL FUEGO DE LA HISTORIA DE CUBA, José R. García Pedrosa
211-1	HOMENAJE A FÉLIX VARELA, Sociedad Cubana de Filosofía

212-X	EL OJO DEL CICLÓN, Carlos Alberto Montaner
220-0	ÍNDICE DE LOS DOCUMENTOS Y MANUSCRITOS DELMONTINOS, Enildo A. García
240-5	AMÉRICA EN EL HORIZONTE. UNA PERSPECTIVA CULTURAL, Ernesto Ardura
243-X	LOS ESCLAVOS Y LA VIRGEN DEL COBRE, Leví Marrero
262-6	NOBLES MEMORIAS, Manuel Sanguily
274-X	JACQUES MARITAIN Y LA DEMOCRACIA CRISTIANA . José Ignacio Rasco
283-9	CUBA ENTRE DOS EXTREMOS, Alberto Muller
293-6	HISTORIA DE LA ODONTOLOGÍA EN CUBA. VOL.I: (1492-1898), César A. Mena
310-X	HISTORIA DE LA ODONTOLOGÍA EN CUBA VOL.II: (1899-1940), César A. Mena
311-8	HISTORIA DE LA ODONTOLOGÍA EN CUBA VOL.III:(1940-1958), César A. Mena
344-4	HISTORIA DE LA ODONTOLOGÍA EN CUBA. VOL IV: (1959-1983), César A. Mena
3122-0	RELIGIÓN Y POLÍTICA EN LA CUBA DEL SIGLO XIX (EL OBISPO ESPADA), Miguel Figueroa y Miranda
298-7	CRITICA AL PODER POLÍTICO, Carlos M. Méndez
313-4	EL MANIFIESTO DEMÓCRATA, Carlos M. Méndez
314-2	UNA NOTA DE DERECHO PENAL, Eduardo de Acha
319-3	MARTÍ EN LOS CAMPOS DE CUBA LIBRE, Rafael Lubián
320-7	LA HABANA, Mercedes Santa Cruz (Condesa de Merlín)
328-2	OCHO AÑOS DE LUCHA - MEMORIAS, Gerardo Machado y Morales
340-1	PESIMISMO, Eduardo de Acha
347-9	EL PADRE VARELA. BIOGRAFÍA DEL FORJADOR DE LA CONCIENCIA CUBANA, Antonio Hernández-Travieso
353-3	LA GUERRA DE MARTÍ (LA LUCHA DE LOS CUBANOS POR LA INDEPENDENCIA), Pedro Roig
354-1	EN LA REVOLUCIÓN DE MARTÍ, Rafael Lubián y Arias
358-4	EPISODIOS DE LAS GUERRAS POR LA INDEPENDENCIA DE CUBA, Rafael Lubián y Arias
361-4	EL MAGNETISMO DE JOSÉ MARTÍ, Fidel Aguirre
364-9	MARXISMO Y DERECHO, Eduardo de Acha

367-3	¿HACIA DONDE VAMOS? (RADIOGRAFÍA DEL PRESENTE CUBANO), Tulio Díaz Rivera
368-1	LAS PALMAS YA NO SON VERDES (ANÁLISIS Y TESTIMONIOS DE LA TRAGEDIA CUBANA), Juan Efe Noya
374-6	GRAU: ESTADISTA Y POLÍTICO (Cincuenta años de la Historia de Cuba), Antonio Lancís
376-2	CINCUENTA AÑOS DE PERIODISMO, Francisco Meluzá Otero
379-7	HISTORIA DE FAMILIAS CUBANAS (VOLS.I-VI) Francisco Xavier de Santa Cruz y Mallén
380-0	HISTORIA DE FAMILIAS CUBANAS. VOL. VII Francisco Xavier de Santa Cruz y Mallén
408-4	HISTORIA DE FAMILIAS CUBANAS. VOL. VIII Francisco Xavier de Santa Cruz y Mallén
409-2	HISTORIA DE FAMILIAS CUBANAS. VOL. IX Francisco Xavier de Santa Cruz y Mallén
383-5	CUBA: DESTINY AS CHOICE, Wifredo del Prado
387-8	UN AZUL DESESPERADO, Tula Martí
392-4	CALENDARIO MANUAL Y GUÍA DE FORASTEROS DE LA ISLA DE CUBA
393-2	LA GRAN MENTIRA, Ricardo Adám y Silva
403-3	APUNTES PARA LA HISTORIA. RADIO, TELEVISIÓN Y FARÁNDULA DE LA CUBA DE AYER..., Enrique C. Betancourt
407-6	VIDAS CUBANAS II/CUBAN LIVES II, José Ignacio Lasaga
411-4	LOS ABUELOS: HISTORIA ORAL CUBANA, José B. Fernández
413-0	ELEMENTOS DE HISTORIA DE CUBA, Rolando Espinosa
414-9	SÍMBOLOS - FECHAS - BIOGRAFÍAS, Rolando Espinosa
418-1	HECHOS Y LIGITIMIDADES CUBANAS. UN PLANTEAMIENTO Tulio Díaz Rivera
425-4	A LA INGERENCIA EXTRAÑA LA VIRTUD DOMÉSTICA (biografía de Manuel Márquez Sterling), Carlos Márquez Sterling
426-2	BIOGRAFÍA DE UNA EMOCIÓN POPULAR: EL DR. GRAU Miguel Hernández-Bauzá
428-9	THE EVOLUTION OF THE CUBAN MILITARY (1492-1986) Rafael Fermoselle
431-9	MIS RELACIONES CON MÁXIMO GÓMEZ, Orestes Ferrara
436-X	ALGUNOS ANÁLISIS (EL TERRORISMO. DERECHO INTERNACIONAL), Eduardo de Acha
437-8	HISTORIA DE MI VIDA, Agustín Castellanos

443-2	EN POS DE LA DEMOCRACIA ECONÓMICA, Varios
450-5	VARIACIONES EN TORNO A DIOS, EL TIEMPO, LA MUERTE Y OTROS TEMAS, Octavio R. Costa
451-3	LA ULTIMA NOCHE QUE PASE CONTIGO (40 AÑOS DE FARÁNDULA CUBANA/1910-1959), Bobby Collazo
458-0	CUBA: LITERATURA CLANDESTINA, José Carreño
459-9	50 TESTIMONIOS URGENTES, José Carreño y otros
461-0	HISPANIDAD Y CUBANIDAD, José Ignacio Rasco
466-1	CUBAN LEADERSHIP AFTER CASTRO, Rafael Fermoselle
483-1	JOSÉ ANTONIO SACO, Anita Arroyo
479-3	HABLA EL CORONEL ORLANDO PIEDRA, Daniel Efraín Raimundo
490-4	HISTORIOLOGÍA CUBANA I (1492-1998), José Duarte Oropesa
2580-8	HISTORIOLOGÍA CUBANA II (1998-1944), José Duarte Oropesa
2582-4	HISTORIOLOGÍA CUBANA III (1944-1959), José Duarte Oropesa
502-1	MAS ALLÁ DE MIS FUERZAS, William Arbelo
508-0	LA REVOLUCIÓN, Eduardo de Acha
510-2	GENEALOGÍA, HERÁLDICA E HISTORIA DE NUESTRAS FAMILIAS, Fernando R. de Castro y de Cárdenas
514-5	EL LEÓN DE SANTA RITA, Florencio García Cisneros
516-1	EL PERFIL PASTORAL DE FÉLIX VARELA, Felipe J. Estévez
518-8	CUBA Y SU DESTINO HISTÓRICO. Ernesto Ardura
520-X	APUNTES DESDE EL DESTIERRO, Teresa Fernández Soneira
524-2	OPERACIÓN ESTRELLA, Melvin Mañón
532-3	MANUEL SANGUILY. HISTORIA DE UN CIUDADANO Octavio R. Costa
538-2	DESPUÉS DEL SILENCIO, Fray Miguel Angel Loredo
540-4	FUSILADOS, Eduardo de Acha
551-X	¿QUIEN MANDA EN CUBA? LAS ESTRUCTURAS DE PODER. LA ÉLITE., Manuel Sánchez Pérez
553-6	EL TRABAJADOR CUBANO EN EL ESTADO DE OBREROS Y CAMPESINOS, Efrén Córdova
558-7	JOSÉ ANTONIO SACO Y LA CUBA DE HOY, Ángel Aparicio
7886-3	MEMORIAS DE CUBA, Oscar de San Emilio

566-8		SIN TIEMPO NI DISTANCIA, Isabel Rodríguez
569-2		ELENA MEDEROS (UNA MUJER CON PERFIL PARA LA HISTORIA), María Luisa Guerrero
577-3		ENRIQUE JOSÉ VARONA Y CUBA, José Sánchez Boudy
586-2		SEIS DÍAS DE NOVIEMBRE, Byron Miguel
588-9		CASTRO CONVICTO, Francisco Navarrete
589-7		DE EMBAJADORA A PRISIONERA POLÍTICA: ALBERTINA O'FARRILL, Víctor Pino Llerovi
590-0		REFLEXIONES SOBRE CUBA Y SU FUTURO, Luis Aguilar León
592-7		DOS FIGURAS CUBANAS Y UNA SOLA ACTITUD, Rosario Rexach
598-6		II ANTOLOGÍA DE INSTANTÁNEAS, Octavio R. Costa
600-1		DON PEPE MORA Y SU FAMILIA, Octavio R. Costa
603-6		DISCURSOS BREVES, Eduardo de Acha
606-0		LA CRISIS DE LA ALTA CULTURA EN CUBA - INDAGACIÓN DEL CHOTEO, Jorge Mañach (Ed. de Rosario Rexach)
608-7		VIDA Y MILAGROS DE LA FARÁNDULA DE CUBA I, Rosendo Rosell
617-6		EL PODER JUDICIAL EN CUBA, Vicente Viñuela
620-6		TODOS SOMOS CULPABLES, Guillermo de Zéndegui
621-4		LUCHA OBRERA DE CUBA, Efrén Naranjo
623-0		HISTORIOLOGÍA CUBANA IV (1959-1980), José Duarte Oropesa
624-9		HISTORIA DE LA MEDICINA EN CUBA I: HOSPITALES Y CENTROS BENÉFICOS EN CUBA COLONIAL, César A. Mena y Armando F. Cobelo
626-5		LA MÁSCARA Y EL MARAÑÓN (LA IDENTIDAD NACIONAL CUBANA), Lucrecia Artalejo
639-7		EL HOMBRE MEDIO, Eduardo de Acha
644-3		LA ÚNICA RECONCILIACIÓN NACIONAL ES LA RECONCILIACIÓN CON LA LEY, José Sánchez-Boudy
645-1		FÉLIX VARELA: ANÁLISIS DE SUS IDEAS POLÍTICAS, Juan P. Esteve
646-X		HISTORIA DE LA MEDICINA EN CUBA II (Ejercicio y enseñanza de las ciencias médicas en la época colonial, César A. Mena
647-8		REFLEXIONES SOBRE CUBA Y SU FUTURO, (segunda edición corregida y aumentada), Luis Aguilar León

648-6	DEMOCRACIA INTEGRAL, Instituto de Solidaridad Cristiana
652-4	ANTIRREFLEXIONES, Juan Alborná-Salado
664-8	UN PASO AL FRENTE, Eduardo de Acha
668-0	VIDA Y MILAGROS DE LA FARÁNDULA DE CUBA II, Rosendo Rosell
676-1	EL CAIMÁN ANTE EL ESPEJO (Un ensayo de interpretación de lo cubano), Uva de Aragón Clavijo
677-5	HISTORIOLOGÍA CUBANA V, José Duarte Oropesa
679-6	LOS SEIS GRANDES ERRORES DE MARTÍ, Daniel Román
680-X	¿POR QUÉ FRACASÓ LA DEMOCRACIA EN CUBA?, Luis Fernández-Caubí
682-6	IMAGEN Y TRAYECTORIA DEL CUBANO EN LA HISTORIA I (1492-1902), Octavio R. Costa
683-4	IMAGEN Y TRAYECTORIA DEL CUBANO EN LA HISTORIA II (1902-1959), Octavio R. Costa
684-2	LOS DIEZ LIBROS FUNDAMENTALES DE CUBA (UNA ENCUESTA), Armando Álvarez-Bravo
686-9	HISTORIA DE LA MEDICINA EN CUBA III (1899 a 1909), César A. Mena
689-3	A CUBA LE TOCÓ PERDER, Justo Carrillo
690-7	CUBA Y SU CULTURA, Raúl M. Shelton
702-4	NI CAÍDA, NI CAMBIOS, Eduardo de Acha
703-2	MÚSICA CUBANA: DEL AREYTO A LA NUEVA TROVA, Cristóbal Díaz Ayala
706-7	BLAS HERNÁNDEZ Y LA REVOLUCIÓN CUBANA DE 1933, Ángel Aparicio
713-X	DISIDENCIA, Ariel Hidalgo
715-6	MEMORIAS DE UN TAQUÍGRAFO, Angel V. Fernández
716-4	EL ESTADO DE DERECHO, Eduardo de Acha
718-0	CUBA POR DENTRO (EL MININT), Juan Antonio Rodríguez Menier
719-9	MANANA, DETRÁS DEL GENERALÍSIMO (Biografía de Bernarda Toro de Gómez «Manana»), Ena Curnow
721-0	CUBA CANTA Y BAILA (Discografía cubana), Cristóbal Díaz Ayala
723-7	YO, EL MEJOR DE TODOS (Biografía no autorizada del Che Guevara), Roberto Luque Escalona
727-X	MEMORIAS DEL PRIMER CONGRESO DEL PRESIDIO POLÍTICO CUBANO, Manuel Pozo (ed.)

730-X	CUBA: JUSTICIA Y TERROR, Luis Fernández-Caubí
737-7	CHISTES DE CUBA, Arly
738-5	PLAYA GIRÓN: LA HISTORIA VERDADERA, Enrique Ros
739-3	FILOSOFÍA DEL CUBANO Y DE LO CUBANO, José Sánchez Boudy
740-7	CUBA: VIAJE AL PASADO, Roberto A. Solera
743-1	MARTA ABREU, UNA MUJER COMPRENDIDA Pánfilo D. Camacho
745-8	CUBA: ENTRE LA INDEPENDENCIA Y LA LIBERTAD, Armando P. Ribas
746-8	A LA OFENSIVA, Eduardo de Acha
747-4	LA HONDA DE DAVID, Mario Llerena
752-0	24 DE FEBRERO DE 1895: UN PROGRAMA VIGENTE Jorge Castellanos
753-9	CUBA ARQUITECTURA Y URBANISMO, Felipe J. Préstamo
754-7	VIDA Y MILAGROS DE LA FARÁNDULA DE CUBA III, Rosendo Rosell
756-3	LA SANGRE DE SANTA ÁGUEDA (ANGIOLILLO, BETANCES Y CÁNOVAS), Frank Fernández
760-1	ASÍ ERA CUBA (COMO HABLÁBAMOS, SENTÍAMOS Y ACTUÁBAMOS), Daniel Román
765-2	CLASE TRABAJADORA Y MOVIMIENTO SINDICAL EN CUBA I (1819-1959), Efrén Córdova
766-0	CLASE TRABAJADORA Y MOVIMIENTO SINDICAL EN CUBA II (1959-1996), Efrén Córdova
768-7	LA INOCENCIA DE LOS BALSEROS, Eduardo de Acha
773-3	DE GIRÓN A LA CRISIS DE LOS COHETES: LA SEGUNDA DERROTA, Enrique Ros
779-2	ALPHA 66 Y SU HISTÓRICA TAREA, Miguel L. Talleda
786-5	POR LA LIBERTAD DE CUBA (RESISTENCIA, EXILIO Y REGRESO), Néstor Carbonell Cortina
792-X	CRONOLOGÍA MARTIANA, Delfín Rodríguez Silva
794-6	CUBA HOY (la lenta muerte del castrismo), Carlos Alberto Montaner
795-4	LA LOCURA DE FIDEL CASTRO, Gustavo Adolfo Marín
796-2	MI INFANCIA EN CUBA: LO VISTO Y LO VIVIDO POR UNA NIÑA CUBANA DE DOCE AÑOS, Cosette Alves Carballosa
798-9	APUNTES SOBRE LA NACIONALIDAD CUBANA, Luis Fernández-Caubí

803-9	AMANECER. HISTORIAS DEL CLANDESTINAJE (LA LUCHA DE LA RESISTENCIA CONTRACASTRO DENTRO DE CUBA, Rafael A. Aguirre Rencurrell
804-7	EL CARÁCTER CUBANO (Apuntes para un ensayo de Psicología Social), Calixto Masó y Vázquez
805-5	MODESTO M. MORA, M.D. LA GESTA DE UN MÉDICO, Octavio R. Costa
808-X	RAZÓN Y PASÍON (Veinticinco años de estudios cubanos), Instituto de Estudios Cubanos
814-4	AÑOS CRÍTICOS: DEL CAMINO DE LA ACCIÓN AL CAMINO DEL ENTENDIMIENTO, Enrique Ros
820-9	VIDA Y MILAGROS DE LA FARÁNDULA CUBANA. Tomo IV, Rosendo Rosell
823-3	JOSÉ VARELA ZEQUEIRA (1854-1939); SU OBRA CIENTÍFICO-LITERARIA, Beatriz Varela
828-4	BALSEROS: HISTORIA ORAL DEL ÉXODO CUBANO DEL '94 / ORAL HISTORY OF THE CUBAN EXODUS OF '94, Felicia Guerra y Tamara Álvarez-Detrell
831-4	CONVERSANDO CON UN MÁRTIR CUBANO: CARLOS GONZÁLEZ VIDAL, Mario Pombo Matamoros
832-2	TODO TIENE SU TIEMPO, Luis Aguilar León
838-1	8-A: LA REALIDAD INVISIBLE, Orlando Jiménez-Leal
840-3	HISTORIA ÍNTIMA DE LA REVOLUCIÓN CUBANA, Ángel Pérez Vidal
841-1	VIDA Y MILAGROS DE LA FARÁNDULA CUBANA / Tomo V, Rosendo Rosell
848-9	PÁGINAS CUBANAS tomo I, Hortensia Ruiz del Vizo
849-7	PÁGINAS CUBANAS tomo II, Hortensia Ruiz del Vizo
851-2	APUNTES DOCUMENTADOS DE LA LUCHA POR LA LIBERTAD DE CUBA, Alberto Gutiérrez de la Solana
860-8	VIAJEROS EN CUBA (1800-1850), Otto Olivera
861-6	GOBIERNO DEL PUEBLO: OPCIÓN PARA UN NUEVO SIGLO, Gerardo E. Martínez-Solanas
862-4	UNA FAMILIA HABANERA, Eloísa Lezama Lima
866-7	NATUMALEZA CUBANA, Carlos Wotzkow